図説 江戸幕府

大石学 編著

戎光祥出版

はじめに

日本の歴史を、政治拠点の「首都」に注目して俯瞰すると、飛鳥《あすか》・奈良《なら》・京都《きょうと》・大坂《おおさか》など畿内《きない》を中心とする十六世紀以前（古代・中世）と、江戸《えど》・東京《とうきょう》を中心とする十七世紀以降（近世・近代）に大別される。すなわち、慶長《けいちょう》五年（一六〇〇）の関ヶ原《せきがはら》合戦は、日本の歴史を二分する、文字通り「天下分け目」の戦いだったのである。この関ヶ原合戦に続く同八年の徳川家康《とくがわいえやす》の征夷大将軍《せいいたいしょうぐん》就任と江戸幕府の成立は、畿内中心に編成されてきた列島社会を、当時後進地《フロンティア》であった新首都江戸を中心に組み替える日本史上最大の国家再編事業であった。

本書は、政治都市・権力都市として成立した首都江戸に新設された国家統治機構である江戸幕府の組織について、その全貌を見ようとするものである。その際、統治機構の新たな構成員となった近世武士が、兵農分離政策とともに出現したことは重要である。すなわち、それまでの中世武士は、自らの武力を基礎に、在地領主として自律性・自立性をもち、「一所懸命」に領地を獲得・支配し、開発・経営したのに対し、近世武士は、城下町に集住し領地との関係を希薄にしていった。この変化は、戦国大名による領国検地《けんち》や、豊臣秀吉《とよとみひでよし》による全国規模の太閤《たいこう》検地など、領地の生産力を石高による数値化・客観化することにより可能となった。

徳川家臣団の兵農分離は、天正《てんしょう》十八年（一五九〇）に秀吉に命じられた家康の駿河《するが》・三河《みかわ》・遠江《とおとうみ》など五ヵ国から関東八ヵ国への転封によって達成された。家臣団は、江戸城下に住み、江戸周辺に与えられた知行所を遠隔《リモート》支配した。家臣は、「御城へ通勤すべし」（『徳川実紀』第一篇）と江戸城への通勤族となり、禄高《ろくだか》相応の幕府役職に就き公務を遂行した。この後、二五〇年以上続く「徳川の平和《パクス・トクガワーナ》」のもと、知行所は、給米供給源としての機能と性格を強め、やがて収公され、幕府から給米が渡されることにもなった。出世・加禄は軍功・武功ではなく、行政能力にもとづくものとなり、武士は武人・軍人から官僚へと大きくその性格を変えたのである。

この変化を促した幕政は、江戸初期の江戸（将軍秀忠《ひでただ》）と駿府《すんぷ》（大御所《おおごしょ》家康）の二元的政治をへて、家康の死とともに江戸に一元化され三代家光《いえみつ》の寛永《かんえい》年間（一六二四〜一六四四）以降、職制の整備と分業化が進んだ。「平和」の確立・持続化とともに、軍事官僚（番方《ばんかた》）に代わり行政官僚（役方《やくかた》）の地位が高まり権力が強化された。

役方を中心とする官僚制の整備は、「個人的能力」に依拠する幕府が、「機構・法・システム」にもとづく政治・行政へと大きく転換する過程でもあった。たとえば、寛永十年（一六三三）の徳川家臣団を管轄する六人衆《ろくにんしゅう》（のちの若年寄《わかどしより》）の成立、寛永十二年の内政・外交など国政を担当する老中《ろうじゅう》職務の明確化をへて、寛文《かんぶん》二年（一六六二）の老中と若年寄の職掌整備、さらには寺社奉行《じしゃぶぎょう》・勘定奉行《かんじょうぶぎょう》・町奉行《まちぶぎょう》などによる評定所《ひょうじょうしょ》一座の成立などとして展開した。五代綱吉《つなよし》から七代家継《いえつぐ》までは、官僚制と競合・対立する機能をもつ将軍側近の側用人《そばようにん》や学者らが幕政に深く関与したが、役方を中心とする官僚機構は着実に整備された。

八代吉宗《よしむね》の享保《きょうほう》の改革は、幕府官僚制を飛躍的に整備した。代官《だいかん》の非世襲化が進み、勘定所機構が改革され、法や公文書システムが整備され、能力主義にもとづく足高《たしだか》の制《せい》の制定により人材登用が活発化し、組織は、統治機能《ガバナンス》・、遵法体制《コンプライアンス》を強化した。これら幕府の人事は、民間で出版される武鑑《ぶかん》によって広く社会に情報公開された。

この後、幕末期には、対外関係・軍事関係の職制・制度が整備されることになる。以上、二六五年におよぶ江戸幕府の組織・システムの整備は、明治維新による改変を受けつつも、近代日本の官僚制の歴史的前提となったのである。

二〇二四年十一月

大石 学

- 将軍
  - 大老
  - 老中
    - 御三卿家老
    - 高家
    - 側衆
    - 留守居
      - 裏門切手番頭
      - 西丸切手番頭
      - 広敷番之頭
      - 鉄砲玉薬奉行
      - 鉄砲箪笥奉行
      - 具足奉行
      - 弓矢鑓奉行
      - 幕奉行
      - 大筒役
    - 大目付
    - 大番頭
    - 宗門改役
    - 町奉行
    - 勘定奉行
      - 関東郡代
      - 飛騨郡代
      - 美濃郡代
      - 西国筋郡代
      - 代官
      - 金奉行
      - 蔵奉行
      - (油)漆奉行
      - 林奉行
      - 書替奉行
      - 川船改役
      - 評定所留役
      - 勘定
      - 支配勘定
      - 普請役
    - 勘定吟味役
    - 作事奉行
      - 畳奉行
      - 大工頭
    - 普請奉行
    - 小普請組支配
    - 鑓奉行
      - (八王子)千人頭
    - 旗奉行
    - 道中奉行
    - 禁裏付
    - 仙洞付
    - 二条在番
    - 京都町奉行
    - 伏見奉行
    - 大坂定番
    - 大坂町奉行
    - 堺奉行
    - 駿府城代
    - 駿府定番
    - 駿府町奉行
    - 長崎奉行
    - 山田奉行
    - 日光奉行
    - 奈良奉行

江戸幕府組織図

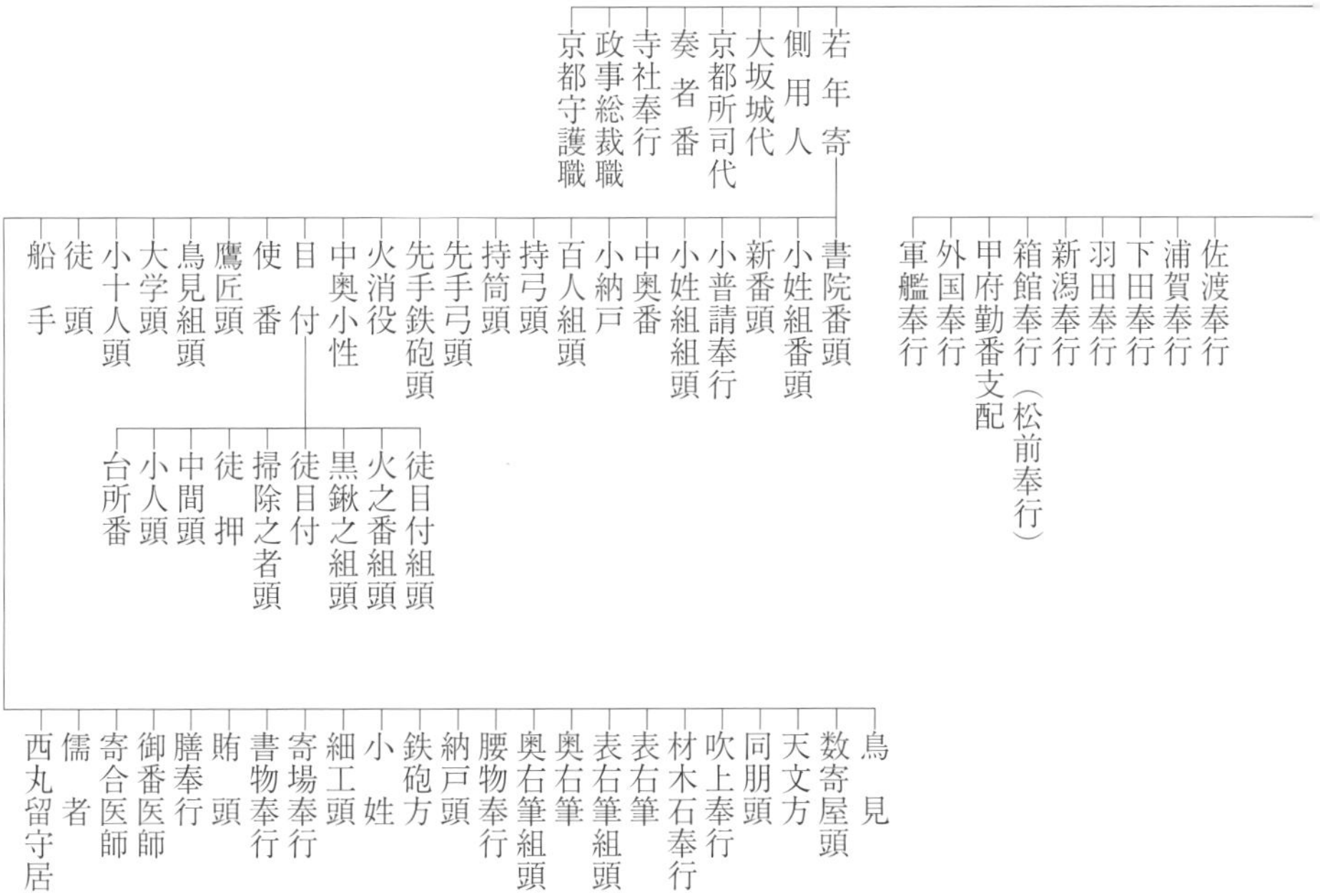
若年寄
側用人
大坂城代
京都所司代
奏者番
寺社奉行
政事総裁職
京都守護職
佐渡奉行
浦賀奉行
下田奉行
羽田奉行
新潟奉行
箱館奉行（松前奉行）
甲府勤番支配
外国奉行
軍艦奉行
書院番頭
小姓組番頭
新番頭
小普請奉行
小姓組組頭
中奥番
小納戸
百人組頭
持弓頭
持筒頭
先手弓頭
先手鉄砲頭
火消役
中奥小性
目付
使番
鷹匠頭
鳥見組頭
大学頭
小十人頭
徒頭
船手
徒目付組頭
火之番組頭
黒鍬之組頭
徒目付
掃除之者頭
徒押
中間頭
小人頭
台所番
鳥見
数寄屋頭
天文方
同朋頭
吹上奉行
材木石奉行
表右筆
表右筆組頭
奥右筆
奥右筆組頭
腰物奉行
納戸頭
鉄砲方
小姓
細工頭
寄場奉行
書物奉行
賄頭
膳奉行
御番医師
寄合医師
儒者
西丸留守居

図説　江戸幕府　目次

第二部　幕府の職制と役割

第一部　幕府による事業と政策

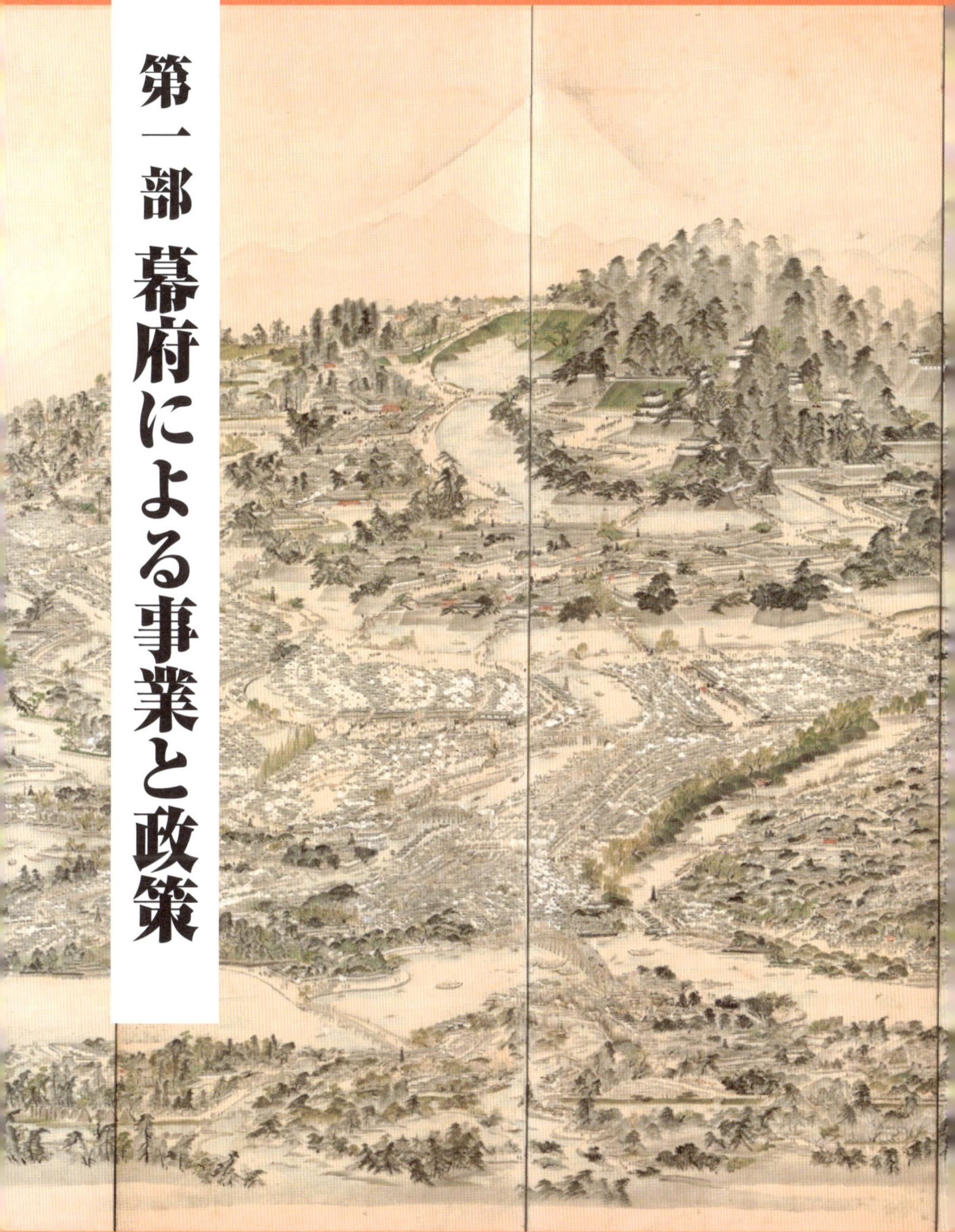

江戸一目図屏風◆文化６年（1809）、津山藩お抱えの絵師・鍬形蕙斎が描いたもの。隅田川東岸の上空から西方の地下を見下ろした江戸の鳥瞰図である　津山郷土博物館蔵

01 江戸《えど》幕府《ばくふ》の成立《せいりつ》——二六五年つづく平和の始まり

慶長《けいちょう》三年（一五九八）、豊臣秀吉《とよとみひでよし》が没し、その遺児秀頼《ひでより》を五大老《ごたいろう》・五奉行《ごぶぎょう》が補佐する体制がとられた。しかし、五大老の筆頭であった徳川家康《とくがわいえやす》は、敵対する勢力を次々に退け、次第に独裁的な態度を示し、政治情勢は極めて不安定になった。

慶長五年、領国に帰国し軍事力を蓄えていた五大老の一人、上杉景勝《うえすぎかげかつ》が家康の上洛要請を断ると、家康は上杉討伐の意向を固め、自ら総大将となって遠征に向かった。家康出陣の知らせを受けた石田三成《いしだみつなり》は佐和山《さわやま》（滋賀県彦根市）に退いていたが、その隙を突いて挙兵した。家康は上杉討伐をいったん停止し、上方へ引き返す決心をした。

そして、家康率いる東軍と三成率いる西軍が関ヶ原《せきがはら》（岐阜県関ケ原町）で相まみえることとなった。家康方は、小山《おやま》（栃木県小山市）での評定を経て、東海道《とうかいどう》経由で進軍し予定通りの日程で関ヶ原に到着した。しかし、家康を予期せぬ事態が襲う。三万八〇〇〇人余りの軍勢を率い、中山道《なかせんどう》を進んだ嫡子秀忠《ひでただ》方が信濃上田《しなのうえだ》城（長野県上田市）の真田《さなだ》攻めなどにより着陣が遅れ、まもなく始まろうとする合戦に間に合わなかったのである。このとき、秀忠方には徳川方の主力武将が従っていたため、家康方の軍勢はおもに豊臣系諸大名で構成されていた。関ヶ原合戦はわずか数時間で家康方の勝利で終わった。

この結果は、のちの政治体制に深い刻印を残すことになった。その後の論功行賞《ろんこうこうしょう》では、大きな貢献のあった豊臣系諸大名に大規模な加増が行われ、実に全国のおよそ三分の一にあたる二〇ヵ国以上の地域に豊臣系国持《くにもち》大名が誕生する契機となった。近世初頭においては国持大名を基軸とする領知編成がとられたのである。家康はこうした国持大名の大半に「松平《まつだいら》」の名字を下賜し、縁戚関係などを結ぶことで一門化し、徳川家の体制に組み込んでいかねばならなかった。

慶長八年、上洛していた家康は伏見《ふしみ》城（京都市伏見区）において、将軍宣下の勅使《ちょくし》を迎え、征夷大将軍《せいいたいしょうぐん》に任じられた。家康は関ヶ原合戦の勝利で天下人となり、豊臣政権の五大老の地位を脱し、武家の棟梁としての地位を名実ともに不動のものとして、江戸幕府を創設した。

徳川家康画像◆東京大学史料編纂所蔵模写

一方、この時期の政治情勢を考えるうえで、重要な存在が大坂《おおさか》城（大阪市中央区）の豊臣秀頼であった。彼は、関ヶ原合戦の際はわずか八歳であったが、従二《じゅに》位《い》権中納言《ごんのちゅうなごん》という高位にあり、成人したのちは関白《かんぱく》に就く可能性もあった。関ヶ原合戦直後に九条兼孝《くじょうかねたか》が関白に任官されたことにより、秀頼が摂河泉《せっかせん》六五万石の一大名に転落したとする説もあるが、この時点ではまだ豊臣家の政治的能力が回復する可能性も残されていた。

事実、家康は関ヶ原合戦後に領知宛行状《りょうちあてがいじょう》を発行しなかった。このことは、家康がこのとき、名分上は豊臣家の重臣から抜け出せていなかったことを示している。この時期、豊臣政権の支配体制は徳川幕府と並立する存在だったとする説もある。こうした状況を克服するため、家康が大坂の陣をおこし、豊臣家を滅ぼすのは必然であった。

慶長十年、家康は秀忠に将軍職を譲り、大きな混乱もなく家督継承を成功させた。以後、徳川氏が政権を世襲していくことを天下に示したのである。家康は翌年、駿府《すんぷ》（静岡市葵区）に隠居し大御所《おおごしょ》となるが、依然、天下人として大きな影響力を保持していた。一方、将

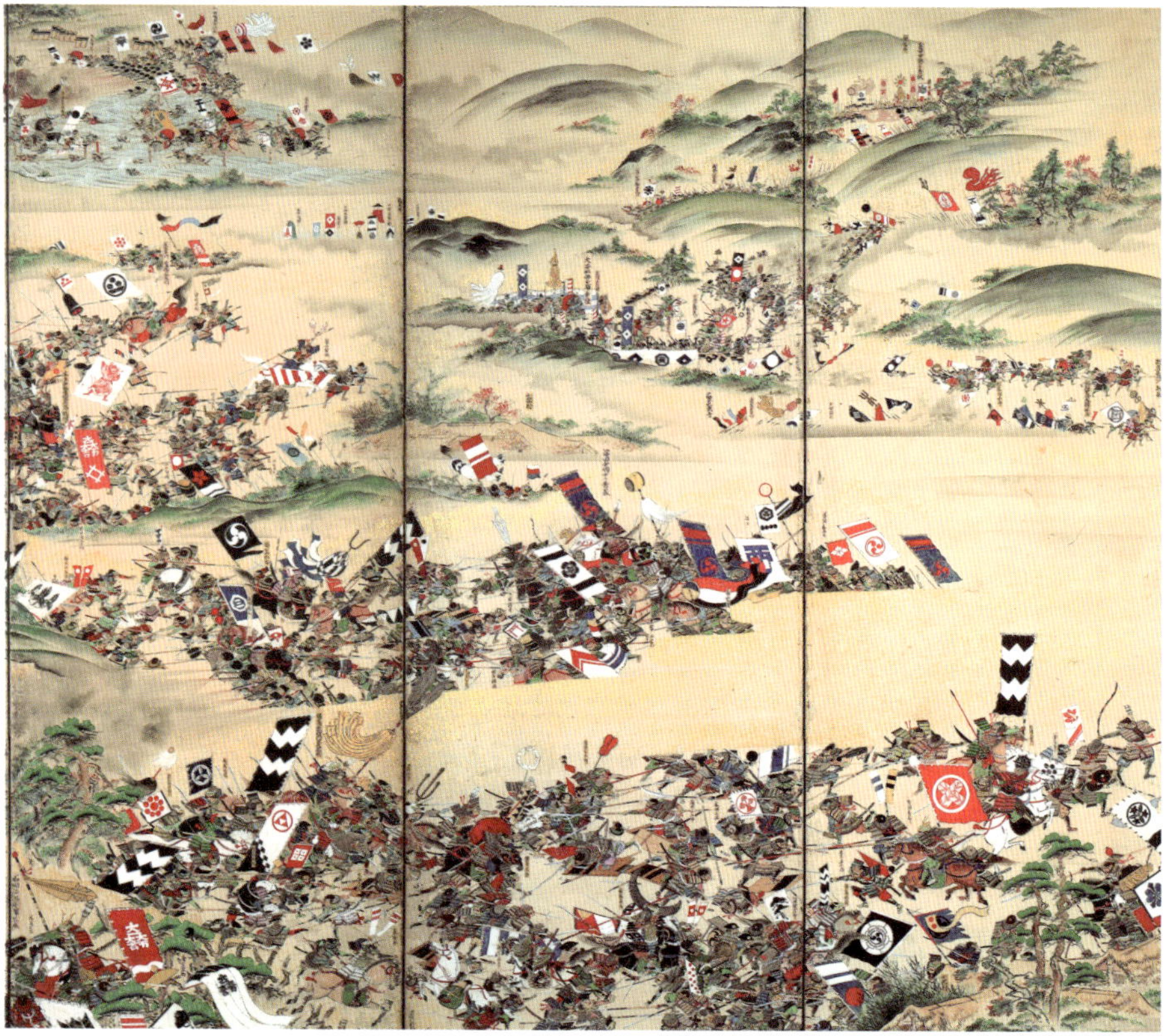

軍職を継いだ秀忠の側近には、三河《みかわ》時代からの譜代《ふだい》重臣が多数配置され、将軍と譜代との合議体制がとられた。これがのちの幕府政治の基本となっていく。

なお、一般に近世大名の分類方法には、将軍との親疎関係にもとづいて、親藩《しんぱん》・譜代・外様《とざま》に分類する三分法がある。しかし、これは近代に成立した分類方法の一つであり、近世大名は三分法では上手く整理できないことが多い。そのため、領地の規模や石高《こくだか》の大小、江戸城（東京都千代田区）の詰間《つめのま》や控之間《ひかえのま》である殿席《でんせき》などを組み合わせた家格による類別などが、新たな分類方法として提唱されている。

（桐生海正）

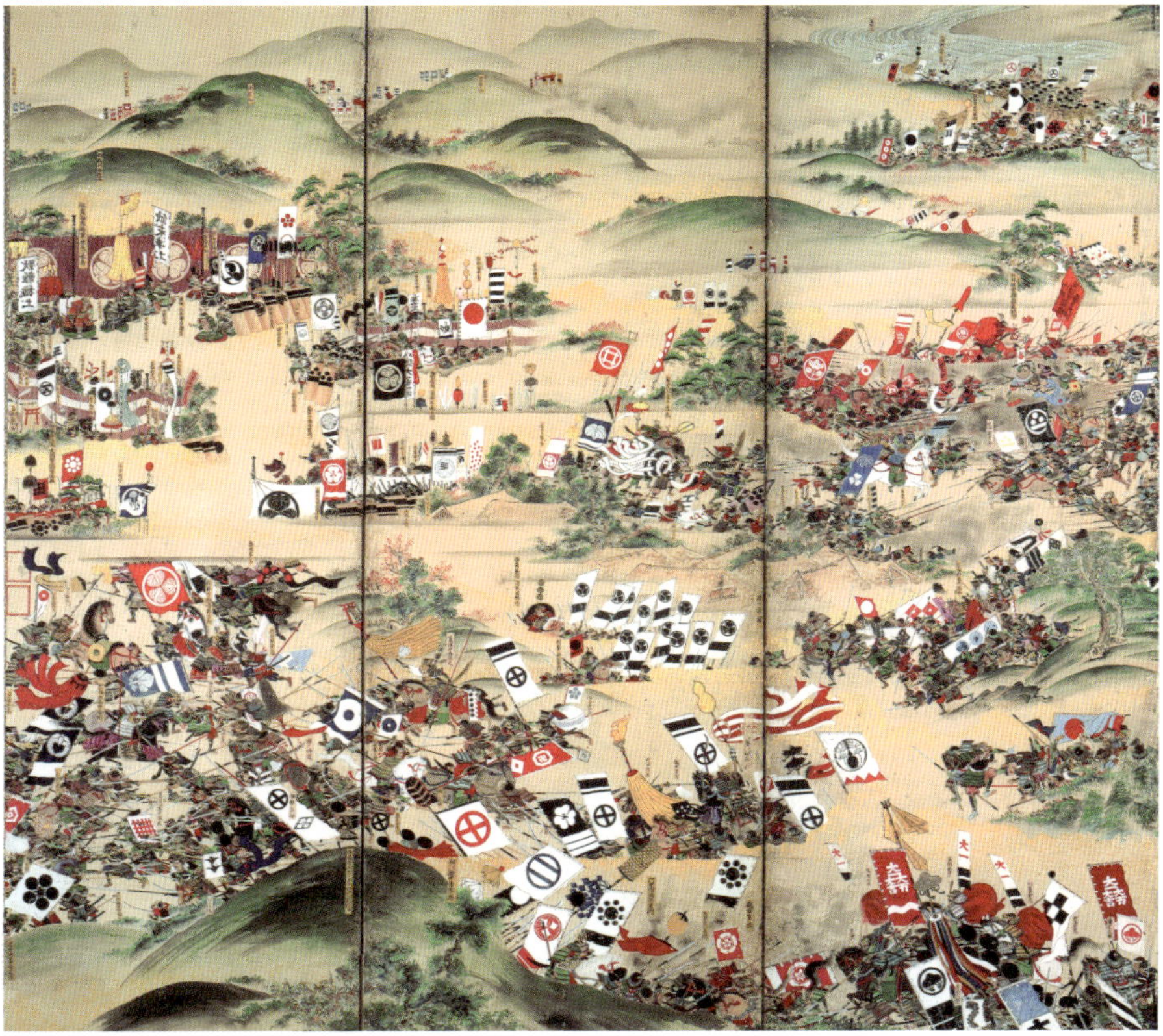

関ヶ原合戦図屏風◆岐阜市立博物館蔵

【参考文献】

笠谷和比古『関ヶ原合戦―家康の戦略と幕藩体制―』（講談社、二〇〇八年）

笠谷和比古「「国持大名」論考」（同『武家政治の源流と展開―近世武家社会研究論考―』清文堂出版、二〇一一年）

福田千鶴「江戸幕府の成立と公儀」（『岩波講座日本歴史 第一〇巻 近世一』、岩波書店、二〇一四年）

藤井讓治『天下人の時代（日本近世の歴史1）』（吉川弘文館、二〇一一年）

松尾美恵子「大名の殿席と家格」（徳川林政史研究所『研究紀要』昭和五五年度、一九八一年）

松尾美恵子「近世大名の類別に関する一考察」（徳川林政史研究所『研究紀要』昭和五九年度、一九八五年）

松尾美恵子「近世大名制の成立」（『学習院史学』三三号、一九九五年）

三宅正浩「江戸幕府の政治構造」（『岩波講座日本歴史第一一巻 近世二』、岩波書店、二〇一四年）

02 石高制《こくだかせい》・軍役《ぐんやく》——兵力の調達をはかる

豊臣《とよとみ》政権は、太閤検地《たいこうけんち》により村を単位に田畑・屋敷の面積を測量して、年貢賦課の基準値となる石高《こくだか》を算定し、全国の武士身分を統一的に編成した。秀吉《ひでよし》は、石高をもとにして領地を宛行《あてが》うことで、その規模に応じて軍役《ぐんやく》の奉仕を義務づける関係を強いたのである。

ただし、石高は太閤検地によってのみ算出されたわけではなく、大名独自の検地でも用いられていた。領主ごとに検地帳が残り、複数の石高の存在が確認されている。中世以来の領主制の伝統や大名領国制《だいみょうりょうごくせい》の歴史的過程からみれば、全国的には多様な土地制度が広がっていたのであり、近年、石高制は、大名の領国検地を統一政権が容認することで成立したと評価されている。

石高制軍役とも呼ばれるこの原理は、慶長五年（一六〇〇）の関ケ原《せきがはら》合戦を経て、家康による全国的な所領の再編成過程で江戸幕府がこれを継承・整備し、制度化した。大名の領地は、石高で表されることにより加封《かほう》や減《げん》封《ぽう》、転封《てんぽう》が可能となった。さらに、石高は大名の家格や序列を規定していく。

大名は、石高に応じて軍役人員、騎馬、鉄砲《てっぽう》・鑓《やり》などを整え、大名家として石高に見合った軍役を果たすとともに、家臣団に領地を与え、家臣各自に軍役人数以下を果たさせた。将軍と大名・旗本《はたもと》・御家人《ごけにん》との軍役は、元和《げんな》二年（一六一六）に規定され、その後、寛永《かんえい》十年（一六三三）に改定されると・文久《ぶんきゅう》二年（一八六二）に旗本兵賦令《はたもとへいぶれい》を発布するまで変更はなかった。旗本兵賦令は、陣夫役《じんぷやく》として使用する百姓を兵卒扱いする、従来の軍役体系と異なるものであった。

近世に実際に大名の軍事動員がされた事例は、大坂《おおさか》の陣、島原《しまばら》・天草一揆《あまくさいっき》（島原の乱）、そして幕末の異国船警戒のための海防や蝦夷地《えぞち》出兵、長州《ちょうしゅう》戦争などである。また、平時における準軍事的奉公として、参《さん》勤交代《きんこうたい》や将軍出向の供奉《ぐぶ》、御手伝普請《おてつだいぶしん》、大名改易《かいえき》の際の城地受取り・管理などがあった。

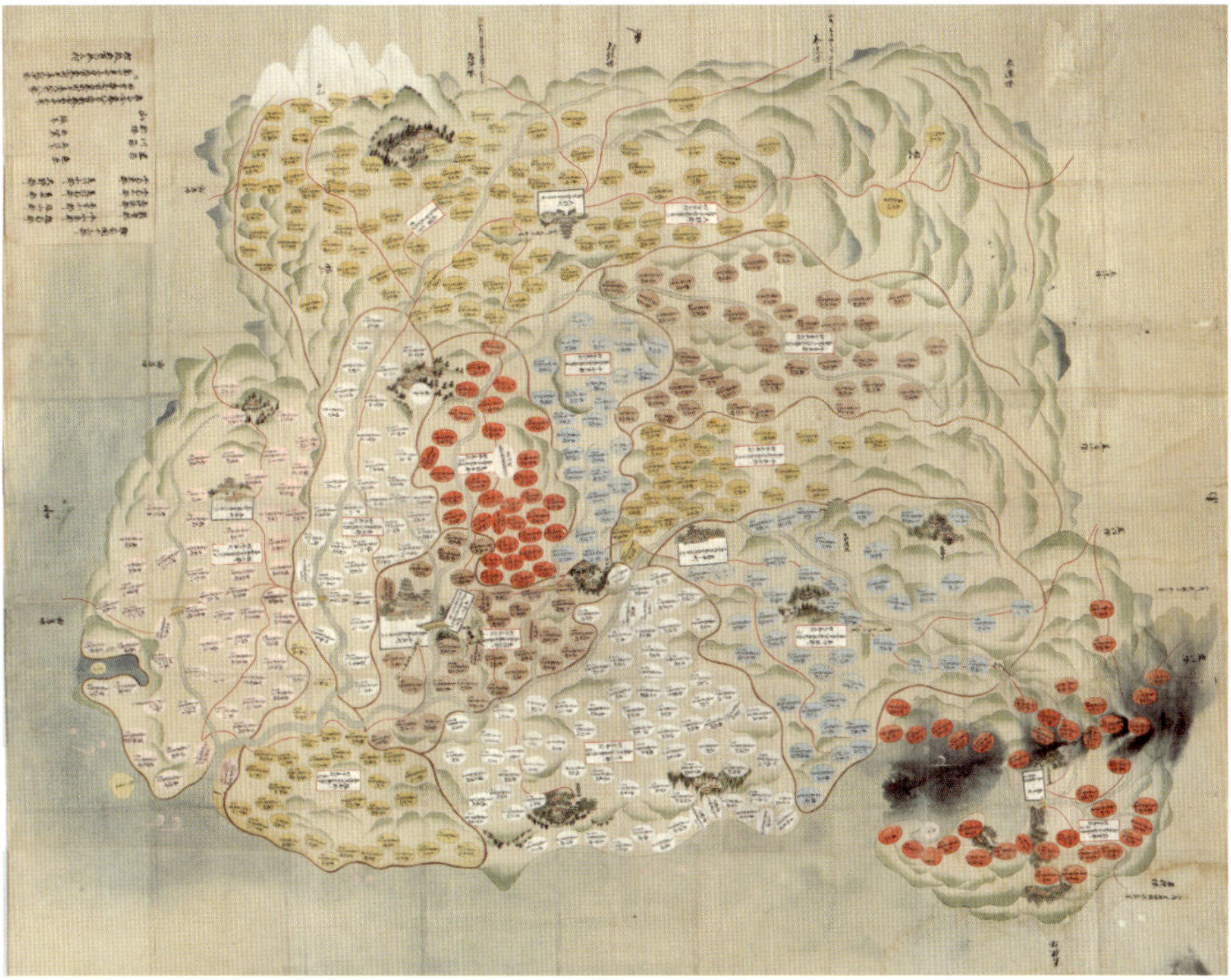

越前国絵図◆慶長年間に幕府の命で各国ごとに作成させたものの一つ。絵図には村に分かれる前の「郷」や「庄」の名前も見られるなど、中世的な要素を残しているのが特徴である　松平文庫（福井県立文書館保管）

軍役制はその強大性と過重性から、領主権力の軍事力を、将軍のもとに集中する体制とされてきた。しかしながら、将軍と大名の関係は、将軍が専制権力をもって諸大名を一方的に支配していたわけでない。大名改易は、幕府が理由を示し、当該大名の了解を得るかたちで行われており、幕府が恣意的、独断的に権力を行使したものではなかった。将軍権力の全体性、統合性と、大名家の個別性と自立性が両立・均衡するなかに幕藩関係が成り立っていたのである。

（小嶋　圭）

【参考文献】

池上裕子「検地と石高制」（歴史学研究会・日本史研究会編『近世の形成（日本史講座１）』東京大学出版会、二〇〇四年）
笠谷和比古「将軍と大名」（藤井譲治編『支配のしくみ（日本の近世３）』中央公論社、一九九一年）
佐々木潤之介『幕藩権力の基礎構造』（御茶の水書房、一九六四年）
根岸茂夫『近世武家社会の形成と構造』（吉川弘文館、二〇〇〇年）
牧原成征「兵農分離と石高制」（『岩波講座日本歴史　第一〇巻　近世一』岩波書店、二〇一四年）

03 身分《みぶん》社会《しゃかい》の展開《てんかい》――多様な集団と生き方

　江戸時代の人びとは家を通じて自律的な集団に所属し、独自の生業《なりわい》に応じた御用《ごよう》を勤めることで、その地位（身分）を政治的・社会的に公認された。たとえば、幕府領の村に属する者は、農業や家業に精勤して年貢諸役を納めることで、幕府から百姓《ひゃくしょう》身分として認められた。身分の公認を通じ、集団が特権を獲得する一方、幕府や藩も集団に依拠して支配を安定させることができた。江戸吉原《よしわら》の遊女屋《ゆうじょや》仲間は、他所での遊女商売を取り締まることで幕府から営業独占権を与えられたが、それは幕府にとって風俗統制などの意味をもっていた。

　したがって、当初は公認されず身分の周縁部に存在した集団も、独自の身分として公認しよう（されよう）とした。十七世紀後半に江戸で増加した野非人《のひにん》（乞食状態の者）は、非人頭《ひにんがしら》の車善七《くるまぜんしち》によって非人身分として組織化され、十八世紀に入ると、えた頭の弾左衛《だんざえ》門《もん》の支配下におかれた。江戸に大量にいた日用《にちよう》（日雇

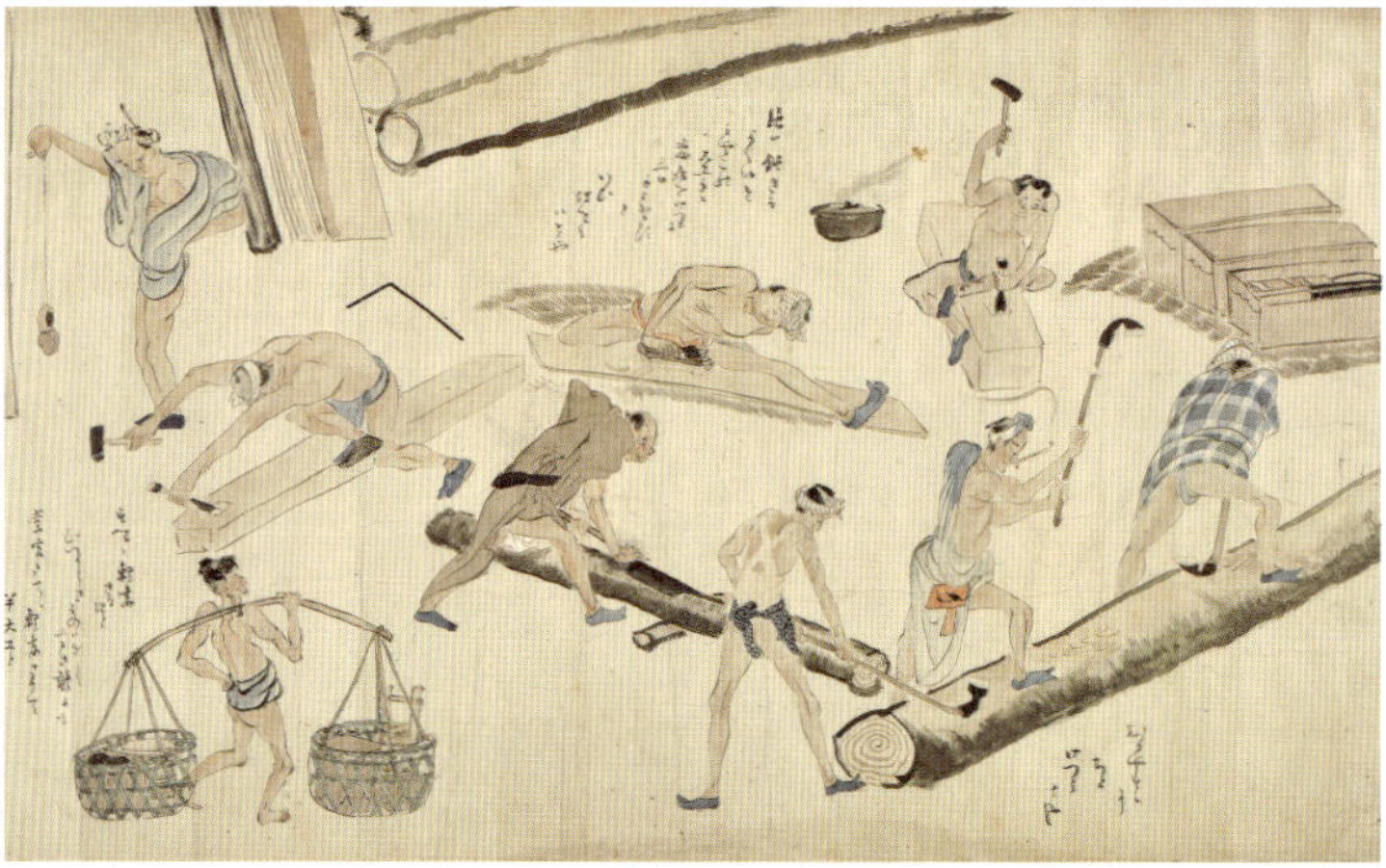

『近世職人尽絵詞』◆鍬形蕙斎の作品。江戸時代のさまざまな職業の人びとを三巻にわたって描いている。写真は上巻のうち大工を描いたもの　東京国立博物館蔵　出典：ColBase　https://colbase.nich.go.jp/collection_item_images/tnm/A-83?locale=ja#&gid=1&pid=3

労働者）も、十七世紀後半に日用座が設置され、日用札を与えられた者は日用身分として公認された。

　経済活動や信仰の拡大にともない、身分の周縁部には新たな集団が発生し続け、既存の身分の枠組みに修正を迫っていった。各地の都市で勧進相撲《かんじんずもう》興行をしていた相撲渡世集団は、幕府から興行独占権を認められたが、相撲取りのなかには百姓身分の出身でありながら、藩に抱えられて武士身分となる者がいた。富士山《ふじ》麓で参詣者を世話していた御師《おし》集団も、元は百姓身分であったが、藩から認知され、さらに神主と同様に公家の吉田《よしだ》家から免許状を与えられ、神職《しんしょく》身分となった。身分社会の実態は、いわゆる「士農工商《しのうこうしょう》えた非人」というイメージとは大きくかけ離れていたのである。

　本来、身分社会では人の差別（差異や区別）が前提とされ、その分際にふさわしい生き方が理想とされた。ふさわしい仕事や言葉遣い、所作を身につけ、それを次世代に継承していくことが、家の繁栄や社会の安定につながると認識されたのである。しかし、そうしたなかで自分の身分を引き上げようとする「身上《みあが》り」の動きもみられた。有力な百姓・町人が武士（旗本家臣や御家人）の身分を株として購入したり、献金の見返りとして武士身分の特権である苗字・帯刀を許されたりする事例が相ついだ。こうした身分の移動に加え、近年の研究では、一人の人間が武士身分と百姓身分のように、二つの身分と名前を同時に保持し、使い分ける存在形態（「壱人両名《いちにんりょうめい》」）があったことも指摘されている。

（山田篤史）

【参考文献】

大橋幸泰・深谷克己編『身分論をひろげる（〈江戸〉の人と身分6）』（吉川弘文館、二〇一〇年）
尾脇秀和『壱人両名―江戸日本の知られざる二重身分―』（NHK出版、二〇一九年）
久留島浩・高埜利彦・塚田孝・後藤雅知ほか編『身分的周縁を考える（身分的周縁と近世社会9）』（吉川弘文館、二〇〇八年）
塚田孝『近世身分社会の捉え方―山川出版社高校日本史教科書を通して―』（部落問題研究所、二〇一〇年）
深谷克己『江戸時代の身上願望―身上りと上下なし―』（吉川弘文館、二〇〇六年）
横田冬彦・吉田伸之編『身分を問い直す（シリーズ近世の身分的周縁6）』（吉川弘文館、二〇〇〇年）

04 大坂《おおさか》の陣《じん》——豊臣氏の滅亡と「元和偃武」の到来

豊臣秀吉《とよとみひでよし》の死後、関ヶ原合戦を経て徳川家康の覇権が確立し、江戸幕府が創設された。一方、大坂城《おおさか》（大阪市中央区）には依然秀吉の後継である豊臣秀頼《ひでより》がおり、両者は対立を深めていった。

大仏殿（のちの方広寺《ほうこうじ》）の開眼《かいげん》供養をめぐり、関係緩和に奔走する片桐且元《かたぎりかつもと》が対徳川強硬派に殺害されそうになったことを契機に、慶長《けいちょう》十九年（一六一四）十月一日、大坂冬《ふゆ》の陣《じん》が勃発した。真田信繁《さなだのぶしげ》ら関ヶ原合戦ののち牢人《ろうにん》となった者たちは再起を図って続々と結集し、その数一〇万にも達した。

対する徳川方は、上坂してきた諸大名の軍勢を含め、およそ二〇万の兵を集めた。大坂城の真田丸《さなだまる》および惣《そう》構《がまえ》の南部方面において、激しい攻防戦が繰り広げられ、徳川方は甚大な被害を受けた。大坂城の堅固さを前に徳川方は、大砲を用いた砲撃戦により城内へ揺さぶりをかけつつ、十二月二十日に両者の和睦が成立した。

冬の陣の和睦条件は、豊臣方にとって、はなはだ厳しい内容であった。とくに徳川方は、和平の実現のためには堅牢な堀《ほり》や石垣《いしがき》、櫓《やぐら》は不要とし、惣構の堀をはじめ、二の丸、三の丸の堀まですべてを埋め立てる条件を設けた。豊臣方はこれを受諾し、徳川方は、諸大名を動員し翌慶長二十年の正月ごろには工事を完了させた。しかし三月、家康は京都所司代《きょうとしょしだい》の板倉勝重《いたくらかつしげ》から、豊臣方が埋められた堀を掘り戻し、柵をめぐらせて防備強化をおこなっているなどの報告を受けた。結局、豊臣方は局面を打開することができずに、再軍備に着手したのであった。

徳川方はこれをきっかけに再征討を命じ、四月、大坂夏の陣がおこった。豊臣方の諸兵がこのとき五万五〇〇〇ほどだったのに対し、徳川方はおよそ一五万五〇〇〇にのぼる大軍をそろえた。かつての堅牢な構えを失った大坂城にもはや籠城の余地はなく、豊臣方は出撃を主体とする攻勢に出た。四月二十九日

大坂夏の陣図屏風（大坂城部分）◆数日におよぶ戦いの末、豊臣方は敗れ大坂城は落城した。戦いを描いた大坂夏の陣図屏風には、落城間際の大坂城が描かれている　大阪城天守閣蔵

の樫井《かしい》（大坂府泉佐野市）の戦いにより戦端の幕が切って落とされ、五月六日の道明寺《どうみょうじ》（同藤井寺市）・八尾《やお》（同八尾市）・若江《わかえ》（同東大阪市）の戦いを経て、五月七日には一時、真田信繁が家康の本陣に迫る場面もあるほどの激戦となった。双方に多くの死傷者が出たが、豊臣方は多勢に無勢で戦局を好転させることはできなかった。

同日、大坂城は戦火にのまれ落城する。その翌日、山里郭《やまざとぐるわ》に残された土蔵で、先に脱出した千姫《せんひめ》（秀頼の正室、家康の孫）の助命嘆願も叶わず、秀頼やその母淀《よど》らは自害した。こうして、大坂の陣は、徳川方の勝利に終わり、「元和偃武《げんなえんぶ》」が到来した。（桐生海正）

【参考文献】
笠谷和比古『関ヶ原合戦と大坂の陣』（吉川弘文館、二〇〇七年）
曽根勇二『大坂の陣と豊臣秀頼』（吉川弘文館、二〇一三年）
二木謙一『大坂の陣』（中央公論社、一九八三年）
福田千鶴『豊臣秀頼』（吉川弘文館、二〇一四年）
藤井讓治『徳川家康』（吉川弘文館、二〇二〇年）
本多隆成『徳川家康の決断』（中央公論新社、二〇二二年）

05 参勤交代《さんきんこうたい》——「在江戸交替」がもたらした影響

　江戸時代、幕府が諸大名や交代寄合《こうたいよりあい》（知行所のある三〇〇〇石以上の旗本）に対して江戸と領地を行き来させ、定期的な参勤を命じた制度を参勤交代《さんきんこうたい》という。参勤とは、上位権力者に対する下位権力者（あるいは統一権力者に対する地方権力者）の主従関係の表示としての拝謁・勤役を目的とした上洛《じょうらく》や参府《さんぷ》、本城への伺候《しこう》を指す。上位者が所領を安堵する代わりに下位者は軍役《ぐんやく》を負担することで、両者の間には御恩《ごおん》—奉公《ほうこう》の関係が成立していた。

　参勤交代は、八代将軍吉宗《よしむね》の時期に一時緩和されて江戸在府期間が半年となったほか、文久《ぶんきゅう》二年（一八六二）に政事総裁職《せいじそうさいしょく》を務めた松平慶永《まつだいらよしなが》（春嶽《しゅんがく》）が進めた改革のなかで大きく緩和されて三年に一度になったが、制度としては江戸時代を通じて維持された。

　参勤交代の発端は鎌倉時代にまでさかのぼれるが、直接的には、信長《のぶなが》や秀吉《ひでよし》が全国統一の過程で各大名権力を包摂するために、本城への参勤や「諸礼（諸家御礼）」を命じたことが由来である。とくに、秀吉は惣《そう》無事《ぶじ》を掲げて紛争を停止し、諸大名に「御礼」のための上洛（上洛参勤）を求め、大名妻子を在京させるなど、参勤交代の基礎を築いたとされる。この上洛参勤に背いた者たちが、征伐の対象とされたのである。

　戦国時代の守護《しゅご》や戦国大名《せんごくだいみょう》のもとでは、大名—家臣間の参勤のなかで確認された主従関係が、織豊期には統一政権—諸大名間のレベルに発展した。これを受けて成立した江戸幕府が、幕藩《ばくはん》制国家の成立過程における大名統制の一つとして、参勤交代を定式化したということになる。

　関ヶ原合戦後、家康は外様《とざま》大名の江戸参勤と妻子の江戸在住を奨励し、豊臣系大名に対しては参勤を強要した。なお、元和《げんな》元年（一六一五）の武家諸法度《ぶけしょはっと》で、「諸大名参覲（勤）作法之事」が規定されたが、これは江戸参勤を明記したものではない。

　その後、寛永《かんえい》六年令（一六二九）では条文が削除され、寛永十三年令（寛永令）で「大名《だいみょう》小名《しょうみょう》在江戸《ざいえど》交替《こうたい》所相定也《あいさだむるところなり》、毎歳夏四月中可致参勤《さんきんいたすべし》」と、明確に「在江戸交替」が規定された。これを参勤交代の確立とするのが一般的である。

寛永十九年には譜代《ふだい》大名にも参勤交代が命じられ、関東以外の譜代大名は一年交代、関東の譜代大名は半年交代となった。このとき、帝鑑間《ていかんのま》詰めの大名には同年五月、雁間《かりのま》詰めの大名には九月に参勤交代が命じられたことから、この時点ですでに参勤交代に殿席《でんせき》（大名や旗本が将軍に拝謁する際の江戸城内の控えの間のこと。家格を表す）が影響していたという指摘がある。

文化《ぶんか》年間（一八〇四～一八一八）の『武鑑《ぶかん》』をもとに諸大名の参勤交代をみてみると、全二六四家のうち、隔年交代が一七五家、半年交代が二七家、定府《じょうふ》が二六家、老中《ろうじゅう》などの役職に就いて免除されたのが二一家、その他（不明を含む）一五家となっている。

江戸時代初期から幕末まで継続された参勤交代は、政治・交通・流通・経済・商業・文化などあらゆる分野で、近世社会に多大な影響を与えた。全国規模でおこなわれた江戸と領地の往復は、人とモノの交流を活発化させた。これにより街道沿いはさらに発達し、地方にまで貨幣や情報が流通した。全国から人やモノが集まった江戸は、巨大都市として発展するとともに、経済都市の大坂や京との繋がりを強めた。

参勤交代に御供した藩士たちは、江戸の屋敷（藩《はん》邸《てい》）で生活し、帰国の際には江戸土産として錦絵《にしきえ》や番付を持ち帰ったという。藩邸社会が、江戸の庶民文化を発展させたことは明らかである。江戸の文化が国元に持ち込まれて全国的に普及し、近世社会の均質化が促されたともいえる。

（篠原杏奈）

【参考文献】
泉正人「参勤交代制の一考察―関東譜代藩を中心に―」（『早稲田大学文学研究科紀要』哲学・史学篇別冊一四輯、一九八八年）
忠田敏男『参勤交代道中記―加賀藩史料を読む―』（平凡社、一九九三年）
松尾美恵子「大名の殿席と家格」（『徳川林政史研究所紀要』昭和五十五年度、一九八一年）
丸山雍成『参勤交代』（吉川弘文館、二〇〇七年）
山本博文『参勤交代』（講談社、一九九八年）

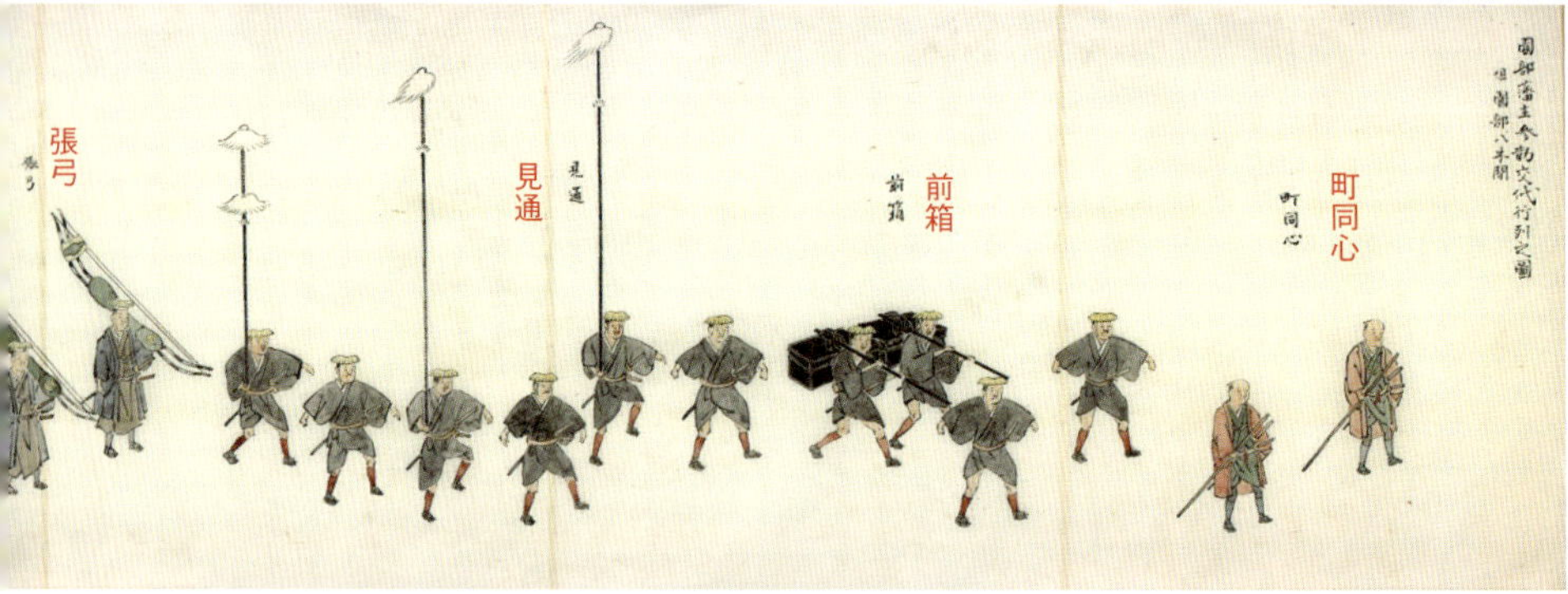
町同心
前箱
見通
張弓

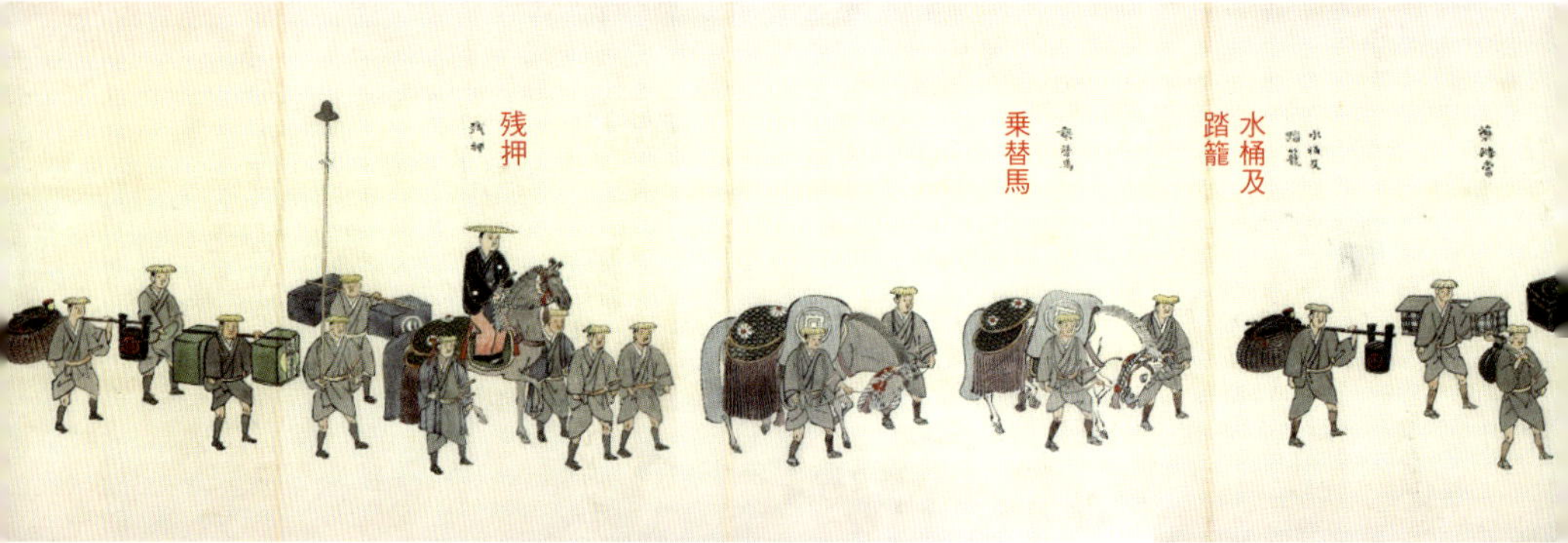
水桶及踏籠
乗替馬
残押

乗供
荷物

園部藩参勤交代行列図◆現在の京都府南丹市にあった丹羽園部藩の九代藩主小出英教の参勤交代の帰途を描いたもの。数人の供方に囲まれ馬に乗る藩主など、のべ九二人、馬七頭が描かれている　京都府立京都学・歴彩館蔵　一部加筆

06 武家諸法度《ぶけしょはっと》と大名統制《だいみょうとうせい》——江戸幕府の基本法

関ヶ原合戦の後、三代将軍家光《いえみつ》の時代までに、幕府によって改易された大名は一三〇家に上る。二代秀忠《ひでただ》は、豊臣方の旧臣福島正則《ふくしままさのり》をはじめ、四一家の大名を改易した。改易で空白となった土地に、徳川一門や譜《ふ》代《だい》大名を配置し（転封《てんぽう》）、幕府権力の確立に努めた。

元和《げんな》元年（一六一五）七月、大坂の陣に勝利した秀忠は諸大名を伏見《ふしみ》（京都市伏見区）に招集した。秀忠の執政本多正信《ほんだまさのぶ》は、集まった諸大名に向けて法令の発布を告げ、一三ヵ条を伝達した。これが最初の武家諸《ぶけしょ》法度《はっと》（元和令）であり、以後将軍の代替わりごとに発布され、幕末に至った。元和令は、家康が京都南禅寺《なんぜんじ》（京都市左京区）の僧以心崇伝《いしんすうでん》に命じて起草させたものであり、鎌倉《かまくら》幕府が武家の法として定めた貞永式目《じょうえいしきもく》（御成敗《ごせいばい》式目）や、室町《むろまち》幕府発足の際に出された「建武《けんむ》式目」の内容を継承している。条文には、文武と倹約を奨励すること、叛逆人・殺害人の隠匿や城郭の無断修理、徒党を禁ずることなどが漢文体で記された。

寛永《かんえい》十二年（一六三五）、家光は内容を大きく改定し、参勤交代のほか、城郭の新築や私的な関所の設置を禁止する条文などを明記した（寛永令）。また、天和《てんな》三年（一六八三）、五代綱吉《つなよし》は第一条を「文武弓馬《ぶんぶきゅうば》の道、専《もっぱ》ら相嗜《あいたしな》むべき事」から「文武忠孝《ぶんぶちゅうこう》を励し礼儀を正すべき事」に改定した。第三条には「人馬兵具など分限に応じ相嗜むべき事」が規定された。また、従来旗本《はたもと》を対象に発布していた旗本諸士法度を、武家諸法度に一本化した。その後、六代家宣《いえのぶ》は新井白石《あらいはくせき》の建議により、全文を和文体に改めて発布したが（宝永《ほうえい》令）、八代吉宗《よしむね》が漢文体に戻し、その後は踏襲された。

武家諸法度は、将軍の代替わりごとに少しずつ修正されつつも、江戸時代を通じて武家社会の基本法として維持されたことに大きな意味がある。武家諸法度の違反によって処罰された大名は、綱吉の時代までに一九四家を数えたという。寛永令で条文化された「万事江戸の法度の如く、国々所々において通行すべき事」

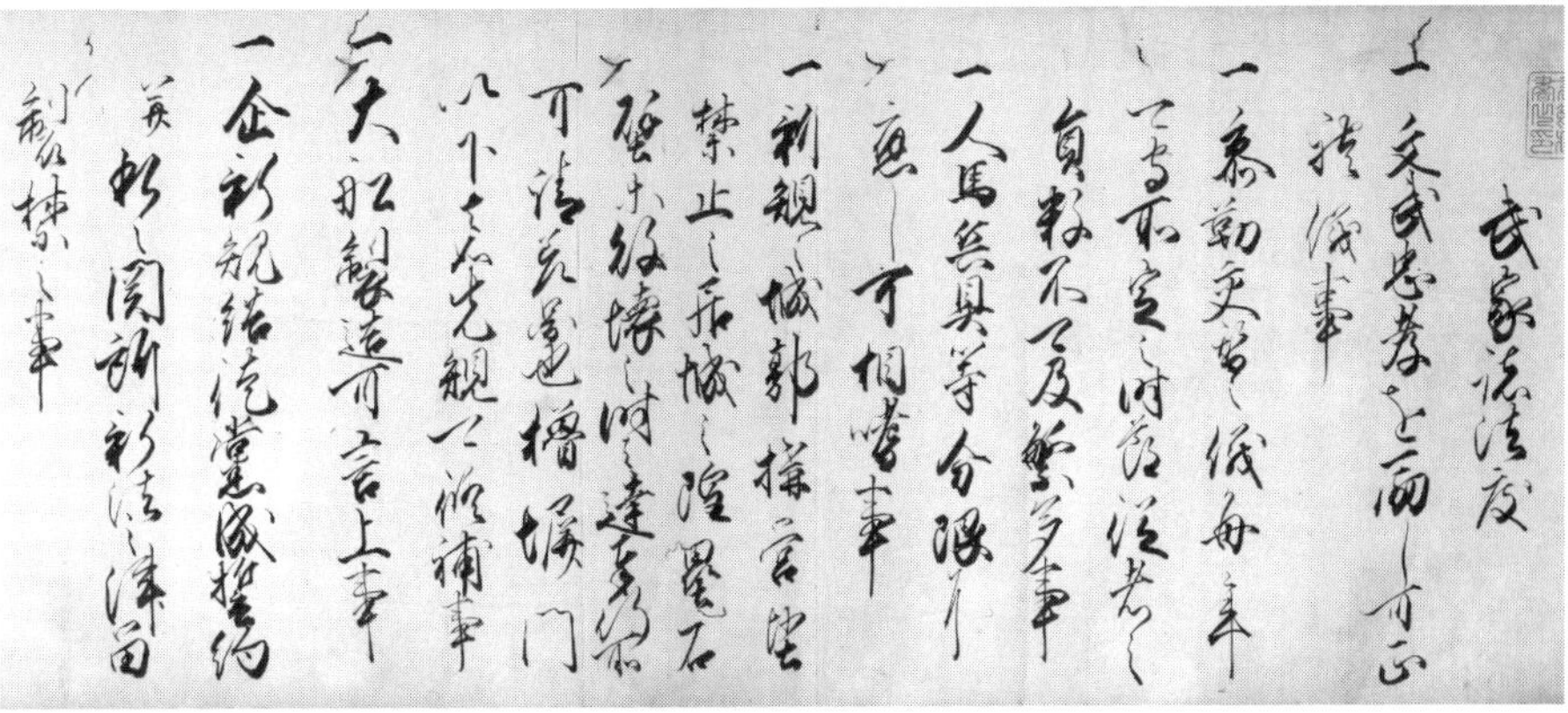

武家諸法度（写）◆安政6年（1859）の写しで、第一条の「文武忠孝を励し礼儀を正すべき事」から、天和令が踏襲されている様子が確認できる。条文を見ていくと、第二条には参勤交代の規約（時節を守ること、従者の人員を増やしすぎないこと）、第三条には人馬や武具は身分相応にすること、第四条には新規築城や城郭の無断修理の禁止、がそれぞれ書かれている　国立国会図書館蔵

は、諸国においても幕府法を遵守するよう命じたものである。諸藩では武家諸法度の内容をふまえて藩法が定められた。武家諸法度の制定は、幕府による大名統制の一面に限らず、法による支配が体系化された近世社会の構築に重要な役割を果たしたといわれている。

（篠原杏奈）

【参考文献】
笠谷和比古「徳川幕府武家諸法度の歴史的意義」（『大阪学院大学 法学研究』四五巻一号、二〇一八年）
塚本学「武家諸法度の性格について」（『日本歴史』二九〇号、一九七二年）
藤井譲治『戦国乱世から大平の世へ（シリーズ日本近世史1）』（岩波書店、二〇一五年）

07 陸上交通《りくじょうこうつう》の整備《せいび》——旅行ブームを支えた交通網

街道《かいどう》・宿駅《しゅくえき》の整備や通行手形《つうこうてがた》の発行に代表される近世の交通政策は、秀吉が天下統一の過程でおこなった諸政策に端緒がある。関ヶ原合戦後、家康は秀吉の京・大坂中心の交通体系の克服をめざした。江戸を中心とした全国支配のために街道を整備し、幕府が交通を管理する体制の構築に努めた。具体的には、街道を拡幅して砂や砂利で路面を固めたこと、街道沿いに松や杉などを植え、一里ごとに一里塚《いちりづか》を築いたことなどがある。

慶長六年（一六〇一）、家康は自身の伝馬朱印状《てんましゅいんじょう》と、代官頭《だいかんがしら》である伊奈忠次《いなただつぐ》や大久保長安《おおくぼながやす》らの連署で「御伝馬之定書《さだめがき》」を出し、東海道《とうかいどう》の宿場《しゅくば》に、宿継ぎのための馬の常備を命じた。以降、各宿場が宿と宿の間をリレー形式で継ぎ立て、人やモノを運ぶという伝馬制度が整えられていく。

慶長十年に将軍に就任した秀忠《ひでただ》は、家康の交通政策を引き継ぎ、東海道の道路修繕・維持を義務付け、関所《せきしょ》・渡し場《わたば》の規定を設けた。当初、東海道の宿場に命じられた馬数は三六疋だったが、寛永《かんえい》十五年（一六三八）以降、東海道は一〇〇人一〇〇疋、中山道《なかせんどう》は五〇人五〇疋、日光道中《にっこうどうちゅう》・奥州《おうしゅう》道中・甲州《こうしゅう》道中は各二五人二五疋の常置が定められた。宿場では、街道に沿って問屋場《といやば》や本陣《ほんじん》・脇《わき》本陣、旅籠《はたご》、茶屋《ちゃや》などが整備され、都市的な性格を有して発展した。

万治《まんじ》二年（一六五九）、実質的に道中奉行《どうちゅうぶぎょう》が成立し、五街道とその付属街道が管轄下となった。東海道・中山道・日光道中・奥州道中・甲州道中の道筋や宿場を「五街道《ごかいどう》」と表記する史料は、延宝《えんぽう》二年（一六七四）の「伝馬宿拝借金覚《はいしゃくきんおぼえ》」（『御当家令条』巻二〇、二五一号）が時期としては早い。のちに、五街道における日本橋《にほんばし》から数えて最初の宿場（品川《しながわ》宿〈東京都品川区〉・板橋《いたばし》宿〈同板橋区〉・千住《せんじゅ》宿〈同足立区〉・内藤新宿《ないとうしんじゅく》〈同新宿区〉）は「江戸四宿《えどししゅく》」と呼ばれた。

通行税の徴収を目的とした中世以来の関所は織豊《しょくほう》

政権《せいけん》下で否定され、幕府が管理した関所も、通行検閲や「入鉄砲《いりでっぽう》に出女《でおんな》」の取締りなどの警察・治安維持に特化していた。武家諸法度《ぶけしょはっと》（寛永令）では、往来の停滞と関所の私設が禁止され、幕府によって関東に設置された関所と、幕府公認の上で個別領主によって設置される口留番所《くちどめばんしょ》の二つがあった。これらは本来区別されたものの、機能はよく似ていた。

当初、幕府の交通政策は、全国に対する政治影響力の強化を背景におこなわれたが、武士の参勤交代《さんきんこうたい》にともなう旅や庶民の寺社参詣など、交通網の発達は人びとの旅行を活発化させることになった。日本橋は街道の起点としてにぎわい、各宿場でも人びとやモノが行き交い、商業も発展した。

文政《ぶんせい》年間（一八一八〜一八三〇）に江戸を訪れたドイツ人医師のシーボルトは、交通網が整備された日本国内の様子を見て、「他のアジアの国を見ても、日本ほど人びとの旅行が活発な場所はない」（『江戸参府紀行』）と書き残している。

（篠原杏奈）

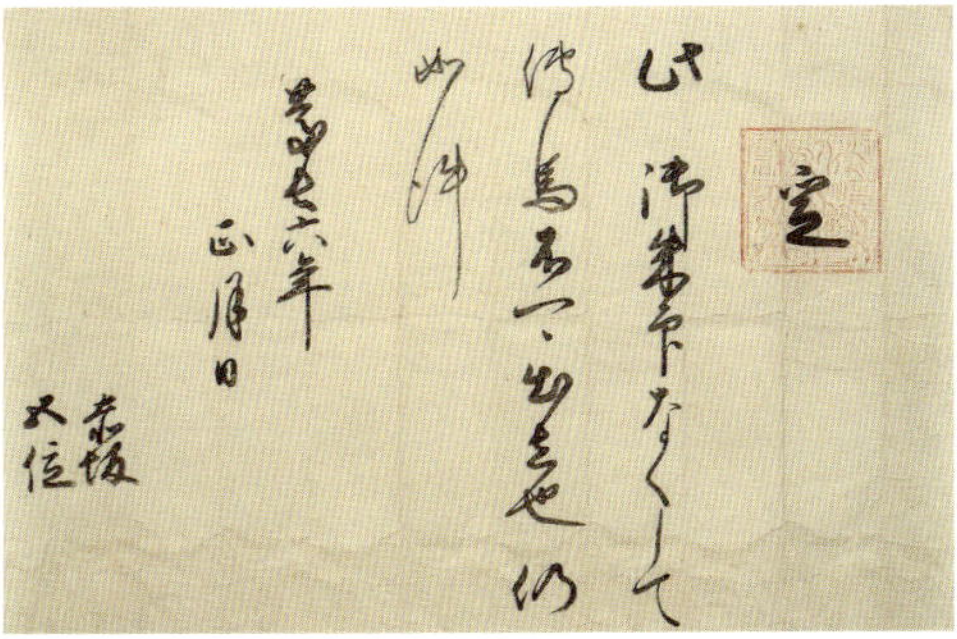

徳川家康伝馬朱印状◆文面には「この御朱印なくして伝馬出すべからざる者也」とあり、伝馬朱印状を所持していない者に対して各宿が伝馬を出すことを禁じていた　御油連区蔵・豊川市桜ヶ丘ミュージアム寄託

東海道五拾三次　藤枝・人馬継立◆歌川広重画。藤枝宿の問屋場で荷物の確認と引き継ぎをする役人や人夫たちの様子が描かれている　国立国会図書館蔵

【参考文献】
児玉幸多編『日本交通史』（吉川弘文館、二〇一九年、新装版）
深井甚三『近世女性旅と街道交通』（桂書房、一九九五年）
丸山雍成『日本近世交通史の研究』（吉川弘文館、一九八九年）

08 水上交通《すいじょうこうつう》の整備《せいび》——物流を支えた海運・水運

島国である日本は、古くから海運が盛んだったものの、海岸線の屈曲が多く、良港が多い西国のほうが東国と比べて早く発展した。中世までに瀬戸内海《せとないかい》や東北の海運は発達したが、全国的な海上交通網が整備されるのは近世以降である。江戸幕府は、織豊政権《しょくほうせいけん》下で進められた遠隔地間の物資輸送を生かしつつ、幕府の城米や諸藩の蔵米を江戸や大坂《おおさか》へ輸送するための海運を整えた。また、全国の城下町や港町と三都の間の商品流通ネットワークを展開させた。

江戸―大坂間の海運は、菱垣廻船《ひがきかいせん》と樽廻船《たるかいせん》が担った。菱垣廻船の起源は元和《げんな》五年（一六一九）に堺《さかい》の商人が紀州富田浦《きしゅうとんだうら》（和歌山県白浜町）で廻船を雇い、大坂で木綿《もめん》や油、酒などを積み込んで江戸に運んだことだといわれている。慶長《けいちょう》十四年（一六〇九）、幕府は西国大名の所有する五〇〇石積以上の大船を没収し、寛《かん》永《えい》十二年（一六三五）の武家諸法度《ぶけしょはっと》では、同様の大船建造を禁止したが、ここで禁止されたのはあくまでも軍船であり、荷船・商船は除外された。

幕府や藩は、海運開拓には高い関心を持っていた。寛文《かんぶん》十一年（一六七一）に東廻《ひがしまわ》り航路・西廻《にしまわ》り航路を刷新した河村瑞賢《かわむらずいけん》は、幕府の命によって奥州幕領米の江戸回送を請け負った江戸商人である。河村は効率的な輸送と安全な海運のための施設を整備し、両航路を完成させた。西廻り海運のうち、酒田《さかた》（山形県酒田市）と大坂を結ぶ航路と、かつて近江《おうみ》商人が一手に担っていた、蝦夷地《えぞち》（北海道・樺太《からふと》）―敦賀《つるが》を結ぶ航路が連結した北国廻船は北前船《きたまえぶね》と呼ばれ、蝦夷地のニシンや昆布、イワシなどを上方《かみがた》へ供給した。

水上交通の片翼を担う河川交通（水運）が著しく発達したのも江戸時代である。諸藩は領内から年貢米《ねんぐまい》を輸送するため、内陸交通を積極的に開発した。関東では、徳川家康《とくがわいえやす》の命で関東代官《かんとうだいかん》伊奈忠次《いなただつぐ》らが河川大改修を行い、その後、伊奈三代にわたって、利根川《とねがわ》や荒川《あらかわ》の流れを変え、江戸川を開削した。川越《かわごえ》藩主松平信《まつだいらのぶ》

菱垣廻船模型◆船の両舷に装飾として菱組の格子をつけたことから菱垣廻船と呼ばれた。後発の樽廻船と比較すると運賃や運搬速度で劣っていたため、競合に敗れ徐々に衰退した　神奈川大学日本常民文化研究所蔵　写真提供：横浜市歴史博物館

綱《つな》は、江戸と川越を結ぶ新河岸川《しんがしがわ》の水運路を開設し、江戸との商品流通を促進させた。寛永十年に幕府は川《かわ》船《ぶね》奉行を設置し、関東河川を統制した。

江戸時代に発達した水上交通は、物資輸送にとどまらず、旅人を運ぶ役割も担っていた。河川流域は河岸場で人と物資が行き交い、町場としても発展し文化的交流の場になった。とくに文化《ぶんか》・文政《ぶんせい》期（一八〇四〜一八三〇）には、小林一茶《こばやしいっさ》や渡辺崋山《わたなべかざん》、伊能忠敬《いのうただたか》ら文人や学者が水運を利用し、文化の交流を促進した。明治以降も水上交通は引き続き重要な輸送手段であり、とくに海運は帆船《はんせん》から汽船《きせん》に置き換わって日本の近代化と海外進出を支えた。

（篠原杏奈）

【参考文献】

川名登『近世日本水運史の研究』（雄山閣出版、一九八四年）
児玉幸多編『日本交通史』（吉川弘文館、二〇一九年、新装版）
丹治健蔵『関東河川水運史の研究』（法政大学出版局、一九八四年）

09 朝廷《ちょうてい》と幕府《ばくふ》の関係《かんけい》――権威を左右した天皇と公家

近世国家における天皇は、権力を持って直接政治を主導することはなく、統治権の実質は将軍により掌握された。幕府はその統制下において、元号宣下《げんごうせんげ》や官位《かんい》叙任《じょにん》、祈禱《きとう》による宗教的機能など、天皇・朝廷の古代以来の伝統的な権威や機能の維持、存続を図った。幕政初期には、後陽成《ごようぜい》天皇から後水尾《ごみずのお》天皇への代替わりを家康の意のままに行い、家康の推挙のない武家（大名）の官位叙任を禁じ、武家が直接朝廷と結ぶ道を断った。

慶長《けいちょう》二十年（一六一五）、幕府は、「禁中並公家《きんちゅうならびにくげ》中諸法度《ちゅうしょはっと》」を発布。天皇だけでなく上皇《じょうこう》・公家《くげ》・親王《しんのう》・諸門跡《もんぜき》など「公家中」を対象に、役儀・身分・服制・序列や命令系統を定めた、朝廷に対する江戸幕府の基本法令である。この一七ヵ条にわたる法度は、武士社会とは別に朝廷の役割を規定したものである。近年の研究では、「天皇の職分」を法の下に拘束して制外性を否定した第一条の画期性が指摘されている。

朝廷の統制は、①摂家《せっけ》（摂政《せっしょう》・関白《かんぱく》や三大臣）と武《ぶ》家《け》伝奏《てんそう》（摂家を除く堂上《とうしょう》公家の中から選ばれる）を通した朝廷内統制、②京都所司代《きょうとしょしだい》や禁裏《きんり》付の武家たちによる統制によってなされた。幕府は、関白を中心に朝廷統制の主導権を与えながら、実際には武家伝奏が、たえず京都所司代と連絡を取り合い、京都所司代は江戸の老中《ろうじゅう》と連絡を取ることで、朝廷内統制に介入した。

寛永《かんえい》四年（一六二七）、後水尾天皇が幕府の了解を得ずに紫衣《しえ》（特別な高僧に限り着用が認められる紫色の袈裟）着用の勅許を出した。幕府は、朝廷がみだりに紫衣を授けることを禁じており、事前の相談のない勅許であることを法度違反とみなして取り下げを命じたため、朝幕間の対立（紫衣事件）が起こった。その後は、家光《いえみつ》上洛を画期に朝幕融和体制が実現していく。

国内外で平和が到来した綱吉《つなよし》政権期は、武威による支配から儀礼を重視した統治に変わる時代であり、朝幕関係も協調的になった。貞享《じょうきょう》三年（一六八六）、霊元《れいげん》天皇が朝廷再興を企図して、応仁《おうにん》・文明《ぶんめい》の乱（一四六七〜一四七七）から断絶していた大嘗《だいじょう》会《え》の挙行を申し入れた。幕府は当初拒んでいたが、交渉の末、再興を認め翌四年に挙行された。幕府が大嘗会を容認したことは、幕府の政策が儀礼重視に転換したことを表すものであり、以後、それまでの天皇・朝廷の権威を封じ込める政策から、朝廷儀礼などを復興させていく政策へと変わっていく。

後水尾天皇画像◆慶長16年（1611）3月27日から寛永6年（1629）11月8日在位。同年、皇女の明正天皇に譲位した。その理由として紫衣事件など幕府の圧迫に対する不満があったとされる。以降、4代にわたって院政をおこなった　東京大学史料編纂所蔵模写

政治の表舞台には表れないものの、天皇・朝廷は、幕府がその権力を行使するための権威として近世の公儀のなかに組み込まれており、将軍や東照大権現《とうしょうだいごんげん》を権威づける存在であった。ツンベルク（一七四三〜一八二八）など、来日外国人は天皇の立場を「宗教的皇帝」（『ツンベルク日本紀行』）と政治的実権のない名目上の象徴的存在として認識していた。近世中期の将軍国王化の志向や、その後の大政委任論《たいせいいにんろん》による天皇権威の浮上など、天皇・朝廷の国政における位置づけは近世を通じた重要な論点であった。

（小嶋　圭）

【参考文献】
大石学『近世日本の統治と改革』（吉川弘文館、二〇一三年）
高埜利彦『江戸幕府と朝廷（日本史リブレット36）』（山川出版社、二〇〇一年）
辻達也編『天皇と将軍（日本の近世2）』（中央公論社、一九九一年）
橋本政宣『近世公家社会の研究』（吉川弘文館、二〇〇二年）
深谷克己『近世の国家・社会と天皇』（校倉書房、一九九一年）
藤田覚『江戸時代の天皇（天皇の歴史6）』（講談社、二〇一一年）
村和明「『禁中並公家中諸法度』第一条にみる近世朝廷の特質」（歴史科学協議会編『深化する歴史学―史資料からよみとく新たな歴史像―』大月書店、二〇二四年）
山口和夫『近世日本政治史と朝廷』（吉川弘文館、二〇一七年）

10　宗教政策《しゅうきょうせいさく》と島原《しまばら》・天草一揆《あまくさいっき》——武力を伴う蜂起

幕府権力が統一的な統治を実現するにあたり、宗教勢力の抵抗は大きな障壁となった。江戸幕府は、幕府に従う宗教（「王法為本《おうほういほん》」）の存在を許容する一方、キリスト教や日蓮宗不受不施派《にちれんしゅうふじゅふせは》など、宗教権力が王法・王権に優越するという宗教・宗派（「仏法為本《ぶっぽういほん》」）に対し、徹底した弾圧と排除を推し進めながら、宗教政策を展開させていく。

家康は秀吉のキリスト教禁制を踏襲し、「伴天連追放令《ばてれんついほうれい》」の発令とともに禁教を進めていった。元和《げんな》二年（一六一六）八月、二代秀忠《ひでただ》はキリスト教禁令を発令し、禁令の対象を百姓にまで拡大して一般教徒を含めた排除に乗り出す。この法令により、ポルトガル船とイギリス船、およびオランダ船の寄港地を長崎《ながさき》（長崎市）と平戸《ひらど》（長崎県平戸市）に限定し、宣教師の潜入を防いだ。これ以降、幕府によるキリシタン弾圧が強化された。

キリシタン弾圧や飢饉を背景に、寛永《かんえい》十四年（一六三七）から翌十五年にかけて島原《しまばら》・天草一揆《あまくさいっき》（島原の乱）が起こる。この一揆は、結集の核だった益田《ますだ》（天草《あまくさ》）四《し》郎《ろう》を「天人」と、キリスト本人のように祭りあげ、島原・天草両地域が呼応して蜂起したものである。幕府はこれをキリシタン一揆と受け止めて、徹底的に対処した。

しかしながら、当初は島原・天草地域に領地を持っていた領主（島原藩・唐津《からつ》藩）の苛政に対する抗議の蜂起であったものの、幕藩連合軍の攻撃によって全面戦争の様相を呈するに至った。そのために、この一揆は宗教戦争との評価が通説的であった。近年では、特殊な宗教戦争や内乱としてではなく、一揆という民衆運動として再評価がなされている。

いずれにしても、幕府による総攻撃は、譜代・外様一二万五〇〇〇（記録上の人数。実際は一五万人以上とされる）の連合軍によってなされ、キリシタンらの籠城する原《はら》城（長崎県南島原市）は陥落し、鎮圧された。

これは、将軍以下万石以上の大名で構成された公儀権力による武力の発動であり、これを通じて諸大名の公儀への結集度は高まることになった。

一揆後、キリスト教邪教観は決定的なものとなり社会全般に浸透していった。寛永十五年九月、家光はキリシタンの一層の摘発を要請し、「訴人《そにん》」（訴え出た者）に褒美を与えることを全国の大名に伝えた。幕領には、高札《こうさつ》を立てキリシタン探索を本格的に開始する。その後も、江戸城（東京都千代田区）での申し渡しや老中《ろうじゅう》奉書《ほうしょ》により、くりかえしキリシタン禁制が大名に伝えられた。承応《じょうおう》三年（一六五四）には、幕府は諸藩の江戸留守居《るすい》を集め、大名領内にもキリシタン高札を立てるよう命じている。

万治《まんじ》二年（一六五九）、幕府は五人組と寺請制《てらうけせい》によるキリシタン改めを命じた。以降、幕府のキリシタン政策は、宗門改《しゅうもんあらた》めの人別帳《にんべつちょう》作成や毎年一度の宗門改めにより、すべての人びとに対してキリシタンでないことの確認がなされるようになった。

このように、民衆支配のなかでキリスト教信仰、さらには日蓮宗不受不施派信仰を阻止するために、檀那《だんな》寺《でら》に檀家《だんか》の寺請《てらうけ》証明をさせる体制がとられた。これは、たんに幕府権力が制度化を強行したわけでない。戦乱の時代を経て、近世の民衆が菩提寺《ぼだいじ》による葬儀を望み、仏教宗派側も地域へ広く布教するなかで形成された寺《じ》檀制度《だんせいど》の展開をふまえた幕府の対応であった。近世前期に至るまで、全国に増加・拡大した中小の寺院を統制することが幕府の課題となり、慶長《けいちょう》六年（一六〇一）から元和二年にかけて、天台《てんだい》・真言《しんごん》・禅《ぜん》・浄土《じょうど》などの各宗派の本山《ほんざん》・本寺《ほんじ》に、宗派の寺院を編成する権限を与える、いわゆる寺院法度《じいんはっと》を発布した（本末制《ほんまつせい》）。

幕府のねらいは、中世以来の寺院の経済的特権の削減と政治的特権の否定、本寺を通じて全国の末寺《まつじ》に貫徹する支配機構を作り上げることにあった。仏教は、修験道《しゅげんどう》を含めておよそ寛文《かんぶん》～元禄《げんろく》期（一六六一～一七〇四）にかけて、幕府の寺社奉行《じしゃぶぎょう》による統制の窓口となる寺院を江戸触頭《ふれがしら》として設定し、寺社奉行と江戸触頭による統治体制がとられるようになる。

神社に対しては、寛文五年（一六六五）七月に全国に触れられた「諸社禰宜神主法度《しょしゃねぎかんぬしはっと》」の五ヵ条にもとづき、白川《しらかわ》家や吉田《よしだ》家などの公家に権限を与えて全国の神職の統制を図ろうとした。神道《しんとう》・陰陽道《おんみょうどう》には江戸触頭に相当するものがなかったが、寛政《かんせい》三年

（一七九一）に吉田家関東役所《かんとうやくしょ》が開設され、まもなく白川家江戸役所が設けられると、同時期に陰陽道土御《つちみ》門《かど》家江戸役所に江戸触頭の機能を幕府が持たせ始めるようになった。

江戸幕府の宗教統制は、諸法度によりそれぞれの身分に応じた役を通じて、幕府の国家支配に貢献するよう身分制のもとに統制するものであった。法度に違反した場合は幕府が介入するという法度支配とともに、その拠点を幕府のお膝元である江戸に集中させていくことをとおして、秩序の安定を図っていたのである。

（小嶋　圭）

【参考文献】
荒野泰典「江戸幕府と東アジア」（荒野泰典編『江戸幕府と東アジア（日本の時代史14）』吉川弘文館、二〇〇三年）
大橋幸泰『検証 島原天草一揆（歴史文化ライブラリー２５９）』（吉川弘文館、二〇〇八年）
木村直樹「島原の乱と禁教政策の転換」（牧原成征・村和明編『列島の平和と統合―近世前期―（日本近世史を見通す１）』吉川弘文館、二〇二三年）
高埜利彦「江戸幕府と寺社」（歴史学研究会・日本史研究会編『講座日本歴史五 近世一』東京大学出版会、一九八五年）
藤井讓治編『支配のしくみ（日本の近世３）』（中央公論社、一九九一年）
藤谷俊雄「キリスト教と封建支配」（『岩波講座日本歴史 第九巻 近世一』岩波書店、一九六三年）

島原陣図屏風◆寛永14年（1637）に起こった島原・天草一揆は翌年2月まで続いたが、最後は幕府軍がキリシタンの籠城する原城へ総攻撃をかけたことにより鎮圧された。屏風には、幕府軍の総攻撃の様子が描かれている　朝倉市秋月博物館蔵

11 対《たい》外《がい》関《かん》係《けい》――見直される「鎖国」の内実と評価

江戸時代の対外関係は、江戸幕府の支配体制が確立する家康・秀忠《ひでただ》・家光《いえみつ》の時代に基礎が築かれた。家康は慶長《けいちょう》五年（一六〇〇）の関ヶ原合戦に勝利し全国統治者となった後、国際社会からの承認を得るため、まず、明《みん》・朝鮮《ちょうせん》との戦争状態を終結させ、次に周辺の国や地域との間に安定した関係を築くことをめざした。

慶長六年から始まった朱印船《しゅいんせん》制度も、東南アジア諸国との安定した外交関係のもとで安全な貿易ルートを確保する目的があった。しかし、朱印船がポルトガル船・オランダ船・中国船を圧倒するにつれ、渡航先や海上での摩擦は増大した。朱印船の寄港地に形成された日本人居住区（日本町《にほんまち》）でも、現地勢力との間に紛争が起こるようになっていた。これらは朱印状を発給する幕府の権威を低下させかねない、重大な問題であった。

また、家康はスペイン領フィリピンを通じてメキシコとの通交を模索するなど、ポルトガル以外のヨーロッパ勢力を招致することにも熱心であった。しかし、他方で家康は禁教の意志を変えておらず、慶長十七年に、江戸《えど》・駿府《すんぷ》・京都《きょうと》・長崎《ながさき》でキリスト教の禁止を命じ、禁教の姿勢を明確にした。

元和《げんな》二年（一六一六）、家康の遺志を継いだ秀忠はポルトガル船・イギリス船（七年後に撤退）・オランダ船の寄港地を長崎（長崎市）と平戸《ひらど》（長崎県平戸市）に限定し、寛永《かんえい》元年（一六二四）にはスペイン船の来航を禁止した。続く家光のもとでは寛永十年、長崎奉《ぶ》行《ぎょう》に対し奉書船《ほうしょせん》（老中が発行した奉書によって海外渡航が許可された船）以外の海外渡航の禁止などを定める下知状《げちじょう》が与えられた。

なお、この下知状は、最初の「鎖国令《さこくれい》」と呼ばれ、次いで寛永十一年、寛永十二年、寛永十三年の段階で強化され、寛永十六年にポルトガル船の来航禁止を命じた最後の鎖国令で、「鎖国」が完成したといわれる。

しかし、寛永十三年までのものはあくまで長崎奉行への職務規程であり、全国的な法令ではない。一方、寛永十六年のものは島原《しまばら》・天草一揆《あまくさいっき》（島原の乱）をふまえ、長崎奉行や諸大名、さらには中国人やオランダ人にも伝えられた点で特別である。これ以降、ポルトガル船来航に備えた沿岸防備体制が構築され、さらに寛永十八年にオランダの商館が出島《でじま》（長崎市）へ移されたことをふまえると、鎖国の出発点は寛永十六年にあったといえる。

　江戸時代の対外関係は一般的に鎖国と呼ばれ、閉鎖的で抑圧的な印象ももたれている。鎖国という語は元長崎通詞《ながさきつうじ》の志筑忠雄《しづきただお》による造語で、元禄《げんろく》三年（一六九〇）に来日したドイツ人医師ケンペルの『日本誌《にほんし》』の付録を、志筑が享和《きょうわ》元年（一八〇一）に翻訳して「鎖国論」と名づけたことによる。鎖国論は鎖国の是非について論じるもので、ケンペルは「国内には平和が続き、世界でも稀にみるほどの幸福な国民である。もし日本国民が現在と昔の自由な時代とを比べてみたら……、海外との往来を一切断たれて完全な閉鎖状態にある現在よりも、国民の幸福が実現している時代を見つけることはできない」と鎖国を肯定していた。自由な戦乱の時代よりも不自由な泰平の時代を評価し、鎖国の妥当性を指摘したのである。

　ただし、鎖国はあくまでケンペル側（＝ヨーロッパ側）からみた、日本をめぐる言説であることも忘れてはならない。日本人は幕末《ばくまつ》に「開国《かいこく》」を要求する異国船が現れて初めて鎖国の是非を論じ、それ以前には開・鎖の認識をもっていなかった。また「完全な閉鎖状態にある」という記述も事実とは異なり、いわゆる「四つの口」を通じて「異国」「異域」との関係を築いていた。中国・オランダとの関係は幕府直轄の長崎に、朝鮮との関係は対馬《つしま》の大名宗《そう》氏に、琉球《りゅうきゅう》との関係は薩摩《さつま》の大名島津《しまづ》氏に、蝦夷地《えぞち》との関係は松前《まつまえ》の大名松前（蠣崎《かきざき》）氏に委任された。「四つの口」を通じた海外との人・モノ・情報の交流は、日本がグローバルな関係性のなかにあったことを裏づけている。

　したがって、江戸時代の対外関係を鎖国とよぶこと自体についても、疑問が投げかけられている。たとえば、東アジアの特質を重視し、「海禁《かいきん》」と「華夷秩序《かいちつじょ》」という要素によって説明しようとする試みもある。海禁とは、自国の人間が許可なく海外に渡航することや、外国人と交際することを禁じる政策で、華夷秩序とは

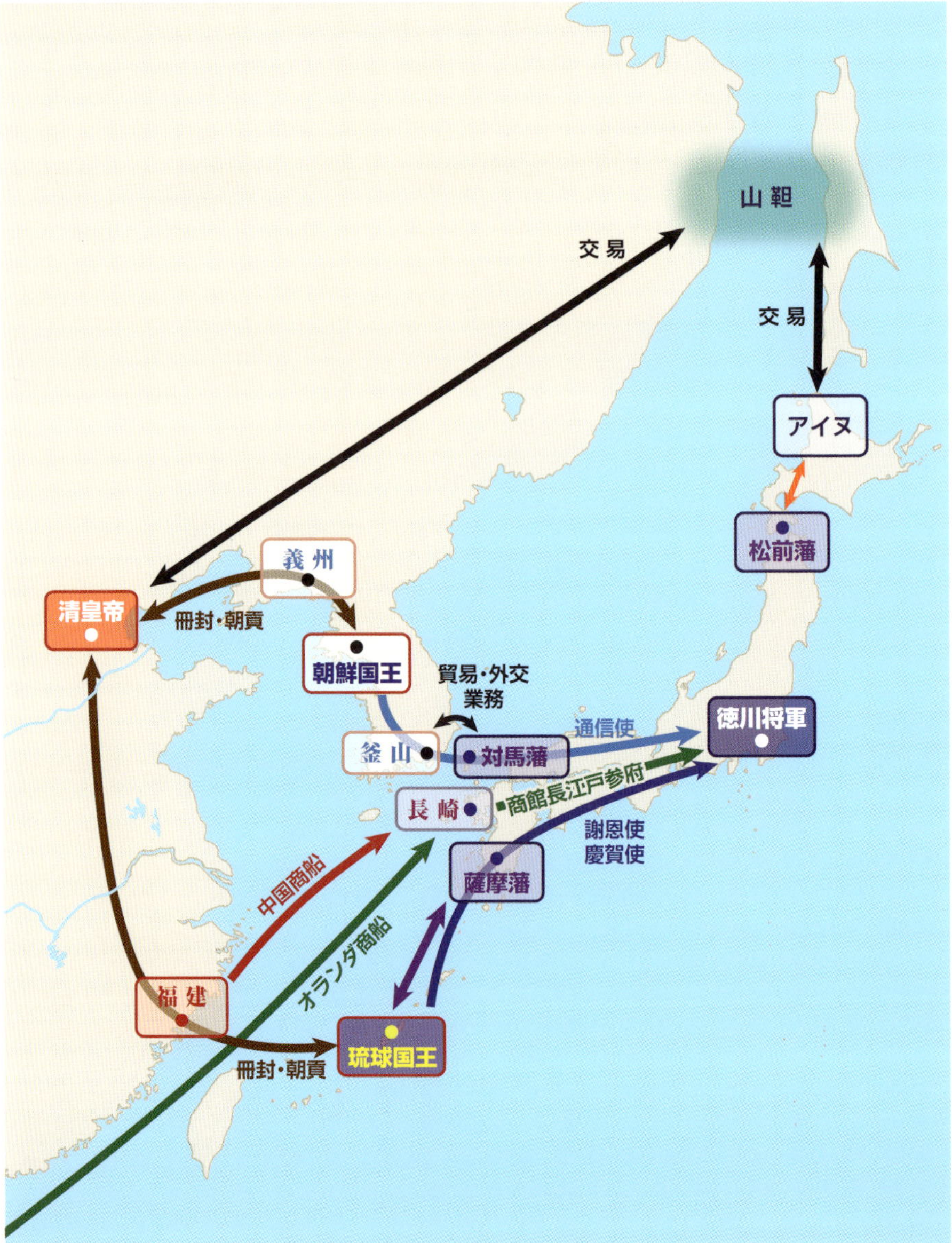

18 世紀頃の東アジアの国際関係◆荒野泰典編『江戸幕府と東アジア』（日本の時代史 14、吉川弘文館、2003 年）所収図をもとに作成

寛文長崎図屏風（左隻・部分）◆寛文 13 年（1673）の長崎を描いたもの。長崎は幕府の直轄都市で、中国人を収容する唐人屋敷とオランダ人を収容する出島があった。両施設は長崎の町人が出資して建造・管理した　長崎歴史文化博物館蔵

自国を世界の中心である中華《ちゅうか》とみなし、周辺の国や民族を夷狄《いてき》として蔑視する認識にもとづいた地域秩序である。海禁と華夷秩序による対外関係の原型は中国にあるが、ほかの東アジア諸国も中国にならって同様の対外関係を築いていった。

これらをふまえ、江戸時代の日本も、厳しい沿岸防備体制をともなう海禁と日本型華夷秩序によって対外関係を統制・運営し、東アジア全体の平和維持に貢献したという評価がなされている。

（山田篤史）

【参考文献】
荒野泰典編『江戸幕府と東アジア（日本の時代史14）』（吉川弘文館、二〇〇三年）
荒野泰典『鎖国を見直す』（岩波書店、二〇一九年）
藤井讓治『戦国乱世から太平の世へ（シリーズ日本近世史1）』（岩波書店、二〇一五年）
藤田覚『幕末から維新へ（シリーズ日本近世史5）』（岩波書店、二〇一五年）
山本博文『鎖国と海禁の時代』（校倉書房、一九九五年）

12 朝鮮《ちょうせん》との関係《かんけい》――対馬宗氏の外交努力

文禄《ぶんろく》元年（一五九二）に豊臣秀吉《とよとみひでよし》が始めた朝鮮侵略《ちょうせんしんりゃく》は、慶長《けいちょう》三年（一五九八）の秀吉死去をきっかけに終結へ向かった。秀吉の死後、明《みん》・朝鮮との講和交渉に取り組んだ徳川家康は、慶長五年に関ヶ原合戦で勝利すると、事実上の全国統治者として講和の早期実現をめざした。

朝鮮との講和交渉は、中世以来、日朝間の交流を仲介してきた対馬《つしま》の宗《そう》氏を通じておこなわれた。宗氏が朝鮮人捕虜の送還を進めた結果、慶長十年に朝鮮から対馬へ使節が派遣された。使節を引見した家康はこれをもって講和成立とみなし、宗氏に対朝関係を管轄する権限を認めた。翌年、家康は朝鮮からの通信使《つうしんし》派遣を宗氏へ要求した。これに対し朝鮮は、家康の国書《こくしょ》と戦争中に王室陵墓を荒らした犯人の引き渡しを条件にしたが、国交回復を急ぐ宗氏は国書を偽造し、罪人を犯人に仕立てることで、朝鮮の要求にこたえた。

慶長十二年、戦後初めて朝鮮国王の使節が来日した。この使節は日本では通信使とされたが、朝鮮では国書への返書と捕虜を連れ戻すことが目的の「回答兼刷還使《かいとうけんさっかんし》」とされ、続く第二・三回の使節にも日朝間には認識のずれがあった。しかし実態は通信使に等しく、これらをもって日朝間の講和が実現した。朝鮮側にも北方の女真《じょしん》の脅威に配慮し、対日関係を平和的に維持する狙いがあった。慶長十四年には宗氏と朝鮮との間に己酉約条《きゆうやくじょう》が結ばれ、ここに対馬を窓口とする貿易・外交の枠組みがつくられた。

寛永《かんえい》八年（一六三一）、対馬藩主宗義成《よししげ》と重臣柳川《やながわ》調興《しげおき》との間で争いがおき、双方が幕府へ訴えた。争いの中で調興はそれまでの国書偽造を暴露したが、家光《いえみつ》の裁決によって調興は配流《はいる》、一方で義成は領地を安堵された。この一連の事件（柳川一件）は義成の地位を確立するとともに、日朝外交の転換点になった。これ以降、貿易や日常的な交際は宗氏が対応し、国家レベルの交際は幕府が直接対応することになり、国書偽造の原因であった幕府将軍の称号記載については、「大《たい》君《くん》」を使用することになった。

日朝外交は相互に認識のずれや誤解が存在したまま続けられたが、それは矛盾を顕在化させずに均衡を保つことで実現した。たとえば「通信」という言葉は、朝鮮では「信義を通す」という意味で用いられたが、日本では「国書を通わす」という意味で用いられた。「大君」という言葉も、朝鮮では「国王が臣下に与える職号」を指したが、日本では「諸侯《しょこう》の長」を指した。日本と朝鮮は同じ言葉にそれぞれ別の意味を与え、自らに都合よく解釈したのである。宗氏はこうした認識のずれを把握し、便宜的に辻褄を合わせることで、円滑な日朝関係の維持に貢献したといえる。（山田篤史）

【参考文献】
荒野泰典編『江戸幕府と東アジア（日本の時代史14）』（吉川弘文館、二〇〇三年）
岡本隆司『世界のなかの日清韓関係史―交隣と属国、自主と独立―』（講談社、二〇〇八年）
岡本隆司編『交隣と東アジア』（名古屋大学出版会、二〇一一年）
三宅英利『近世の日本と朝鮮』（講談社、二〇〇六年）

信使回数	行礼年月日	信使の使命	一行総人数（大坂在留人数）	将軍	行礼場所	備考
1	慶長12年（1607）5月6日	修好	467	秀忠	江戸	回答兼刷還使
2	元和3年（1617）8月26日	大坂平定・日本統合の祝賀	428（78）	秀忠	伏見	回答兼刷還使
3	寛永元年（1624）12月19日	家光就任の祝賀	300	家光	江戸	回答兼刷還使
4	寛永13年（1636）12月13日	太平の祝賀	475	家光	江戸	称号「日本国大君」
5	寛永20年（1643）7月18日	家綱誕生の祝賀	462	家光	江戸	日光参詣
6	明暦元年（1655）10月8日	家綱就任の祝賀	488（103）	家綱	江戸	日光参詣
7	天和2年（1682）8月27日	綱吉就任の祝賀	475（112）	綱吉	江戸	日光参詣廃止
8	正徳元年（1711）11月1日	家宣就任の祝賀	500（129）	家宣	江戸	新井白石の改革。称号「日本国王」
9	享保4年（1719）10月1日	吉宗就任の祝賀	475（109）	吉宗	江戸	天和の制に復す
10	寛延元年（1748）6月1日	家重就任の祝賀	475（83）	家重	江戸	
11	明和元年（1764）2月27日	家治就任の祝賀	472（106）	家治	江戸	
12	文化8年（1811）5月22日	家斉就任の祝賀	336	家斉	対馬	易地聘礼

朝鮮からの通信使一覧◆荒野泰典編『江戸幕府と東アジア』（日本の時代史14、吉川弘文館、2003年）所収の表をもとに作成

13 琉球《りゅうきゅう》との関係《かんけい》——海洋国家が選んだ日中両属

十五世紀前半、琉球《りゅうきゅう》列島のうち沖縄《おきなわ》島に存在した三つの小国（山北《さんほく》・中山《ちゅうざん》・山南《さんなん》）は中山によって統一され、琉球国が成立した。琉球国は那覇《なは》港（那覇市）を起点に中国や日本、東南アジアとの貿易で栄えた海洋国家であった。その最大版図は与那国《よなぐに》島（沖縄県与那国町）から吐噶喇《とから》列島の臥蛇《がじゃ》島（鹿児島県十島村）に至る、南北約九五〇キロメートルに及んだ。

慶長《けいちょう》十四年（一六〇九）、琉球国は島津《しまづ》氏（薩摩《さつま》藩）による軍事侵攻をうけ、戦闘の末に降伏した。その後、琉球国の尚寧《しょうねい》王は鹿児島《かごしま》（鹿児島市）を経由して江戸へ連行され、駿府《すんぷ》（静岡市葵区）で徳川家康に謁見し、慶長十六年に鹿児島で島津氏から支配の方針（「掟十五ヵ条」）を示され、忠誠を誓う起請文《きしょうもん》に署名した。「掟十五ヵ条」によって、中国との貿易や日本の他領との往来は制限され、さらに琉球国全土で実施された日本式の検地によって、知行や年貢についても定められた。

寛永《かんえい》元年（一六二四）には、島津氏は他領の船が琉球国へ渡航することを禁じ、日本から琉球国への海上交通を独占した。しかし、島津氏は琉球国の実効支配を進める一方で、あくまで琉球王府の自治を前提としていたため、王府は徴税権や行政権を有し、島津氏の在番《ざいばん》奉行によって監督・監視される間接的な支配体制が築かれた。これは幕府や島津氏が琉球国を服属国として扱う一方、自らの武威を示す上で琉球国の「異国」としての性格を必要としたためである。

こうして十七世紀に、琉球国は島津氏の支配を通じて幕藩体制に組み込まれ、一方で明清交替《みんしんこうたい》（明の滅亡と清の成立）後も、中国（清）との冊封《さくほう》・朝貢《ちょうこう》関係を維持した。こうしたなかで、琉球国は中国と日本に同時に臣従するという矛盾を調整し、どちらか一方に取り込まれない、いわば「つかず離れずの関係」を築いていった。たとえば、琉球国王の即位においては、まず琉球国内で候補を推戴し、次に日本（島津氏・幕府）

首里那覇港図屏風（部分）◆19世紀に描かれたもので、当時の地理・交通・交易・集落・グスク・寺院などを知ることができる。右側には首里城が描かれ、中央から左側にかけては、中国から帰国した進貢船を迎える大勢の人で賑わう那覇港のようすが描かれている　沖縄県立博物館蔵

へ使節を派遣し、さらに中国から冊封使を迎えるという三度の承認と儀礼が必要であった。

明治《めいじ》政府による琉球国併合（琉球処分）が象徴するように、日本では近代になると琉球国の日中両属関係は否定的に捉えられた。しかしすでに述べたように、江戸幕府が琉球国を完全に吸収・同化することは最後までなかった。江戸時代の日本人も琉球国に対し、近代とは異なる認識をもっていた。鹿児島を訪れた京都の医師 橘南谿《たちばななんけい》は、「琉球は唐と日本に両属したる国なれば、両方へ商ひ通行して、金銀の自由よく、大なる利得を得て大富国也」（『西遊記』）と記している。琉球国が日中両属することは肯定的に評価されてもいた。

（山田篤史）

【参考文献】
安里進ほか『沖縄県の歴史（県史47）』（山川出版社、二〇一〇年）
荒野泰典「江戸幕府と東アジア」（荒野泰典編『江戸幕府と東アジア（日本の時代史14）』吉川弘文館、二〇〇三年）
紙屋敦之『幕藩制国家の琉球支配』（校倉書房、一九九〇年）
豊見山和行編『琉球・沖縄史の世界（日本の時代史18）』（吉川弘文館、二〇〇三年）
豊見山和行『琉球王国の外交と王権』（吉川弘文館、二〇〇四年）
宮城弘樹ほか編『大学で学ぶ沖縄の歴史』（吉川弘文館、二〇二三年）

14 蝦《え》夷《ぞ》地《ち》との関係《かんけい》——変容するアイヌ社会

江戸時代、アイヌは和人から「蝦夷《えぞ》」と呼ばれて異民族として支配され、その居住範囲は現在の北海道本島を中心に北は樺太《からふと》、東は千島《ちしま》列島、南は津軽《つがる》・下北《しもきた》半島にまで及んだ。

慶長《けいちょう》九年（一六〇四）、松前《まつまえ》（北海道松前町）の領主松前（蠣崎《かきざき》から改称）慶広《よしひろ》は将軍徳川家康から黒印状《こくいんじょう》を与えられ、アイヌ交易の独占権を保証された。アイヌがもたらす交易品には狩猟や漁労で入手した毛皮や海産物のほかに、黒流江《こくりゅうこう》下流域に居住するサンタン（山丹）人から交易で入手した中国産絹製品なども含まれた。江戸初期のアイヌ交易は、アイヌが松前へ来ておこなう形態「ウイマム」が中心であったが、下北半島など本州へ渡るアイヌもいた。

しかし、アイヌが住む「蝦夷地」と和人が住む「和人地」の区分が定められた一六三〇年代になると、商《あきない》場《ば》知《ち》行制《ぎょうせい》という交易形態が主流となった。これは松前藩の藩主や藩士が蝦夷地の知行地「商場」へ船を派遣し、アイヌと交易して入手した品を松前へ持ち帰り、商人へ売却するという内容であった。交易形態の変化によってアイヌは交易相手を制限され、交換比率もアイヌ側に不利にされていった。寛文《かんぶん》九年（一六六九）におきたシャクシャインを指導者とするアイヌと松前藩との戦い（シャクシャインの戦い）も、こうした松前藩の行為に対するアイヌの不満が背景にあった。しかし、この戦いはアイヌ側の敗北に終わり、商場知行制が蝦夷地全域に貫徹されていった。

十八世紀に入って商場知行制が経済的に行き詰まると、松前藩は運上金《うんじょうきん》を取って商人に交易を任せるようになった。商人は商場を「場所《ばしょ》」と呼び、交易をおこなうだけでなく、アイヌを労働者として使役して鮭や鰊《にしん》を直接獲得した。この交易形態は「場所請負制《うけおいせい》」といわれ、アイヌ社会を根底から揺るがした。寛政《かんせい》元年（一七八九）、和人による酷使や暴力に耐えかねたアイヌはクナシリ・メナシ地方で蜂起した（クナシリ・

メナシの戦い）。

ただし近年の研究では、場所請負人の雇用によらないアイヌ独自の生産活動である「自分稼」の実態も明らかにされている。これはアイヌが場所請負制下で収奪された事実を否定するものではないが、アイヌの経済的自立性や技術的力量を正しく評価するうえで重要である。

十八世紀後半に本格化するロシアの蝦夷地接近は、幕府役人や日本の知識人に危機感を抱かせた。工藤平《くどうへい》助《すけ》はロシアとの交易を説き、本多利明《ほんだとしあき》は蝦夷地の開発を主張した。幕府も老中田沼意次《たぬまおきつぐ》や松平定信《まつだいらさだのぶ》のもとで調査隊を派遣し、寛政十一年から蝦夷地の直轄化を進めた。文化《ぶんか》四年（一八〇七）には松前・蝦夷地全域を直轄化し、松前氏を陸奥梁川《やながわ》（福島県伊達市）へ転《てん》封《ぽう》した（文政四年〈一八二一〉に復帰）。幕末期にはロシアとの領土問題が深刻化し、安政《あんせい》元年（一八五四）にエトロフ島とウルップ島の間を国境と定める日露和《にちろわ》親条約《しんじょうやく》が結ばれた。翌年、松前を除く蝦夷地は再び直轄化され、明治《めいじ》政府の開拓につながる殖産興業《しょくさんこうぎょう》的な政策が展開されるに至った。（山田篤史）

アイヌの居住地域◆北海道アイヌは日本、樺太アイヌは中国（清）、千島アイヌはロシアとの交流が盛んで、それぞれの個性的な文化を育んでいった　加藤博文・若園雄志郎編『いま学ぶ アイヌ民族の歴史』（山川出版社、2018年）をもとに作成

【参考文献】
荒野泰典「江戸幕府と東アジア」（荒野泰典編『江戸幕府と東アジア（日本の時代史14）』吉川弘文館、二〇〇三年）
榎森進『アイヌ民族の歴史』（草風館、二〇〇七年）
加藤博文・若園雄志郎編『いま学ぶ アイヌ民族の歴史』（山川出版社、二〇一八年）
菊池勇夫編『蝦夷島と北方世界（日本の時代史19）』（吉川弘文館、二〇〇三年）
菊池勇夫『アイヌ民族と日本人―東アジアのなかの蝦夷地―（読みなおす日本史）』（吉川弘文館、二〇二二年）
関口明ほか編『アイヌ民族の歴史』（山川出版社、二〇一五年）
谷本晃久『近世蝦夷地在地社会の研究』（山川出版社、二〇二〇年）

15 寛永文化《かんえいぶんか》——創造性豊かな京都中心の文化

寛永《かんえい》文化とは、寛永年間（一六二四〜一六四四）を中心とした十七世紀前半の文化を指す。中世の創造的文化の終点であるとともに、近世の伝統文化の基点ともなった。幕府により文化の保護がなされ、伝統文化の再編がおこなわれた。時代が混沌から安定へ向かうなかで、「南蛮文化《なんばん》」の意趣が薄れ、相対的に日本の伝統文化に対する関心が高まったことも背景にある。

寛永文化の担い手は、皇族・公家、武家、僧侶、上層町人など、京都の上層社会を中心とする人びとであった。後水尾《ごみずのお》天皇やその叔父の八条宮智仁《はちじょうのみやともひと》親王らは、文化サロンの場として京都郊外に数寄屋《すきや》造《づく》りを取り入れた別荘《べっそう》（修学院離宮《しゅうがくいんりきゅう》・桂離宮《かつらりきゅう》）を営み、こうした場で、茶《ちゃ》の湯《ゆ》・立花《りっか》・能筆《のうひつ》・和歌《わか》などの文化が成熟していった。上層町人では、本阿弥光悦《ほんあみこうえつ》や俵屋宗《たわらやそう》達《たつ》らが有名である。本阿弥家や貿易商として栄えた茶《ちゃ》屋《や》家などは代々法華宗《ほっけしゅう》の門徒《もんと》であり、京都町衆《まちしゅう》の文化交流は彼ら門徒のネットワークに支えられたものであった。光悦は、元和《げんな》元年（一六一五）に京都所司《きょうとしょし》代板倉勝重《だいいたくらかつしげ》を介して徳川家康から洛北の鷹峯《たかがみね》（京都市北区）を拝領し、一種の芸術村を形成した。そこには、多種多様な伝統工芸作家が集まり、光悦の蒔絵《まきえ》作品などの制作に協力した。協同作品の一つとして、宗達が下絵を描き、その料紙に光悦が揮毫《きごう》したものもつくられた。

一方、体制的な儒教《じゅきょう》的文化も発展した。朱子学《しゅしがく》啓蒙期に活躍したのが京都相国寺《しょうこくじ》（京都市上京区）の僧藤原惺窩《ふじわらせいか》で、のちに徳川家に仕えた林羅山《はやしらざん》ら多くの門人を輩出した。惺窩は、秀吉の朝鮮侵略《ちょうせんしんりゃく》の際に藤《とう》堂高虎《どうたかとら》軍に捕らえられ日本に連行された朝鮮儒者姜沆《カンハン》に朱子学を学んだ。

元和三年、家康の一周忌を経て、日光《にっこう》（栃木県日光市）の地に東照社《とうしょうしゃ》（のちの東照宮《とうしょうぐう》）が落成した。三代将軍家光《いえみつ》のもとで大造営が行われ、今日に残る豪壮な社殿となった。寛永十三年（一六三六）の落成の際に、家光は大行列を率いて日光に参拝した。このとき、オランダ商館長はシャンデリアを献上し、宗《そう》氏の要請で朝鮮《ちょうせん》通信《つうしん》使《し》も日光に参拝している。東照大権現の威光が広く海外にも及んでいることを示す演出で、こうした文化装置の建設は、将軍権力の確立と密接に結び付いていた。

（桐生海正）

【参考文献】
熊倉功夫『寛永文化の研究（熊倉功夫著作集 第五巻）』（思文閣出版、二〇一七年）
倉地克直『江戸文化をよむ』（吉川弘文館、二〇〇六年）
林屋辰三郎『中世文化の基調』（東京大学出版会、一九五三年）

日光東照宮陽明門◆東照宮を代表する豪華な建築物で、いつまで見ていても飽きず日が暮れるのも忘れるほどであることから「日暮門」とも呼ばれる　栃木県日光市

舟橋蒔絵硯箱◆本阿弥光悦による作品。『後撰和歌集』の和歌「東路の佐野の　舟橋かけてのみ　思ひ渡るを知る人ぞなき」の文字を散らし、舟の上にかかる橋を巧みな工芸技法で表現している　東京国立博物館蔵　出典：ColBase（https://colbase.nich.go.jp/collection_items/tnm/H-53?locale=ja）

16 家綱政権《いえつなせいけん》——文治政治の始まりと将軍権力の確立

かねてから体調を崩していた三代将軍徳川家光《とくがわいえみつ》は、慶安《けいあん》四年（一六五一）に病状が急変し、その年の四月二十日に江戸城で生涯を閉じた。四八歳であった。家光が死去したその夜、元老中《ろうじゅう》の堀田正盛《ほったまさもり》ら近臣三名が殉死し、さらに翌日以降、旗本《はたもと》二名が殉死した。

同年六月二十五日、江戸城（東京都千代田区）本丸で代替わりの拝賀《はいが》があり、八月十八日には、将軍宣下を受けた徳川家綱《いえつな》が四代将軍として正式に即位した。家康・秀忠《ひでただ》・家光は上洛して伏見《ふしみ》城（京都市伏見区）で将軍宣下を受けたのに対して、家綱の将軍宣下は勅使が下向して江戸城でおこなわれた。家光までの間に安定した幕朝関係が築かれ、諸大名に対する幕府の優位性も確立しており、もはや大軍を率いての軍事パレードは必要としない時代を迎えていた。

このとき、家綱は、弱冠一一歳と若く、かつ前将軍が大御所《おおごしょ》として後見をする体制もなかった。家綱を支えたのは、大老酒井忠勝《たいろうさかいただかつ》、老中松平信綱《まつだいらのぶつな》・阿部忠秋《あべただあき》・松平乗寿《のりなが》、これに加えて御三家《ごさんけ》（尾張《おわり》・紀伊《きい》・水戸《みと》）と、家光の異母弟で家綱の叔父にあたる保科正之《ほしなまさゆき》ら、譜代大名を中核とする重臣たちのいわゆる「集団指導体制」であった。

家光政権のもとで到来した「平和」と安定の時代には、さまざまな社会問題も内包されていた。とくに牢人問題はその最たるものであった。関ヶ原合戦後、家光の代までに大名の改易《かいえき》や減封《げんぽう》によって生じた牢人の数はおよそ四〇万人と推計される。「平和」の世の到来は、こうした牢人たちが再仕官する途を閉ざそうとしていた。

家光が亡くなって三ヵ月後の慶安四年七月二十三日、兵学者の由比正雪《ゆいしょうせつ》ら牢人たちが企てた幕府転覆計画が露見した。いわゆる慶安事件である。正雪ら牢人一〇人は駿府《すんぷ》（静岡市葵区）の町に放火し、久能山《くのうざん》（同駿河区）に立て籠もる、丸橋忠弥《まるばしちゅうや》らの別動隊は上水に毒を流し、幕府の煙硝蔵《えんしょうぐら》を爆破したうえで、将軍を人質にとって正雪らのもとへ合流するという計画であった。事前に計画を察知した幕府は捕り手を差し向け、正雪らは翌朝自刃、その首は安倍川《あべがわ》の河原にさらされた。忠弥らは江戸で捕縛された後、関係者ともども処刑され、事件は終結した。将軍が代替わりしてまもなくの事件であり、幕閣たちは、社会秩序の動揺に危機感を募らせた。

徳川家綱画像◆幼少期に将軍となったことに加え、生来病弱であったことから、家綱政権期には老中らの合議により政治が進められた　東京大学史料編纂所蔵模写

慶安事件後の同年十二月、幕府は末期養子《まつごようし》の禁止を条件付きで緩和した。これにより大名家の当主が五〇歳未満の場合には、末期養子を入れて家を存続させることが許された。

末期養子とは、大名や旗本が危篤（末期）となった際に、御家《おいえ》断絶を避けるために急いで他家から養子をとることをいう。幕府は常に死を覚悟すべき武士たるものの怠慢として、これを固く禁じたが、大名改易の理由としても利用した。大名や旗本は健康なうちに養子を後継者に定めておけば御家存続の安心は得られたが、その後に実子が誕生すれば御家騒動に発展することもあり、安易に養子を取ることができなかった。

家康から家光までに改易された大名家約一三〇家のうち、約五〇家（約四割）が無嗣《むし》断絶であったという。末期養子の禁止を緩和することは、無嗣断絶による改易数を減少させ、これ以上の牢人増加を防ぐ狙いがあった。

このほか、家綱政権の前半期では、明暦《めいれき》三年（一六五七）に大火（明暦の大火）がおこった。この大火によって江戸城本丸・二の丸をはじめ、約一六〇の大名藩邸が焼失し、江戸の町の約六割が灰燼に帰し、死者は一〇万人以上にのぼった。

寛文《かんぶん》三年（一六六三）四月、家綱は日光へ社参した。将軍自ら軍事指揮権を発動し、大名・旗本《はたもと》との主従関係を再確認する意味をもっていた。

社参を終えた翌五月、家綱は代替わりの武家諸法度《ぶけしょはっと》（寛文令）を公布した。従来の条項に若干の修正がなされ、島原《しまばら》・天草一揆《あまくさいっき》（島原の乱）の経験によるキリスト教の禁止、不孝の輩の処罰が新たに追加された。さらに、追加した一ヵ条を保科正之と酒井忠清《ただきよ》が口頭で申し渡した。これが殉死の禁止である。この時期、家光死去の際の殉死にとどまらず、寛永《かんえい》十三年（一六三六）の仙台《せんだい》藩伊達政宗《だてまさむね》の死去の際は一五人、同十八年の熊本《くまもと》藩細川忠利《ほそかわただとし》の死去の際は一九人、明暦三年の佐賀《さが》藩鍋島勝茂《なべしまかつしげ》の死去の際は二六人の家臣が殉死していた。

そもそも殉死は、慶長《けいちょう》十二年（一六〇七）に尾張《おわり》清洲《きよす》藩主松平忠吉《ただよし》の死去に際し、三人の近臣が殉死したのが始まりとされ、戦国時代の遺風などではなかった。殉死の禁止は、家臣に主君個人に忠誠を尽くすのではなく、主君の「家」（主家）に対して永続的な奉公を求めた。この政策は、これまでの属人的な主従関係からの転換を図り、家綱政権を強化するという重要な意味を持っていた。

翌寛文四年、家綱は万石以上の大名に対し、領知《りょうち》宛行状《あてがいじょう》を一斉に発給した（寛文印知《いんち》）。領地宛行状が一斉に発給されたことは、家綱が全国の土地所有者であることを明示し、将軍と大名の主従関係を個人的なものではなく、体制として認める意味を持っていた。

さらに、翌寛文五年、幕府は証人制を廃止した。ここで廃止された証人制は、諸大名の重臣の子弟を人質として江戸藩邸に送り、幕府の管理下に置いた制度のことで、大名妻子の江戸居住とは別の人質のことである。幕府が大名のみならずその重臣からも人質を取ったのは、重臣が大名に対して、抗争をおこすことを未然に防止し、藩内秩序の安定化を図ったものであった。

しかし、今やその重臣たちも大名の「家中」として包摂され、藩の政治体制も確立したことから、その必要性がなくなったものと考えられる。もはや将軍権力はゆるぎないものとなったのである。

（桐生海正）

江戸大絵図◆家綱前代の３代将軍家光が治めていた、正保元年（1644）年頃の江戸を描いた図。明暦の大火（明暦３年〈1657〉）以前の江戸全体の様相を唯一知ることのできる貴重な資料である　東京都立中央図書館蔵

【参考文献】
小池進『保科正之』（吉川弘文館、二〇一七年）
杣田善雄『将軍権力の確立（日本近世の歴史２）』（吉川弘文館、二〇一二年）
高埜利彦編『元禄の社会と文化（日本の時代史15）』（吉川弘文館、二〇〇三年）
福田千鶴『酒井忠清』（吉川弘文館、二〇〇〇年）

17 村《むら》の運営《うんえい》——年貢納入を支えた村請制

江戸時代の村数を全国的に示す史料は限られているが、たとえば『天保郷帳《てんぽうごうちょう》』によれば天保五年（一八三四）当時、全国に六万三五六二村あった。一村平均で一〇〇軒ほどであるが、なかには一村で一軒しかない村もあり、村のあり様は実に多様であった。江戸時代を通じて、村は在方《ざいかた》支配の基本単位であり、当時を生きた人びとの大半は村人だった。

多くの村で武士は在村せず、城下町や都市で政務をおこなった。それでも領主による支配が徹底できたのは、年貢を一村の惣百姓《そうびゃくしょう》の連帯責任で納める村請制《むらうけせい》のもとで、名主をはじめとする村役人が村政運営を担ったからであった。村の長は名主《なぬし》・庄屋《しょうや》・肝煎《きもいり》（以下、名主に統一）などと呼ばれる。おもに東日本では名主、西日本では庄屋、東北地方では肝煎の称が用いられるが、例外もある。名主は中世以来の有力百姓の系譜を引く者が多く、その職も大半が世襲であった。

その下についたのが、組頭《くみがしら》（年寄《としより》・長百姓《おさびゃくしょう》とも）で、名主の事務作業を補佐した。一方、百姓代《ひゃくしょうだい》（村目付《むらめつけ》、横目《よこめ》とも）は、名主・組頭の村政運営に不正がないかを監視する役割を担った。百姓代は、時に村役人と掛け合って村の諸経費をまとめた村入用《むらいりよう》の帳簿の公開を迫り、領主に訴え出ることもあった。名主・組頭・百姓代をまとめて、村方三役《むらかたさんやく》（地方《じかた》三役）という。

村役人には、文書の作成や管理などの行政能力のほか、天候や作柄を予測し、村民を指導する能力も求められた。さらに村内には、五人組《ごにんぐみ》が組織され、年貢の納入や治安維持に責任を持った。村人の大半は百姓と呼ばれた。そのうち、中心的な階層が本百姓《ほんびゃくしょう》である。彼らは、耕地を持ち、年貢諸役を負担した。彼らの他に、村には本百姓に隷属する下人《げにん》（名子《なご》・譜代《ふだい》とも）や水《みず》呑百姓《のみびゃくしょう》（おもに無高百姓《むだかびゃくしょう》）もいた。

なお、近年では、一般的に村人のことを農民と一括りにせず、百姓と捉えることが多い。村人の中には、漁業や林業、商工業など多様な生業に従事する者がいたためである。村を一つのまとまりと見ても、山村や町場化した村など、その存在形態は多様であった。

　村人の領主に対する負担のなかでも、年貢《ねんぐ》納入は最重要課題であった。年貢には、田や畑、屋敷にかけられる本年貢（本途物成《ほんとものなり》）、山野河海の用益などとして納める小物成《こものなり》、村高に応じて付加される高掛物《たかがかりもの》などがあった。

　本年貢の徴収方法には大きく分けて、検見《けみ》法と定《じょう》免《めん》法があった。検見法は、領主の役人が廻村の折に作柄を検査し、年貢率を決める方法で、定免法は過去何年か分の収穫量の平均をもとに年貢率を決め、豊凶に関係なく年貢を徴収する方法である。基本的に田の年貢は米で、畑や屋敷の年貢は貨幣で支払われた。秋口、領主からその年の年貢割付状が来ると、村役人は個々の年貢負担を家ごとの持ち高を基準に割り出し（年貢の小割）、村人たちはそれを基に名主宅の庭先や村の蔵に年貢を運んだ。この年貢は水上・陸上交通を経て、都市へと運ばれた。

（桐生海正）

相模国大住郡下平間村の旧名主大谷家住宅◆大谷家は江戸時代から続く名主の家で、19世紀に入ってから建てられた母屋は幾度かの修築を経て、現在も使われている。屋敷の前には長屋門も据えられており、典型的な名主屋敷を今に伝えている　神奈川県伊勢原市

【参考文献】
木村礎『近世の村』（教育社、一九八〇年）
塚本学編『村の生活文化（日本の近世8）』（中央公論社、一九九二年）
水本邦彦『村—百姓たちの近世—（日本近世史2）』（岩波書店、二〇一五年）
渡辺尚志「近世の村」（『岩波講座日本歴史 第一一巻 近世二』岩波書店、二〇一四年）
渡辺尚志『百姓の力—江戸時代から見える日本—』（KADOKAWA、二〇一五年）

18 町《まち》の支配《しはい》と運営《うんえい》——町政を担った〝江戸っ子〟たち

城下町《じょうかまち》をはじめ、宿場町《しゅくばまち》や門前町《もんぜんまち》など、基本的身分としての町人が住み、町奉行《まちぶぎょう》により支配された場所を「町方《まちかた》」という。ここでは、江戸の支配と運営を事例にみていく。

江戸の町人地を支配したのは町奉行と、配下の与《よ》力《りき》・同心《どうしん》だが、その下で市政を束ね、町《ちょう》の仕組みを維持したのは町年寄《まちどしより》と、約二五〇名の町名主《なぬし》だった。町年寄は、樽屋《たるや》・奈良屋《ならや》・喜多村《きたむら》の三家が代々世襲で務め、町奉行から町方に達せられる法令や、町方から提出される書類を経由したほか、町々の名主の人事や税徴収に関与した。名主は、江戸総町を支配する町年寄を補佐し、町政全般をつかさどった。史料上では「名主《なぬし》」と呼ばれるが、村名主と区別するために町名主と呼称される。十七世紀後半から、江戸市中の治安悪化や町屋敷の売買に関わる紛争などが顕著となり、自治的な町支配をめざして組織された。

徳川家康の関東入国以降、江戸城と城下町の整備が進められ、おもに日本橋《にほんばし》や京橋《きょうばし》、神田《かんだ》地域に町人地が造成された。寛永《かんえい》年間（一六二四～一六四四）までには約三〇〇の町が作られ、「古町《こちょう》」と呼ばれた。その後、町奉行支配地の改編により町数は増加し、延《えん》享《きょう》年間（一七四四～一七四八）には一六七八町を数えた。こうした町々を治めた名主は、その系譜から四種類に分類される。

一つは、家康が江戸に来る以前から江戸に居住し、古い由緒を持つ「草分《くさわけ》名主」である。二つ目は、寛永期以降、城下町整備にともなって造成された古町を治めた「古町名主」である。『江戸名所図会《えどめいしょずえ》』や『東都《とうと》歳事記《さいじき》』で著名な斎藤月岑《さいとうげっしん》は、居住した神田雉子《きじ》町のほか、三河《みかわ》町三丁目や同裏町《うらまち》（いずれも東京都千代田区）などを治めた古町名主の家である。三つ目は、正徳《しょうとく》三年（一七一三）に新たに代官支配地が町人地へ組み入れられて生まれた「新町《しんまち》」を治めた「平《ひら》名主」である。最後に、延享年間に寺社門前町が町人地に組み入れられた際に任命された「門前《もんぜん》名主」がある。
名主の種類はいわば由緒の違いであり、家の格を区別した。最も由緒が古く、世襲が認められた草分名主は、新任町奉行に御目見《おめみ》えでき、年中行事の際は名主の筆頭に立った。古町名主は世襲ではないが、正月の江戸城参賀が認められ、江戸城内で行われる能《のう》を拝見する権利があった。名主の給与は役料であり、管轄下の町々から納入された。江戸の町に根ざし、「江戸っ子」意識を持った彼らは、江戸で花開いた町人文化の担い手となった。

明治維新とともに名主制度は廃止されたが、町の自治を代表した旧名主たちは、近代以降、東京府《とうきょうふ》下で戸長《こちょう》や区長として一定の役割を持ったとされる。その一方で、東京府の中央議会である東京府会の議員として存在感を示したわけではなかったという指摘もある。江戸から東京への接続のなかで、旧名主たちが果たした役割については今後も研究がまたれる。

（篠原杏奈）

東都名所　日本橋真景并ニ魚市全図◆五街道の起点日本橋は、多くの人びとが行き交い賑わいをみせていた。画像右下は魚市場で、運ばれてきた魚を商人たちが売買している様子が描かれている　国立国会図書館蔵

【参考文献】
池田真歩『首都の議会─近代移行期東京の政治秩序と都市改造─』（東京大学出版会、二〇二三年）
牛米努「江戸町名主の明治」（東京都江戸東京博物館都市歴史研究室編『江戸の町名主』東京都歴史文化財団東京都江戸東京博物館、二〇一一年）
片倉比佐子『大江戸八百八町と町名主（歴史文化ライブラリー279）』（吉川弘文館、二〇〇九年）
髙山慶子『江戸の名主 馬込勘解由』（春風社、二〇二〇年）
渡辺浩一『近世日本の都市と民衆─住民結合と序列意識─』（吉川弘文館、一九九九年）

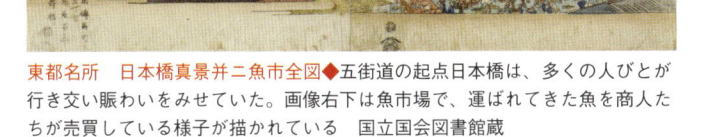

19 新田開発《しんでんかいはつ》——年貢増収がもたらす列島規模の大改造

近世に入ると、中世に比べて治水・灌漑《かんがい》技術が飛躍的に向上し、大規模な耕地開発が可能になった。そのため、幕府や諸藩は、大河川の下流域や海岸沿いで積極的に新田開発《しんでんかいはつ》をおこなった。新田開発の対象となった場所は、開発奨励の目的で、鍬下年季《くわしたねんき》という一定の年貢免除期間が設けられた。こうした慣行も百姓たちの開発意欲を下支えした。

列島規模の大改造がおこなわれた結果、日本列島全体に初めて水田が広がる景観が出現した。耕地面積は江戸時代初頭の一六四万町歩から、十八世紀初めに二九七万町歩へと激増し、石高も大幅に増加した。さらに十七世紀末になると、町人が開発を請け負う町人請負新田が拓かれるようになった。

開発された新田を支えたのが、人間の手によって改造された草山・柴山（低木の生える山）であった。山野から採取される草や柴は、刈敷《かりしき》・堆肥《たいひ》・厩肥《きゅうひ》（草・柴に牛馬の糞尿を混ぜ腐熟させた肥料）の原料となったため、近世村落は莫大な草・柴を必要とした。

そのため、近世の山地景観は、いずれの地域であっても草山・柴山が主流であり、それは近世を通じて変わらなかったとされる。田畑面積の一〇倍を超える山野がなければ、田畑に十分な肥料を供給できず、山野の草山・柴山化はこうした草肥需要からつくられた景観であった。春先には全国各地で野火や山焼きなど、草山・柴山を維持しようとする人びとの営みがみられた。

しかし、日本列島の耕地開発は、十七世紀の発展期を経て、十八世紀前半以降は停滞期に移った。全国の開発可能地はほとんどが新田化され、開発は限界を迎えていた。さらに開発可能地が縮小したことで、田畑の肥やしや牛馬の飼料となる入会地《いりあいち》さえも開発の対象となり始めていた。新田開発による耕地拡大は、同時に百姓の再生産を支える入会地の減少をも意味した。

こうした矛盾のなかで、享保《きょうほう》七年（一七二二）に幕府は江戸日本橋《にほんばし》（東京都中央区）に高札《こうさつ》を立て、新田開発の奨励に踏み切った。この背景には、紀州《きしゅう》流の治水・土木技術の導入と金肥《きんぴ》（干鰯《ほしか》などの魚肥《ぎょひ》や油《あぶら》粕《かす》などの購入肥料）の普及があった。新田開発が進展し自給肥料が不足していたことや、木綿《もめん》などの商品作物生産が盛んになったことで、金肥への注目が高まっていた。自給肥料が採取や腐熟に時間がかかるのに対して、金肥は購入するだけで手に入る労力のかからない肥料で、持ち運びも便利であるため、百姓の間に急速に広まった。金肥が普及することで、草肥を上回る効果を発揮し、生産力は向上した。

しかし、金肥が農村に浸透することで、地域ごとの格差は増大し、村内部の階層分化をさらに助長した。加えて、中・下層の百姓による草山の過剰利用は、山野荒廃という問題へとつながっていった。開発された新田は、水害の原因ともなり、入会地の減少をもたらすなど、社会に深刻な影響をもたらした。江戸時代を「環境先進国」や循環型社会の典型と評価する向きもあるが、これらのことから、それは一面的な評価にすぎないという指摘もある。

農家耕作之図◆唐箕を用いてもみがらや異物の選別をおこなう様子が描かれている　国立国会図書館蔵

新田開発の進展とともに、農業技術の改良も進んだ。深耕用の備中鍬《びっちゅうぐわ》、脱穀用の千歯《せんば》扱《こ》き、選別具の唐箕《とうみ》・千石簁《せんごくどおし》などの農具が普及し、龍骨車《りゅうこつしゃ》や踏車《ふみぐるま》などの灌漑用の道具も使われた。耕地面積の拡大が行き詰まりをみせるなかで、より効率的な農業をめざして農書《のうしょ》も普及した。

農書は、幕府や諸藩の農政担当役人や有力者、農学者などによって書かれた。十七世紀前半には、新しい栽培技術や農業の知識を説く『清良記《せいりょうき》』が著された。その後、幕領の年貢収量が少なくなったことに刺激され、一六八〇年代には多くの農書が世に出された。宮崎安貞《みやざきやすさだ》によって著された体系的な農書である『農業全書《のうぎょうぜんしょ》』もこの時期に刊行され、全国的に普及した。十九世紀に入ると、『農具便利論《のうぐべんりろん》』や『広益国産考《こうえきこくさんこう》』が刊行されるなど、地域の実情にあわせて多くの農書がつくられ、百姓たちの間で広まっていった。（桐生海正）

【参考文献】
大石慎三郎『江戸時代』（中央公論新社、一九七七年）
大石学『享保改革の地域政策』（吉川弘文館、一九九六年）
武井弘一『江戸日本の転換点―水田の激増は何をもたらしたか―』（NHK出版、二〇一五年）
古島敏雄「近世農書・『耕作噺』を読む―真の農学創造のために―」（『日本農書全集　一』農山漁村文化協会、一九七七年）
水本邦彦『草山の語る近世（日本史リブレット52）』（山川出版社、二〇〇三年）

長谷川雪旦「四季耕作図屏風」右隻（上）・左隻（下）◆左右の屏風で合わせて一年間の農業の様子が描かれている。右隻には鍬入れや田植えなどをしている様子が、左隻には稲刈りや脱穀などの収穫の様子が描かれている　佐賀県立博物館蔵

20 林《りん》業《ぎょう》と漁《ぎょ》業《ぎょう》——社会の発展を支えた産業

城下町《じょうかまち》など近世都市の建設や交通網の整備にともなう土木工事の影響で、材木需要は高まりをみせ、吉野《よしの》（奈良県）や飫肥《おび》（宮崎県日南市）など日本各地で林業が盛んになった。とくに尾張《おわり》藩や秋田《あきた》藩は、大量の材木を藩有林から伐り出し、木曽《きそ》檜《ひのき》・秋田杉《あきたすぎ》として市場に搬出した。

こうした状況下で、戦国時代末期から江戸時代初期にかけて、日本全国で森林が乱伐された。一時は「尽山《つきやま》」（伐り尽くされた山）となった各地の森林であったが、その後「留山《とめやま》」（樹木の伐採が禁止された山）への指定や計画的な植林事業などを通じて、森林の保全に尽力するようになった地域もあった。山麓の村々では、杣《そま》と呼ばれる伐材・運材に特化した専門集団が組織され、木材の生産・加工に従事した。

都市との関係では、都市住民の生活を支えた燃料である薪炭が都市近郊の山地から供給された点も見逃せない。備長炭《びんちょうずみ》の産地として名高い紀州《きしゅう》藩や茶《ちゃ》の湯《ゆ》などに用いられた佐倉炭《さくらずみ》の産地として知られる佐倉藩では炭を専売品に指定し、大量かつ安価に江戸市場に売り込んだ。一方、幕府は江戸に炭会所《すみかいしょ》という直轄の組織を設置し、高騰する薪炭の値段引き下げに苦心した。

漁業では、おもに漁獲された魚介類が肥料（魚肥《ぎょひ》）、食用品、対外輸出品（俵物《たわらもの》など）としての性格をもち、農業生産や商品流通、対外交易を含めた近世の社会構造と密接不可分な関係を持った。十七世紀以降、人口増加や綿作などの商品作物の増産により京都《きょうと》・大坂《おおさか》の水産物需要が高まると、摂津《せっつ》・和泉《いずみ》や紀州の漁民がそれに応えるべく遠隔地へと出漁した。この過程で、全国各地に中世以来の伝統的な網漁の技術が伝播したとされる。

とくに、イワシ・カツオ・ニシンなど季節回遊魚を対象とした地引網・船引網・定置網などの大規模漁業が登場したことは注目される。網元を中心とする有力者のもとに網子や水主《かこ》といった漁業労働者が組織され

文六厘之図（「木曽式伐木運材図会」の内）◆杣による製材作業の場面を描く。杣は高度な伐木・製材技術を有した。伐り倒した樹木を他の木に立てかけてそのまま製材する高度な技術を描いたものである　林野庁中部森林管理局蔵

カツオ一本釣り絵馬◆この絵馬は、現在確認されているなかでは高知県内最古のカツオ一本釣りに関する絵馬である。慶応元年（1865）に奉納されたもので、彩色もよく残り、人びとの躍動的な姿を今に伝える　高知県黒潮町・上川口天満宮蔵　写真提供：黒潮町教育委員会

た。彼らは漁期外は、農業はもちろん、沿岸の後背地で山稼ぎに従事するなど、多様な生業を組み合わせて生計を成り立たせていた。そのため、沿岸部の村々を「漁村」と呼ぶのではなく、「海村」などと呼ぶべきとの指摘もある。

一方、大規模漁業は、漁獲量の変動に大きく影響されるという弱点もあわせ持った。とくにイワシは数十年単位で豊漁と不漁を繰り返した。これには漁民たちのみならず、それを金肥《きんぴ》として購入していた農民たちまでもが翻弄された。

（桐生海正）

【参考文献】
大友一雄「江戸市場における薪炭流通と幕府の炭会所政策」（『徳川林政史研究所 研究紀要』昭和五八年度、一九八三年）
高橋美貴・落合功・荻慎一郎「近世の漁業・塩業・鉱業」（『岩波講座日本歴史 第一三巻 近世四』、二〇一四年）
武井弘一編『イワシとニシンの江戸時代―人と自然の関係史―』（吉川弘文館、二〇二二年）
徳川林政史研究所編『徳川の歴史再発見 森林の江戸学』（東京堂出版、二〇一二年）
所三男『近世林業史の研究』（吉川弘文館、一九八〇年）
根崎光男『「環境」都市の真実―江戸の空になぜ鶴は飛んでいたのか―』（講談社、二〇〇八年）

21 鉱山《こうざん》の開発《かいはつ》——東アジアを支えた日本の金・銀・銅

十六世紀中頃から十七世紀初頭にかけて、日本国内では数多くの金銀山が開発され、日本の鉱業史における一つの画期をなした。石見《いわみ》銀山（島根県太田市。大《だい》永《えい》六年〈一五二六〉発見）、生野《いくの》銀山（兵庫県朝来市。天《てん》文《ぶん》十一年〈一五四二〉発見）、相川《あいかわ》金銀山（新潟県佐渡市。慶長《けいちょう》六年〈一六〇一〉発見）、院内《いんない》銀山（秋田県湯沢市。慶長十一年発見）など、近世の主要な金銀山がこの時期に開発された。

その後、石見銀山には中国から朝鮮を経由して灰吹《はいふき》法《ほう》という精錬法が導入され、銀生産が本格化した。金銀山開発の背景には、大航海時代《だいこうかいじだい》を機に世界の一体化が進み世界市場が形成されるなかで、国際通貨として金銀の需要が増大したこともあげられる。とくに日本銀は東アジアに広く流通し、中国《ちゅうごく》・朝鮮《ちょうせん》などの東アジアの貨幣経済化を日本の銀が支えたとの指摘もある。

十七世紀初頭の日本銀の輸出は、一年で二〇〇トンにも達し、日本銀の産出量は世界の三分の一を占めたと推定される。徳川家康《とくがわいえやす》は関ヶ原《せきがはら》合戦後に石見・佐《さ》渡《ど》・生野など全国の主要鉱山を直轄地として支配した。大名から鉱山やその周辺を上知《あげち》（領地を召し上げること）し、直接支配することもあった。

しかし、十七世紀中頃には主要な金銀山は地表付近を掘り尽くしてしまったため、産出量は著しく減少した。代わってその頃から銅山が開発されるようになった。阿仁《あに》銅山（秋田県北秋田市。寛文《かんぶん》十二年〈一六七二〉発見）、尾去沢《おさりざわ》銅山（秋田県鹿角市。寛文六年発見）、別《べっ》子《し》銅山（愛媛県新居浜市。元禄《げんろく》三年〈一六九〇〉開坑）、など、著名な銅山はこの時期から開発されたものが多い。次第に銅は銀に代わる主要な輸出品となり、日本銅の生産量は世界一となった。

日本から輸出された銅は、中国・朝鮮・安南《あんなん》（ベトナム）・インドなどで銅貨の鋳造原料となった。とくにオランダ東インド会社は、日本銅を南アジア各地（おもにインド）へ販売し、商品流通の活発化により高まった少額貨幣の鋳造原料としての需要をまかなった。

経世家の佐藤信淵《さとうのぶひろ》は、鉱山は公権力の及ばない「不《ふ》入《にゅう》の地《ち》」で、アジール的な性格を持つものだと捉えている。また、先進業技術も集まり、商品流通も活発であったことから、「領内の上方《かみがた》」であったとの評価もある。鉱山は出稼ぎ人に対する労働市場として開放された場所でもあった。

（桐生海正）

【参考文献】
荻慎一郎『近世鉱山をささえた人びと（日本史リブレット89）』（山川出版社、二〇一二年）。
島田竜登「「長期の一八世紀」の世界」（秋田茂編『グローバル化の世界史』ミネルヴァ書房、二〇一九年）
末岡照啓「近世、別子・立川銅山の開発と銅水問題」（根岸茂夫ほか編『近世の環境と開発』思文閣出版、二〇一〇年）
高橋美貴・落合功・荻慎一郎「近世の漁業・塩業・鉱業」（『岩波講座日本歴史 第一三巻 近世四』岩波書店、二〇一五年）
仲野義文「鉱山の恵み」（水本邦彦編『人々の営みと近世の自然（環境の日本史4）』吉川弘文館、二〇一三年）。

石見銀山のうち「本谷地区の銀山町」ジオラマ◆石見銀山の本谷地区では質の良い銀鉱石が採れたことから、戦国時代から江戸時代を通じて本格的に開発がおこなわれた　写真提供：石見銀山世界遺産センター

仲持ち人形◆仲持ちとは、別子銅山の開坑（元禄3年〈1690〉）から牛車での運搬が主流となる明治10年（1877）代まで、銅山内で必要とされる食料類や銅山産出の粗銅を背負って運搬した人びとの呼称である。標準的な運搬量は男性が45キログラム、女性が30キログラムであった　別子銅山記念館蔵

22 商業《しょうぎょう》の展開《てんかい》——列島全体で活発になった商品流通

全国規模で進んだ耕地開発や農業技術の進歩により農産物の生産は増加し、列島規模で商品流通が活発になった。三都（江戸・大坂・京都）では、諸大名が各地から送った蔵物《くらもの》（年貢米《ねんぐまい》や特産物など）や庶民が商品を生産し商人を介して流通した納屋物《なやもの》が盛んに取引された。とくに大坂《おおさか》では、諸藩が領内の村々から徴収した年貢米を保管・売却するために蔵屋敷《くらやしき》が多数置かれ、蔵元《くらもと》と呼ばれる商人が蔵物の販売に携わった。

十七世紀半ば以降になると、蔵元の機能は米穀売却の全般的な役割から米穀の管理・米穀商人に対する入札業務の対応へと変化した。蔵物の販売代銀の管理・出納《すいとう》をおこなう掛屋《かけや》を兼ねる両替商《りょうがえしょう》などが蔵元を兼任することも多かった。両替商のなかには、鴻池《こうのいけ》家や住友《すみとも》家のように名をはせた家もあった。

大坂が中央市場として成長するなかで、米市場も成立した。「日本第一」（『日本永代蔵《にほんえいたいぐら》』）と称された堂《どう》島米市場《じまこめいちば》（大阪市北区）では、米切手取引《こめきってとりひき》や先物取引《さきものとりひき》もおこなわれた。寛文《かんぶん》・延宝《えんぽう》期（一六六一〜一六八一）には東廻《ひがしまわ》り航路・西廻《にしまわ》り航路が整備されたため、物資の輸送はさらに活性化し、全国的な商品流通網が確立した。

流通機構の担い手として、織豊《しょくほう》期から寛永《かんえい》年間（一六二四〜一六四四）にかけては初期豪商《ごうしょう》が国内外で活躍した。彼らは堺《さかい》（堺市堺区）・博多《はかた》（福岡市博多区）・長崎《ながさき》・京都《きょうと》・敦賀《つるが》（福井県敦賀市）などの有力商人で、領主層と連携し、遠隔地の商取引を牽引した。しかし、寛永年間以降、次第に彼らの介入する余地がなくなり、衰退に向かっていった。

かわって、十七世紀中頃から後半にかけて、遠隔地間で商業をおこなう商人と荷受問屋《にうけどいや》（荷主と注文主との間を仲介し、手数料である口銭《こうせん》を受け取る業者）の商取引が盛んになるが、その後、下火となった。

十七世紀末頃に台頭してきたのが、新興の問屋層で単品を大量に扱う専業問屋（仕入問屋《しいれどいや》）である。彼ら

「浪花名所図会」に描かれた堂島米市場◆堂島米市場（大阪市北区）では、例年、梅雨や台風で米の作柄が左右される５月から８月にかけては祭礼日などの休日も休まず取引がおこなわれた。とくに６月から７月にかけては、「こそ」（こっそり）と称される夜間取引もおこなわれた。6･7月以外は取引時間に制限があり、終わった後も残って取引をおこなう米仲買に対しては、水方が３回にわたって打ち水をし、解散を促した　大阪府立中之島図書館蔵

は、自己資金でもって自らの才覚で仕入れを行い、中央や地方の仲買《なかがい》・小売《こうり》に商品を売りさばいた。

しかし、江戸の専業問屋は、大坂から江戸に商品を運ぶ場合、自己資金で購入した商品であるがゆえに海難事故に遭うと大きな損失を被った。そのため、元禄《げんろく》七年（一六九四）、彼らは商品の輸送を担った廻船問屋に対し、事故処理を有利に進めるため、問屋仲間の連合組織である十組問屋《とくみどいや》を結成した。

これに対応して大坂では二十四組問屋《にじゅうしくみどいや》が結成され、江戸十組問屋からの注文に応じて、買次《かいつぎ》をおこなった。

（桐生海正）

【参考文献】
高槻泰郎『大坂堂島米市場—江戸幕府VS市場経済—』（講談社、二〇一八年）
林玲子『江戸問屋仲間の研究—幕藩体制下の都市商業資本—』（御茶の水書房、一九六七年）
林玲子『近世の市場構造と流通』（吉川弘文館、二〇〇〇年）
原直史『日本近世の地域と流通』（山川出版社、一九九六年）
原直史「全国市場の展開」（『岩波講座日本歴史 第一二巻 近世三』岩波書店、二〇一四年）

23 貨幣制度《かへいせいど》の展開《てんかい》——日本の景気を左右する

江戸幕府は重要な金銀山を直轄化するとともに、金《きん》座《ざ》・銀座《ぎんざ》という貨幣鋳造機関を置いた。金は金座、銀は銀座、そして銭貨は請負商人《うけおいしょうにん》に鋳造させ、寛永《かんえい》十三年（一六三六）の寛永通宝《つうほう》の発行、寛文《かんぶん》期の文銭《ぶんせん》（裏面に文の字を鋳込んだ寛永通宝）鋳造によって、金・銀・銭の三貨が全国に普及することになった。

こうして、三貨制度と呼ばれる貨幣制度が整えられたが、近代貨幣の円のように、一様な単位が全国に流通したわけではない。江戸時代には、金・銀・銭の三種の金属貨幣が、地域や階層や用途を別にして流通していたのである。藩札や私札などの紙幣も流通したが、三都では、これら三種の貨幣が基本であった。

元来、金・銀は、一般の流通手段としてよりも主従間の下賜・上納や、そのほかの音信など、儀礼的な用途に比較的良質なものが用いられていた。こうした金・銀の使用が社会に受け入れられ、江戸を中心とした東日本は金が基軸通貨の金遣い、京都・大坂以西は銀遣いとする流通が進んだ。三貨の間には公定の交換比価が定められたが、都市の両替商の間では独自に相場が立てられ、日々変動した。

元禄《げんろく》八年（一六九五）八月、幕府は金銀の極印《ごくいん》が古くなったのを理由に貨幣改鋳《かいちゅう》を触れた。荻原重秀《おぎわらしげひで》による元禄の貨幣改鋳は、改鋳によって貨幣に含まれる金銀の量を減らし、その差分（出目《でめ》）を幕府財政に補填することをもくろんだものであり、寺社造営や明暦《めいれき》の大火《たいか》後の江戸復興などにともなう財政赤字を埋め合わせた。その後、新井白石《あらいはくせき》は、正徳《しょうとく》の改鋳を行い、家康時代の慶長《けいちょう》金銀に品位を戻した。将軍権威の上昇を企図すると同時に、元禄期以降のインフレを抑えようとしたのである。これは八代吉宗に引き継がれ、享保の改鋳がおこなわれた。

安永《あんえい》元年（一七七二）、田沼意次《たぬまおきつぐ》政権期に、幕府は南鐐二朱銀《なんりょうにしゅぎん》を発行した。銀製で金の貨幣単位を持つ新たな貨幣であった。これまでの銀は、重さで価値をはかる秤量《しょうりょう》銀貨であったが、南鐐二朱銀は枚数による計数銀貨である。南鐐二朱銀の発行によって、金の単位をもつ銀貨が全国的に普及することになった。

十九世紀以降も、文政《ぶんせい》年間（一八一六〜一八三一）・天保《てんぽう》年間（一八三一〜一八四五）と貨幣改鋳が相ついだ。その際には地金不足や財政逼迫のため、幕府は比較的小額面で質の劣る計数金銀貨を大量に発行し、財政補填策とした。従来の比較的良質な金（小判・一分《いちぶ》判《ばん》）や銀（秤量銀）に代わり、地金としての価値の低い計数金銀貨が主流となり、世の中に広く流通するようになった。

開港後、安政《あんせい》の五ヵ国条約によって銀貨と洋銀の交換数量が決められたことで、海外銀貨と引き替えに大量の金貨が海外に流出する。幕府は、洋銀との交換用の安政二朱銀を発行、その後、幕末期の激しいインフレを受けて万延《まんえん》二分金を発行するなど、対応に迫られた。明治初期に至っても、さまざまな貨幣が混在する混乱期であることは変わらず、貨幣の統一は円の登場を待つこととなる。

（小嶋　圭）

元禄小判◆元禄８年（1695）９月から使われた小判。中央上部に「壹両（一両）」、下部に「光次」の花押と極印、上下に桐紋を囲む扇枠が刻まれている。「光次」は、後藤庄三郎光次のことで、後藤庄三郎家は代御金改修を務めていた　日本銀行貨幣博物館蔵

【参考文献】

日本銀行金融研究所貨幣博物館編『日本銀行金融研究所貨幣博物館　常設展示図録』（日本銀行金融研究所貨幣博物館、二〇一七年）
日本銀行情報サービス局編『貨幣の歴史学』（日本銀行情報サービス局、二〇一一年）
藤井讓治「近世貨幣論」（『岩波講座日本歴史　第一一巻　近世二』、岩波書店、二〇一四年）
安国良一「近世の都市社会と貨幣」（宇佐美英樹・藪田貫編『都市の身分願望〈江戸〉の人と身分１』吉川弘文館、二〇一〇年）
安国良一『日本近世貨幣史の研究』（思文閣出版、二〇一六年）

24 三都《さんと》の発展《はってん》——三者三様に栄えた大都市

幕府直轄都市である江戸《えど》・京都《きょうと》・大坂《おおさか》は、元禄期《げんろくき》頃まで「三箇の津（三ヶ津）」と並び称されたが、その後「三都」と呼ばれるようになった。

江戸は、家康の関東入国以降、江戸城（東京都千代田区）を中心に武家地・町人地・寺社地を配置して整備された近世最大の城下町である。参勤交代《さんきんこうたい》の制度化により、大名の家族や家臣は江戸藩邸《はんてい》で生活し、武家奉公人や職人・商人らが全国から集住するようになった。日本橋《にほんばし》を起点として整備された五街道《ごかいどう》は、人やモノの交流を活発化させた。将軍お膝元の江戸は、政治・経済の中心として発展し、十七世紀初めには人口が一〇〇万人を超えた。十八世紀以降、江戸の町人文化が花開き、人びとの中には明確な「江戸っ子」意識が芽生えたとされる。

江戸の都市域は人口増加にともない拡大していたが、明暦《めいれき》の大火《たいか》後に寺院や武家屋敷を江戸城外堀の外へと移転したことでさらに加速し、江戸時代を通じて江戸は拡大を続けた。その町の多さから「八百八町《はっぴゃくやちょう》」と形容されるが、延享《えんきょう》年間（一七四四〜一七四八）には一六七八町に上ったという。

京都は、応仁《おうにん》・文明《ぶんめい》の乱で壊滅的な被害を受けた後、豊臣秀吉によって大規模な都市改造がおこなわれた。秀吉は聚楽第《じゅらくてい》を中心に京都を城下町化し、その後、慶《けい》長《ちょう》年間（一五九六〜一六一五）には家康が内裏《だいり》の拡張と造営をおこなった。こうして京都は、城と武家地という近世城下町としての要素と、内裏と公家町という天皇と朝廷《ちょうてい》を抱える独自の要素を持つ都市となった。古来、多くの神社仏閣が集まる宗教都市でもあり、学問・芸術の中心地として発展した。経済の面では、西《にし》陣織《じんおり》に代表される織物《おりもの》や染物《そめもの》、陶器《とうき》などの工芸品生産が盛んで、職人や商人たちは、大坂とともに上方の町人文化の担い手となった。

大坂は、古くから港湾都市として栄えたが、大坂の陣で大坂城（大阪市中央区）と城下が戦火によって荒廃した。家康は、外孫の松平忠明《まつだいらただあきら》に大坂復興を命じ、大坂城再建、河川開削と架橋、町割の整備を中心とした都市計画をおこなった。水運が発達した大坂には、京都や伏見《ふしみ》から商人が集住し、寛文《かんぶん》期頃から鴻池《こうのいけ》家や住友《すみとも》家などの商家が台頭した。北前船《きたまえぶね》の終着地点でもあり、中之島《なかのしま》や堂島《どうじま》を中心に諸藩の蔵屋敷《くらやしき》が設置されたため、大坂は最大の流通都市となった。

よく「天下《てんか》の台所《だいどころ》」と形容される大坂は、当時の史料にも「日本中の賄《まかない》所とも言い、または台所であるとも言う」（久須美祐雋《くすみすけとし》『難波の風』）と書かれており、しばしば町人の町と呼ばれる。しかし、大坂は大坂城や諸藩の蔵屋敷を抱え、武士によって支えられたと言っても過言ではない。

三都は、近世都市としての形成・発展過程に差異があり、それは居住する人びとの気風や文化にも如実に表れた。江戸の戯作者《げさくしゃ》である柳亭種彦《りゅうていたねひこ》は、「京の着倒れ、大坂の食い倒れ、江戸の呑み倒れ」とそれぞれの特徴を捉えている。（篠原杏奈）

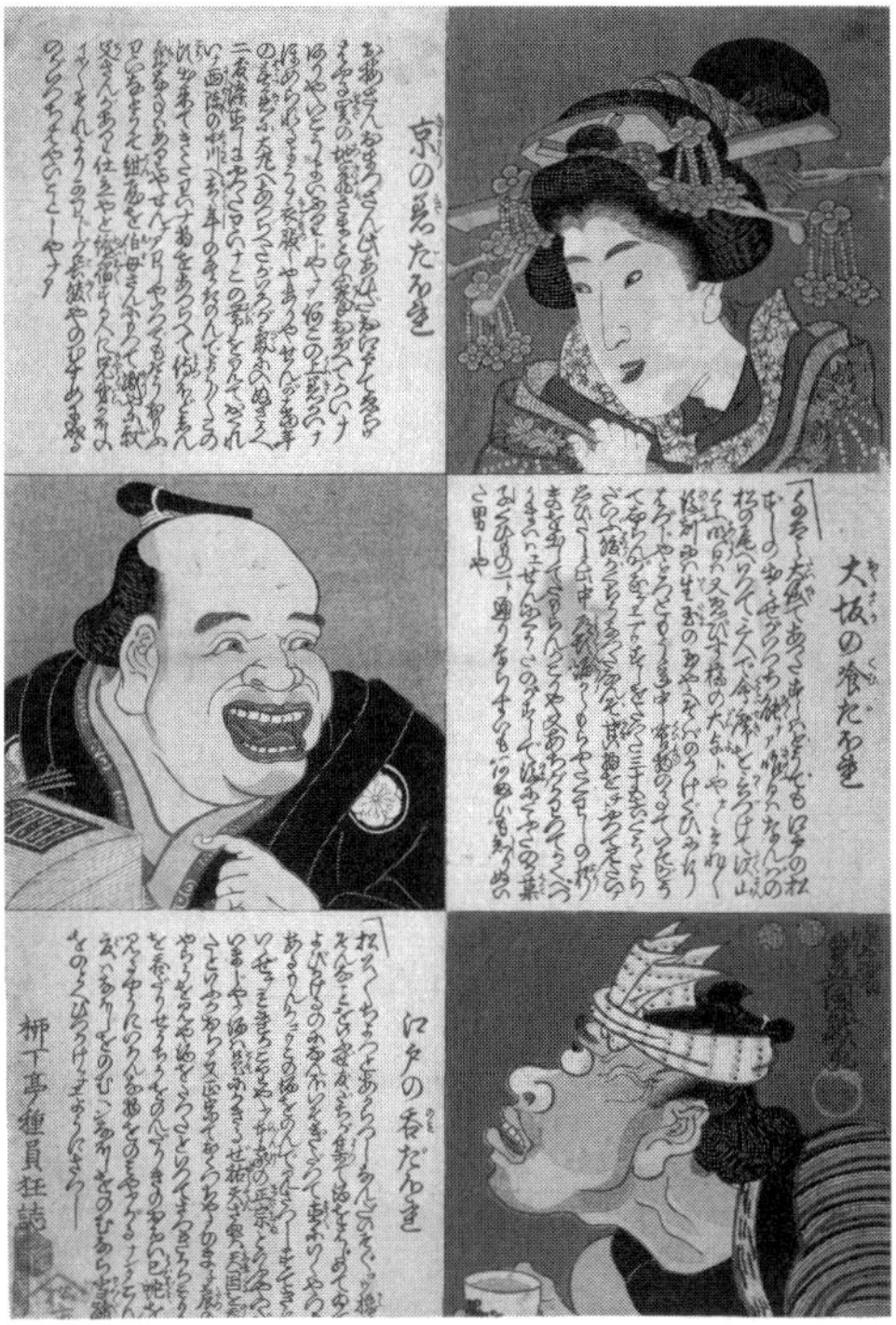

「京の着だふれ（倒れ）大坂の喰だふれ江戸の呑だふれ」

◆京都の人は衣服にお金をかけ、大坂の人は食べ物にお金をかけ、江戸の人はお酒にお金をかけ、それぞれ財産をなくすという風刺である　東京都立中央図書館蔵

【参考文献】

杉森哲也『近世京都の都市と社会』（東京大学出版会、二〇〇八年）
竹内誠『江戸と大坂（大系日本の歴史10）』（小学館、一九九三年）
塚田孝編『シリーズ三都　大坂巻』（東京大学出版会、二〇一九年）
藪田貫『武士の町　大坂―「天下の台所」の侍たち―』（中央公論新社、二〇一〇年）
吉田伸之編『シリーズ三都　江戸巻』（東京大学出版会、二〇一九年）
脇田修『近世大坂の町と人（読みなおす日本史）』（吉川弘文館、二〇一五年）

25 元禄文化《げんろくぶんか》——庶民も担い手となり、上方で花開く

元禄《げんろく》文化とは、元禄年間（一六八八～一七〇四）を中心とする十七世紀後半から十八世紀初頭にかけての文化を指す。

中国の明清交替《みんしんこうたい》期の戦乱が収まり、東アジア世界に「平和」と安定がもたらされると、武家社会では武威に代わり、儀礼と身分・格式の秩序が重視されるようになり、それを支える儒学も発達した。また、身分の分化や社会全体の秩序化が進み、自己実現の機会やその可能性が制限されるようになると、武士をはじめとする人びとが、欲求やエネルギーを文化創造の領域に向けた。

さらに、商品生産や流通の発展にともない、流通の結節点であった大坂《おおさか》や伝統的産業都市である京都《きょうと》など、上方の大都市が繁栄をみせ、それにともない経済的な成長を遂げた上方町人層や、近郊農村に生活する農民たちが文化の担い手に加わった。これまでの上層社会を中心とする文化に対し、庶民が文化の担い手に加わったことで文化的世界が広がり、近代社会にまで引き継がれる近世の都市文化の形成期とされる。

三都の庶民たちは、手近に開催されたさまざまな興行に足を運んだ。能《のう》や狂言《きょうげん》が武士の世界にとどまったのに対し、歌舞伎《かぶき》は庶民の演劇として発達し、江戸や上方に常設の芝居小屋がおかれた。江戸では初代市《いち》川團十郎《かわだんじゅうろう》が金平浄瑠璃《きんぴらじょうるり》の演劇とかぶき者の風俗を取り入れて荒事《あらごと》を創始し、大坂では坂田藤十郎《さかたとうじゅうろう》が恋愛を写実的に演じる和事を完成し、女形《おやま》の芳沢《よしざわ》あやめなどとともに人気を集めた。

人形浄瑠璃では、竹本義太夫《たけもとぎだゆう》による義太夫節《ぶし》が流行した。武士出身の近松門左衛門《ちかまつもんざえもん》は義太夫のための戯曲や歌舞伎の脚本などを著した。おもな作品である『曽《そ》根崎心中《ねざきしんじゅう》』や『国姓爺合戦《こくせんやかっせん》』などは、義太夫の起こした大坂の竹本座で上演され、人気を博した。

文学・出版では、『女重宝記《おんなちょうほうき》』や『算法《さんぽう》重宝記』など分野ごとに庶民の日常生活に必要な知識を集めた

歌舞伎図屏風◆菱川師宣晩年の代表作。歌舞伎の舞台や観客らがいきいきと描かれている　東京国立博物館蔵　出典：ColBase（https://colbase.nich.go.jp/collection_items/tnm/A-11084?locale=ja）

八橋蒔絵螺鈿硯箱◆尾形光琳作。『伊勢物語』第九段の三河国八橋の情景を描いた硯箱である　東京国立博物館蔵　出典：ColBase（https://colbase.nich.go.jp/collection_items/tnm/H-86?locale=ja）

▶小袖白綾地秋草模様◆尾形光琳作。宝永元年（1704）、光琳が京都から江戸へ向かったとき、最初に寄宿した深川の材木商・冬木家の奥方のために制作されたという　東京国立博物館蔵　出典：ColBase（https://colbase.nich.go.jp/collection_items/tnm/I-721?locale=ja）

近松門左衛門画像◆竹本義太夫や坂田藤十郎と組んで活躍。制作した浄瑠璃作品は 90 点余、歌舞伎作品は約 30 点におよぶ　東京大学史料編纂所蔵模写

西山宗因画像◆談林派をおこして俳諧分野でも広く知られた宗因だが元は連歌師であり、晩年は連歌の道に戻っている　八代市立博物館蔵

松尾芭蕉画像◆蕉風俳諧を確立。俳諧を大成し、和歌と並ぶ芸術的地位に引き上げた「肖像集」国立国会図書館蔵

さまざまな重宝記《ちょうほうき》や、現世的な小説である浮世草子《うきよぞうし》が盛んに出版された。なかでも井原西鶴《いはらさいかく》は当時の町人生活を写実的に描写した作品を次々に著し、町人層のみならず、畿内農村の富農・富商層をも読者として獲得した。

俳諧《はいかい》では、大坂の西山宗因《にしやまそういん》が革新的な談林派《だんりんは》を起こした。談林俳諧は、俗語・漢語を自由に用い、字余りを好み、当時の世相を反映した新奇な内容を作品に盛り込むなどして人気を博した。西鶴は当初、宗因に学び、談林派の俳人として活躍していた。ほかにも宗因の門に学んだ松尾芭蕉《まつおばしょう》は、談林俳諧の新奇な卑俗性に疑問をもち、俳諧の精神を自己の内面を表現するものととらえた。各地を旅して自然や人生に思いを致した芭蕉は、幽寂《ゆうじゃく》・清雅《せいが》な蕉風《しょうふう》俳諧を確立し、『奥《おく》の細道《ほそみち》』などの作品をのこした。

美術・工芸では、寛永期の文化を受け継ぎ、洗練された作品が多く生み出された。江戸では、菱川師宣《ひしかわもろのぶ》が庶民の生態をいきいきと描いた浮世絵の木版画をはじめた。安価に入手できたため、庶民の間で大きな人気を得た。また、京都の尾形光琳《おがたこうりん》は俵屋宗達《たわらやそうたつ》の画法を取り入れ、豪華な屏風絵や漆工などの作品をのこした。京都の呉服商の家に生まれた光琳は以前から交流があった、のちの関白二条綱平《かんぱくにじょうつなひら》から重用され、二条家の推挙によって法橋《ほっきょう》（中世以後、僧侶に準じて絵師や医師などに与えられた称号）に叙せられたなど、公家社会とのつながりがみられる。

元禄文化は、庶民がその担い手に加わったが、和歌や学問・芸能・茶《ちゃ》の湯《ゆ》など分野においては、宮廷や公家サロンでの文化的な営みから強く影響を受けていた。

（林　晃之介）

【参考文献】
高埜利彦編『元禄の社会と文化（日本の時代史15）』吉川弘文館、二〇〇三年
高埜利彦『天下泰平の時代（シリーズ日本近世史3）』（岩波書店、二〇一五年）
竹内誠『江戸と大坂（大系日本の歴史10）』（小学館、一九八九年）
尾藤正英『日本文化の歴史』（岩波書店、二〇〇〇年）
宮沢誠一「元禄文化の精神構造」（『元禄・享保期の政治と社会（講座日本近世史4）』有斐閣、一九八〇年）

26 学問《がくもん》と教育《きょういく》——儒学の浸透と官僚社会の成熟

徳川家康は江戸に幕府を開くと、当代の知識階層の代表でもあった以心崇伝《いしんすうでん》ら仏僧を政治・外交顧問とした。一方で、中世では仏教の補助学であった儒学《じゅがく》を独立した思想、学問として確立させた藤原惺窩《ふじわらせいか》とも交流を持ち、慶長《けいちょう》十二年（一六〇七）には惺窩の門人であった朱子学者林羅山《はやしらざん》を登用した。仕官当初から学校設立を構想していた羅山は、寛永《かんえい》七年（一六三〇）に家《いえ》光《みつ》から下賜された上野忍岡《うえのしのぶがおか》（東京都台東区）の地に儒者育成を目的とする林家塾《りんけじゅく》を開いた。

羅山の後を継いだ林家二代目の鵞峰《がほう》は幕府の修史事業として『本朝通鑑《ほんちょうつがん》』などを完成させる一方、学習課程を整備し、講釈だけでなく塾生同士で対等な関係で討論しながら文献を読みあう会読《かいどく》を通して儒者育成を本格化させた。

元禄《げんろく》四年（一六九一）、林家三代目の鳳岡《ほうこう》は将軍綱《つな》吉《よし》の発意で大学頭《だいがくのかみ》に任じられ、以後、学問所統轄を中心とした職として大学頭は林家が世襲した。またその前年、林家塾は湯島《ゆしま》（東京都文京区）に移転し、規模拡大をみた。（移転後、林家塾一帯は孔子の聖地である魯の昌平《しょうへい》郷にちなみ昌平坂と呼ばれた）これをきっかけに武士や庶民への公開講釈が行われるようになり、以降、林家塾は儒者育成だけでなく、幕府文教政策のなかで道徳教化の役割を担った。

幕府によるこうした動きと並行して、諸藩でも儒学の浸透による文治主義にもとづいて、藩体制の確立をめざす藩政改革が行われ、家臣に儒学や武芸を修行させるための藩校が設立された。

このように近世社会に儒学が浸透した背景には、「平和」の到来とそれにともなう武士を中心とした官僚社会の成熟があった。江戸時代の武士は軍人でありながらも、基本的には官僚であった。儒学は官僚の思想であり、儒学を学び「徳」を身に付けた人が統治の任につくべきだと論じ、儒者たちは武士に儒学的な「士」のあり方を説いた。また、儒学は厳格な上下の階層秩

聖堂講釈図◆湯島聖堂に併設された学問所では、儒学者による旗本・御家人への儒学の講釈が行われていた　東京大学史料編纂所蔵模写

湯島聖堂古写真◆元禄３年（1690）に開かれた湯島聖堂の学問所は、約100年後の寛政９年（1797）には幕府直轄の昌平坂学問所となり、官学の府として拡大・整備がされていくこととなる。写真は昭和戦前期に撮影された「湯島聖堂」で、関東大震災後に再建されたものである　東京都立中央図書館蔵

序の下で生きる人びとの、社会における役（職分）を説き、体制維持の面から幕府や藩から重んじられた。

他方で、兵農分離《へいのうぶんり》以後の近世社会は文書主義を前提とした社会であった。城下町の武士から村への指示・命令は、触書《ふれがき》や法度《はっと》などの文書によって伝達され、村から城下町の武士への願書も文書の形式にしなければならなかった。さらに町人も生活・商売の際に文書を利用するなど、百姓や町人にも一定の識字能力やその学習が求められた。

こうした動きに応えるかたちで幕府や藩は、庶民教育のための郷学《ごうがく》を設置した。郷学には、藩や代官《だいかん》が設置した庶民向けの教育機関を指す場合と、民間の有志や町村が資金を出し合って教師を招き、代官などがこれを許可し、運営を支援する場合があった。こうした郷学での素読や習字などの基本的な儒学教育を通して、教化や村内秩序の維持などが図られた。

元禄期（一六八八～一七〇四）以降、商品作物生産が活発になり諸産業が発達すると、産業を支える学問や技術に関する関心が高まった。とくに、『算学啓蒙《さんがくけいもう》』や『算法統宗《さんぽうとうそう》』（算術）、『農政全書《のうせいぜんしょ》』（農学）、『本草綱《ほんぞうこう》目《もく》』（本草学）、『三才図会《さんさいずえ》』（博物学）など中国・朝鮮からの輸入書籍が流通し、実学《じつがく》と呼ばれる自然科学系の学問が発達した。

さらに、享保《きょうほう》五年（一七二〇）に徳川吉宗《よしむね》が漢訳洋書の輸入緩和をおこなうと、医学や天文暦学、世界地理に関する書籍が続々と輸入されるようになり、青《あお》木昆陽《きこんよう》・野呂元丈《のろげんじょう》・前野良沢《まえのりょうたく》らによって蘭学《らんがく》（のち洋学《ようがく》）が確立された。

また、同時期に儒学では、万人が道徳的人格者となることをめざす朱子学《しゅしがく》を荻生徂徠《おぎゅうそらい》が批判し、国家を安定させる社会技術を中国の古典から学び、個性と才能によって政治の一翼を担う治者をめざす古文辞学《こぶんじがく》の立場をとり、経世論《けいせいろん》の道を開いた。実際に徂徠は室鳩《むろきゅう》巣《そう》らとともに吉宗に用いられ、享保の改革に関わるさまざまな献策や実務をおこなった。

なかでも、吉宗からの命を受けて、徂徠が訓読し、鳩巣が大意をまとめた中国の教訓書である『六諭衍義《りくゆえんぎ》大意《たいい》』は庶民の子どもたちが通う寺子屋《てらこや》の教材として江戸を中心に広く普及し、国民教化につながった。教育について徂徠は、当時の林家塾の低迷に対して、江戸市中の儒者の家を稽古所として活用して武士や庶民が学べる体制整備や、幕府の援助による藩士育成のための藩校《はんこう》設立計画などを提案した。これらは直接的な実現には至らなかったものの、徂徠の考え方はこの時期の儒学の多様化を支えた。また、古典を重視する徂徠の古文辞学は、本居宣長《もとおりのりなが》にも大きな影響をあたえ、宣長は日本古典の研究に進み、国学《こくがく》を大成した。

享保期（一七一六～一七三六）以降、幕府官僚制機

構が整備されるなかで、複雑化する政治課題に対応できる資質・能力を持った幕臣の育成が急務となった。松平定信《まつだいらさだのぶ》は老中《ろうじゅう》に就任すると、寛政二年（一七九〇）林家塾における朱子学以外の学問を禁止し、加えて、民間から柴野栗山《しばのりつざん》・岡田寒泉《おかだかんせん》・尾藤二洲《びとうじしゅう》・古賀精里《こがせいり》ら朱子学者を登用し、朱子学という統一的な基準を用いて学問奨励と人材教育を図ろうとした。こうした一連の政策を寛政異学《かんせいいがく》の禁《きん》という。

寛政九年（一七九七）には私塾であった林家塾を昌《しょう》平坂学問所《へいざかがくもんじょ》として官学化し、幕臣教育のための機関に位置づけた。そして学問所では幕臣子弟を対象とした学力試験として、毎年十月に実施される素読吟味《そどくぎんみ》と数年に一度の学問吟味が幕末まで継続して行われ、学問吟味の及第者は、その業績を根拠として優先的任用が慣行となったとされる。この学制改革は全国の藩校や私塾《しじゅく》にも影響を与え、多くの藩校で以後朱子学が教学の中心となった。

さらに、享和《きょうわ》元年（一八〇一）には学問所内に全国の藩士《はんし》・浪人《ろうにん》らのための書生寮《しょせいりょう》が設置され、全国諸藩の優秀な藩士が集まり、知的なネットワーク形成に大きな役割を果たした。

一方、享保期以降、実学の素地が整えられていたことを背景として、幕末にかけて急速に洋学が発展する。文化《ぶんか》八年（一八一一）、幕府天文方《てんもんかた》に蛮書和解御用《ばんしょわげごよう》が設置され、本格的な科学研究が行われるようになると、安政《あんせい》三年（一八五六）には官学として蕃書調所《ばんしょしらべしょ》が設立され、研究だけでなく外国語教育なども含めた洋学教育がおこなわれた。教育活動が活発になるにともない、名称は開成所《かいせいじょ》と改められ、明治《めいじ》になって東京大《とうきょうだい》学《がく》へと発展していく。

（林　晃之介）

【参考文献】

石川謙『日本学校史の研究』（小学館、一九六〇年）
揖斐高『江戸幕府と儒学者―林羅山・鵞峰・鳳岡三代の闘い―』（中央公論新社、二〇一四年）
大石学『江戸の教育力―近代日本の知的基盤―』（東京学芸大学出版会、二〇〇七年）
倉地克直『江戸文化をよむ』（吉川弘文館、二〇〇六年）
土田健次郎『江戸の朱子学』（筑摩書房、二〇一四年）
橋本昭彦『江戸幕府試験制度史の研究』（風間書房、一九九三年）
前田勉「儒学・国学・洋学」（『岩波講座日本歴史　第十二巻　近世三』岩波書店、二〇一四年）
前田勉『江戸教育思想史研究』（思文閣出版、二〇一六年）
眞壁仁『徳川後期の学問と政治―昌平坂学問所儒者と幕末外交変容―』（名古屋大学出版会、二〇〇七年）
渡辺浩『日本政治思想史―十七～十九世紀―』（東京大学出版会、二〇一〇年）

27 綱吉期《つなよしき》の政治《せいじ》――悪政観からの転換

延宝《えんぽう》八年（一六八〇）、四代将軍徳川家綱《いえつな》が死去すると、弟の徳川綱吉《つなよし》（館林《たてばやし》藩主）が五代将軍に就任した。直系以外から初めて将軍職を世襲した綱吉は、自らの意志を強く政策に反映させるため、館林藩主時代からの家臣柳沢吉保《やなぎさわよしやす》らを重用し、側近政治をおこなった。綱吉は宝永《ほうえい》六年（一七〇九）までの在職期間に、国絵図《くにえず》・郷帳《ごうちょう》の作成、助郷《すけごう》制度の整備、貨幣の改鋳《かいちゅう》、東大寺大仏殿《とうだいじだいぶつでん》再建にともなう全国勧化《かんげ》・国役《くにやく》金《きん》徴収などをあいついで実施した。

綱吉政権とその政策は、もっぱら綱吉の個人的気質と関連して説明されることが多かったが、近年では当時の国内外の状況もふまえ、総合的に把握されている。一六七三年から、中国では漢人の武将呉三桂《ごさんけい》らが清《しん》朝に反乱を起こし、清朝に抵抗を続ける台湾《たいわん》の鄭《てい》氏もこれを援助したが（三藩《さんぱん》の乱）、一六八三年までに鎮圧された。約一〇年間に及ぶ戦乱が終わり、東アジアに平和と安定がもたらされたことは、幕府の基本方針にも影響を与えた。国内外に戦乱がなくなった泰平の世では、従来のように将軍が軍事指揮権を盛んに発動し、軍事動員を通じて大名を従わせるという権力編成の方式がなじまなくなった。

天和《てんな》三年（一六八三）、綱吉政権は代始めの武家諸《ぶけしょ》法度《はっと》を発布し、その第一条を「一、文武忠孝《ぶんぶちゅうこう》を励まし、礼儀を正すべきこと」へと改めた。主君へ忠義を尽くして父祖へ孝行すること、礼儀を正すことを第一に命じ、上下の秩序維持によって主従関係を確立しようとしたのである。綱吉政権が前代まで行われてきた将軍の日光社参を行わなかったことや、学問や文化（儒学・仏教・神道・天文暦学・歌学・絵画など）を奨励したこと、大嘗祭《だいじょうさい》をはじめとする朝廷の儀礼を再興したことなどは、そうした綱吉政権の基本方針に沿うものであったといえる。

綱吉政権が熱心に取り組んだ政策の一つに、生類《しょうるい》憐《あわれ》み政策がある。これは「生類」すなわち生き物の保護を軸とした政策であったが、その内容は犬や猫の保護に限らず、鉄砲改《てっぽうあらため》の実施、鷹狩《たかがり》の停止、捨て子の禁止など幅広く、後代に受け継がれたものも少なくない。

政策の開始時期は、天和二年から貞享《じょうきょう》二年（一六八五）までの間と考えられ、綱吉が仏教や儒教の思想の影響から殺生を忌避したことや、天和三年に綱吉の男子徳松《とくまつ》が死去したことも背景にあったとされる。

犬駕籠（推定復元模型）◆幕府は市中に犬が増えたため、中野（東京都中野区）に収容所である犬小屋を設置した。この駕籠は生類憐みの令で集められた犬を運ぶためのものである　中野区立歴史民俗資料館蔵

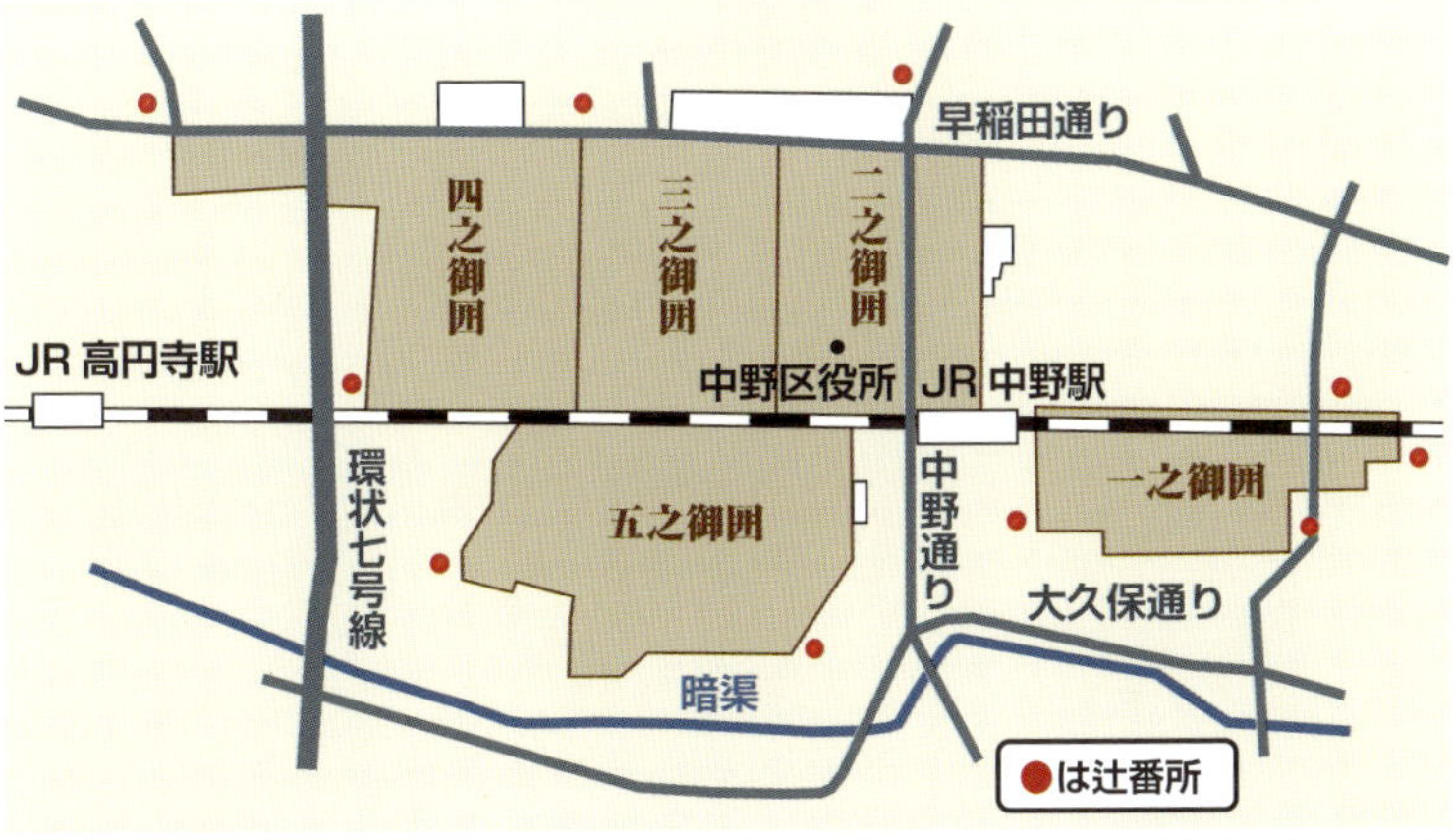

中野犬小屋図◆「一之御囲」から「五之御囲」まで設けられ、5つの御囲場を合わせた敷地面積は24万坪に及んだ

生類憐みに関する法令のうち、約三分の一は犬の保護に関するものであった。貞享二年の江戸町触では、将軍御成《おなり》の道筋で犬や猫をつながないことを許し、翌年には犬を事故に巻き込まないようにすること、飼い主のいない犬に食べ物を与えることを命じた。貞享四年には、江戸の町や武家屋敷、周辺農村において、犬の毛色や数を記した毛付帳《けづけちょう》を提出することを義務づけた。

しかし、犬の保護が徹底され

て江戸の町に犬が急増すると、江戸の住民は綱吉を「犬公方《いぬくぼう》」と呼んで揶揄するようになった。元禄初期に来日したドイツ人医師ケンペルは、「犬は綱吉の治世にこれまでないほど増えた。飼い主のいない野良犬がうろついて通行人の妨げになっている。……犬をいじめたり殺したりすると死罪に問われる。……戌年生まれの綱吉が迷信に捉われ、犬を特別に大切にする生類憐みの令を出したためである」（『日本誌』）と記している。

そこで幕府は元禄五年（一六九二）頃から、犬を収容するための犬小屋を喜多見《きたみ》村（東京都世田谷区）・大《おお》久保《くぼ》村（同渋谷区・新宿区）・中野《なかの》村（同中野区）に建設した。中野村の犬小屋は敷地面積が二〇万坪を超え、約一〇万匹の犬を収容したが、犬の養育方法や運営費用の問題を理由に縮小され、綱吉の死を機に完全に解体された。

綱吉の死後、その政治を「悪政」として描く浄瑠《じょうる》璃《り》や歌舞伎《かぶき》、評伝が創作されたことで、生類憐み政策の「悪名」も高まった。しかし生類憐み政策は、同じく綱吉が整備した服忌令《ぶっきれい》などと共に日本人の価値観を転換し、政治や社会を大きく変えたといわれる。死や血は穢れとみなされ、生き物は殺生ではなく慈悲の対象となった。「かぶき者」が他人の飼い犬を切り殺す姿は見られなくなり、捨て子は放置されず大切に養育されるようになった。泰平の世にふさわしい価値観を社会に浸透させたことこそ、生類憐み政策の成果であった。

また最近の研究では、江戸時代における人間社会と自然環境・動植物との関係に注目する視点からも、生類憐み政策が捉え直されている。江戸時代は都市化と自然破壊が進み、人間と動物との関係・距離感が接近していったため、動物に関わる政策はむしろ必然的なものであったのかもしれない。

（山田篤史）

【参考文献】
高埜利彦編『元禄の社会と文化（日本の時代史15）』（吉川弘文館、二〇〇三年）
高埜利彦『天下泰平の時代（シリーズ日本近世史３）』（岩波書店、二〇一五年）
塚本学『生類をめぐる政治―元禄のフォークロア―』（講談社、二〇一三年）
根崎光男『生類憐みの世界』（同成社、二〇〇六年）
根崎光男『犬と鷹の江戸時代―〈犬公方〉綱吉と〈鷹将軍〉吉宗―（歴史文化ライブラリー４２３）』（吉川弘文館、二〇一六年）
福田千鶴『徳川綱吉―犬を愛護した江戸幕府五代将軍―（日本史リブレット人０４９）』（山川出版社、二〇一〇年）

28　赤穂《あこう》事件《じけん》――つくられた「忠臣蔵」のイメージ

元禄《げんろく》十四年（一七〇一）三月十四日、赤穂《あこう》藩主浅野《あさの》長矩《ながのり》は江戸城本丸松《まつ》の廊下《ろうか》で、高家《こうけ》肝煎《きもいり》吉良《きら》義央《よしひさ》《よしなか》に斬りかかった。長矩は切腹に処され、浅野家一類は遠慮《えんりょ》（江戸幕府による謹慎刑のひとつ）、長矩の弟で養子の浅野長広《ながひろ》は閉門《へいもん》とされるが、義央は命にも別状なく、いかなる処罰も受けなかった。

浅野家では筆頭家老《かろう》の大石《おおいし》良雄《よしお》《よしたか》を中心に、四月までに赤穂城（兵庫県赤穂市）の明け渡しを済ませる一方、義央の処罰を前提とした長広の赦免と浅野家再興に向けた活動が進められた。しかし十二月、義央の隠居と孫で養子の吉良義周《よしちか》の家督相続が認められ、翌年七月には長広の広島藩主浅野本家への差し置きが決まった。

大石は望み通りの浅野家再興が叶わないと判断し、京都円山《まるやま》（京都市東山区）で江戸留守居《るすい》役の堀部《ほりべ》武庸《たけみち》らと吉良邸（東京都墨田区）への討ち入りを決定し、十二月十四日に赤穂藩の浪士四六人（四五人とも）と共に実行した。大石らは義央を殺害し、その首を泉岳寺《せんがくじ》（東京都港区）の長矩の墓前に供えた後、出頭した。

元禄十六年二月、幕府は大石ら浪士を切腹、その遺児を遠島《えんとう》に処し、義周を知行《ちぎょう》召上げのうえ、高島《たかしま》藩諏訪《すわ》家に預けた。宝永《ほうえい》三年（一七〇六）に義周が死去し、吉良家は断絶したが、浪士の遺児と長広は宝永六年に赦免され、長広は翌年に五〇〇石の旗本となった。

以上が赤穂事件の概要で、「忠臣蔵《ちゅうしんぐら》」としても知られる。しかし忠臣蔵は、赤穂事件を題材に創作された人形浄瑠璃《にんぎょうじょうるり》や歌舞伎《かぶき》の演目「仮名手本《かなでほん》忠臣蔵」という物語で、実際の事件とは異なる点も多い。赤穂事件の関係者を室町時代の人物に仮託した忠臣蔵では高《こうの》師直《もろなお》（義央）が「悪人」として描かれ、塩冶判官《えんやはんがん》（長矩）の無念を引き継ぎ、討ち入りを主導した大星《おおほし》由良《ゆらの》助《すけ》（大石）は「英雄」、討ち入りに参加した浪士は「義士」として描かれる。

しかし実際には、義央は高家肝煎として幕府の儀式

『赤穂義士真観』より「殿中刃傷」◆長安雅山画。『赤穂義士真観』は、赤穂出身の画家であり義士研究家でもあった長安雅山（1875～1963）が、自らの研究をふまえ史実にもとづいた姿で描こうとした作品である。この絵は松の廊下で吉良義央（画像左）に浅野長矩（画像中央）が斬りかかっている場面を描いたもので、右の人物は現場にいた梶川与兵衛である　赤穂市立歴史博物館蔵

を支えてきた人物で、長矩が刃傷に及んだ動機は判明していない。最初から討ち入りを主張した浪士は堀部ら江戸詰家臣の一部で、むしろ浅野家再興を優先する大石は彼らと対立した。討ち入りを決めてからも浪士は常に一丸だったわけではなく、元禄十五年八月時点の約一二〇名のうち、実行までに約八〇名が離脱している。討ち入りに参加した浪士の中には、討ち入らなければ武士として個人や家の名誉を汚すことになるという一種の強迫観念から行動する者もいた。

討ち入り後、江戸の庶民が浪士を「武士の鑑」として賞賛するなか、浪士を義士と評価することについて儒者の間では論争が起こった。争点は義央が浪士の仇敵といえるか否か、つまり討ち入りが仇討といえるか否かであった。これは浪士の処分内容にも関わる問題であったが、最終的に幕府は討ち入りを仇討とは判断せず、武家諸法度《ぶけしょはっと》が禁じる徒党を組んだとして、浪士の切腹という裁定を下した。この裁定によって、国家の法や秩序が私的な忠義や武士道よりも優先されることを幕府は示すこととなった。

（山田篤史）

『曾我忠臣蔵錦絵并番附集』より「義士姓氏禄」◆月岡芳年画。幕末に作成されたもので、討ち入りの直前に、吉良邸の絵図面に見入る義士たちを描いている。上部には「義士姓氏禄」として、一部誤りもあるが四十七士の実名が記されている　国立国会図書館蔵

感奮興起雪景図◆近代に作成されたもので作者は不詳。炭小屋から連れだされた吉良義央を中央に描き、その右には主君浅野長矩の形見である短刀を差し出して自害を迫る大石義雄、そして周囲を取り囲む赤穂義士が描かれている。実際の吉良の最期とは様子が異なるため、本図は歌舞伎の影響を受けて脚色された場面構成であるといえる　赤穂市立歴史博物館蔵

【参考文献】
大石学『元禄時代と赤穂事件』（角川学芸出版、二〇〇七年）
谷口眞子『赤穂浪士の実像（歴史文化ライブラリー２１４）』（吉川弘文館、二〇〇六年）
平井誠二「吉良上野介と赤穂事件」（高埜利彦編『元禄の社会と文化（日本の時代史15）』吉川弘文館、二〇〇三年）
山本博文『赤穂事件と四十六士（敗者の日本史15）』（吉川弘文館、二〇一三年）

29 正徳《しょうとく》の治《ち》——儒学に求めた〝理想〟の政治

宝永《ほうえい》六年（一七〇九）～正徳《しょうとく》六年（一七一六）の間に、六代将軍家宣《いえのぶ》、七代家継《いえつぐ》のもと、側用人間部詮房《そばようにんまなべあきふさ》と侍《じ》講新井白石《こうあらいはくせき》が進めた政治を「正徳《しょうとく》の治《ち》」と呼ぶ。

五代綱吉《つなよし》に継嗣がなかったため、兄綱重《つなしげ》の子として将軍職に就いた家宣は、綱吉の葬儀よりも先に「生類憐《しょうるいあわれ》みの令《れい》」停止を命じた。これにより、罪人六〇〇〇人が解放され、江戸町人に課された中野犬小屋の御用金も免じられた。また、綱吉が元禄十年（一六九七）に定めた、酒屋に負担させる運上金（酒税）も廃止した。さらに家宣は、綱吉の側用人として活躍した柳沢吉保《やなぎさわよしやす》らを排除したが、老中《ろうじゅう》を中心とする政治体制が復活することはなく、側用人政治が続いた。

この期間には、白石の建議により、儒学思想にもとづいた政策が多く企図された。

一つ目は、武家諸法度《ぶけしょはっと》の改正である。武家諸法度は制定以来、漢文あるいは和漢混交文で記されていたが、宝永令では和文に改め、文治政治の理念を明文化した。

二つ目は、朝幕関係の融和である。寛永《かんえい》四～六年（一六二七～一六二九）に起こった紫衣《しえ》事件以降、疎遠になった朝幕関係を修復するための手段として、閑《かん》院宮《いんのみや》家の創設を提言した。旧来、宮家は伏見宮《ふしみのみや》・八《はち》条宮《じょうのみや》・有栖川宮《ありすがわのみや》の三家に限定されていたが、皇族の血統が途絶えるのを防ぐために増設した。実際に、後桃園《ごももぞの》天皇が崩御した際に途絶えかけたが、閑院宮家から兼仁《かねひと》王が光格《こうかく》天皇となったことで継承し、皇継は今上《きんじょう》天皇まで続いている。

三つ目は、朝鮮通信使《ちょうせんつうしんし》の接遇簡略化である。通信使は、豊臣秀吉の朝鮮出兵によって断絶した朝鮮との国交回復をめざし、徳川家康が対馬《つしま》の宗《そう》氏を通じて実現した使節だが、毎回の応接には一〇〇万両を要していた。これを六〇万両に抑えるとともに、朝鮮の国書で使用していた「日本国大君《にほんこくたいくん》」を「日本国王《こくおう》」に改めた。これらは、白石の考える和平・簡素・対等という対朝鮮外交の基本方針にもとづくものだった。

徳川家宣画像◆綱吉の後継をめぐっては綱吉の娘婿にあたる紀州藩主徳川綱教も候補であった。しかし、3代将軍家光の孫ということもあり家宣が後を継いだ。将軍就任時、家宣は48歳であった　東京大学史料編纂所蔵模写

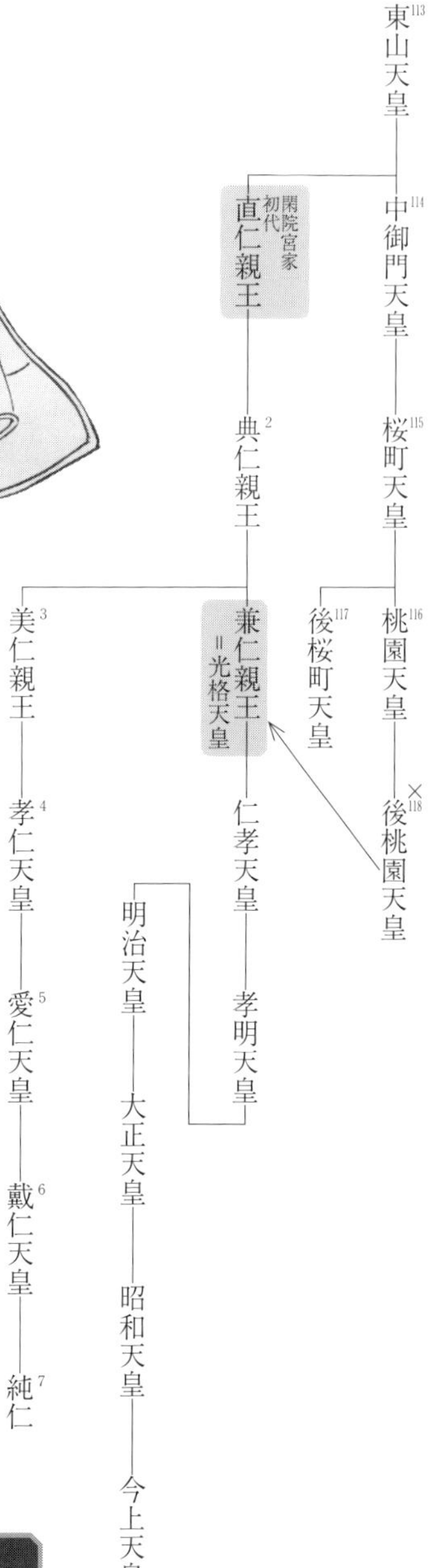

閑院宮家の系譜

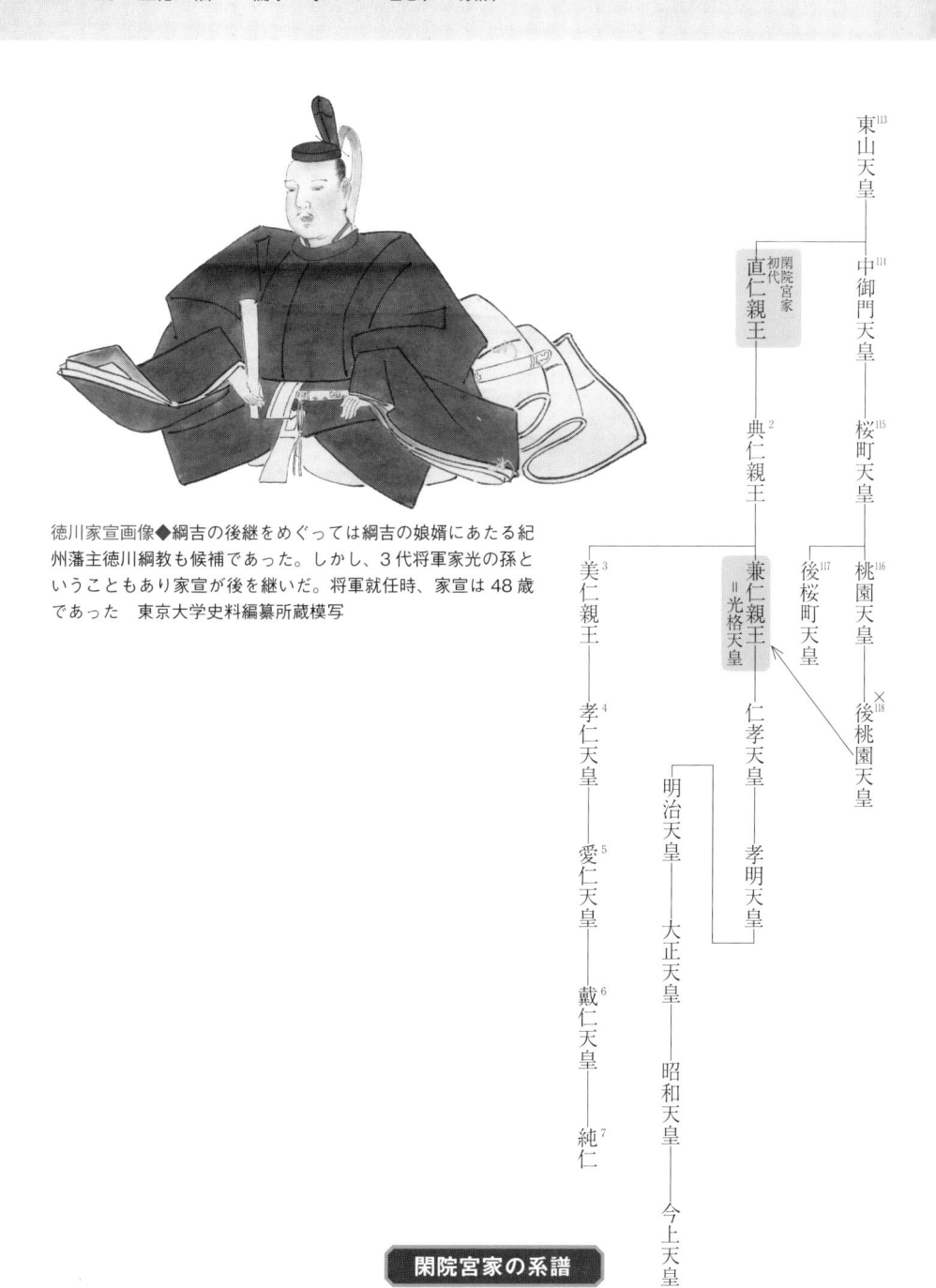

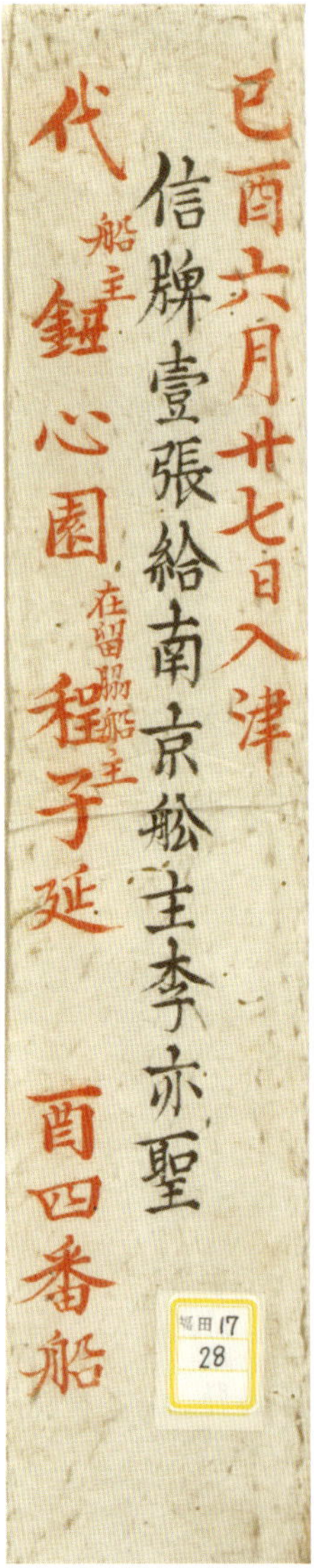

信牌　弘化３年５月給◆海舶互市新例によって、中国（清）船には長崎への入港許可証として信牌の持参が義務付けられた　長崎歴史文化博物館蔵

さらにこの時期には、綱吉政権で悪化した幕府財政の立て直しがおこなわれた。具体的には、正徳金銀の発行と海舶互市新例《かいはくごししんれい》の制定がある。家宣の将軍就任当初、幕府財政は窮地に陥っており、前代からの勘定《かんじょう》奉行《ぶぎょう》荻原重秀《おぎわらしげひで》はさらなる貨幣改鋳を提言した。荻原は元禄《げんろく》金銀よりさらに質を落とした宝永金銀を発行し、出目《でめ》で幕府財政は一時潤った。しかし、これはインフレを引き起こし、荻原は貨幣改鋳に協力した御用商人との間に不当な利益を得たとされる。

白石は荻原と対立し、「荻原はこの政策で二六万両の賄賂を受け取った」（『折《おり》たく柴《しば》の記《き》』）と批判している。しかし、幕府公式記録である「徳川実紀《とくがわじっき》」や「柳営日次記《りゅうえいひなみき》」などには同様の記載はみられない。正徳二年、白石はついに荻原を罷免し、勘定吟味役《ぎんみやく》を復活させて勘定所の不正防止を徹底した。その後、白石は慶長《けいちょう》金銀と同質の金銀発行を建言し、正徳金銀に改鋳した。

また、オランダ・清との長崎貿易における金銀比価の違いにより多額の金銀が流出している状況をふまえ、白石は年間の貿易額・来航船舶数を規定し、貿易船に幕府発行の信牌《しんぱい》の持参を義務づけて密貿易を防止した。これを海舶互市新例（長崎新令・正徳新令）という。

以上のように、宝永・正徳期（一七〇四～一七一六）に、幕府の文治政治は最高潮に達したといっても過言ではない。しかし、幕臣のなかには、こうした儒学思想にもとづいた政策は、形式的で実効性をともなわないと不満を募らせたものもいた。とくに、綱吉政権からの一番の課題だった幕府財政の危機が、根本的に改善されることはなかった。

家宣は在職三年一〇ヵ月で病死し、その後、四歳で家継が将軍職を継いだものの、八歳で夭折《ようせつ》した。享《きょう》保《ほう》元年（一七一六）、吉宗《よしむね》が将軍になると、詮房と白石は政治上の地位を失い、失脚した。

晩年、白石は執筆活動に勤しんだ。著作として、歴史書の『読史余論《とくしよろん》』や『古史通《こしつう》』、自叙伝の『折たく柴の記』をはじめ、キリスト教の教義や西洋諸国の社会情勢や地理を叙述した『西洋紀聞《せいようきぶん》』『采覧異言《さいらんいげん》』などがある。これは、宝永五年（一七〇八）に屋久島《やくしま》（鹿児島県屋久島町）に潜入して捕まったカトリック司祭シドッチを江戸の小石川切支丹屋敷《こいしかわきりしたんやしき》（東京都文京区）に呼び寄せ、尋問の上で得た情報をまとめたものである。

（篠原杏奈）

新井白石画像◆東京大学史料編纂所蔵模写

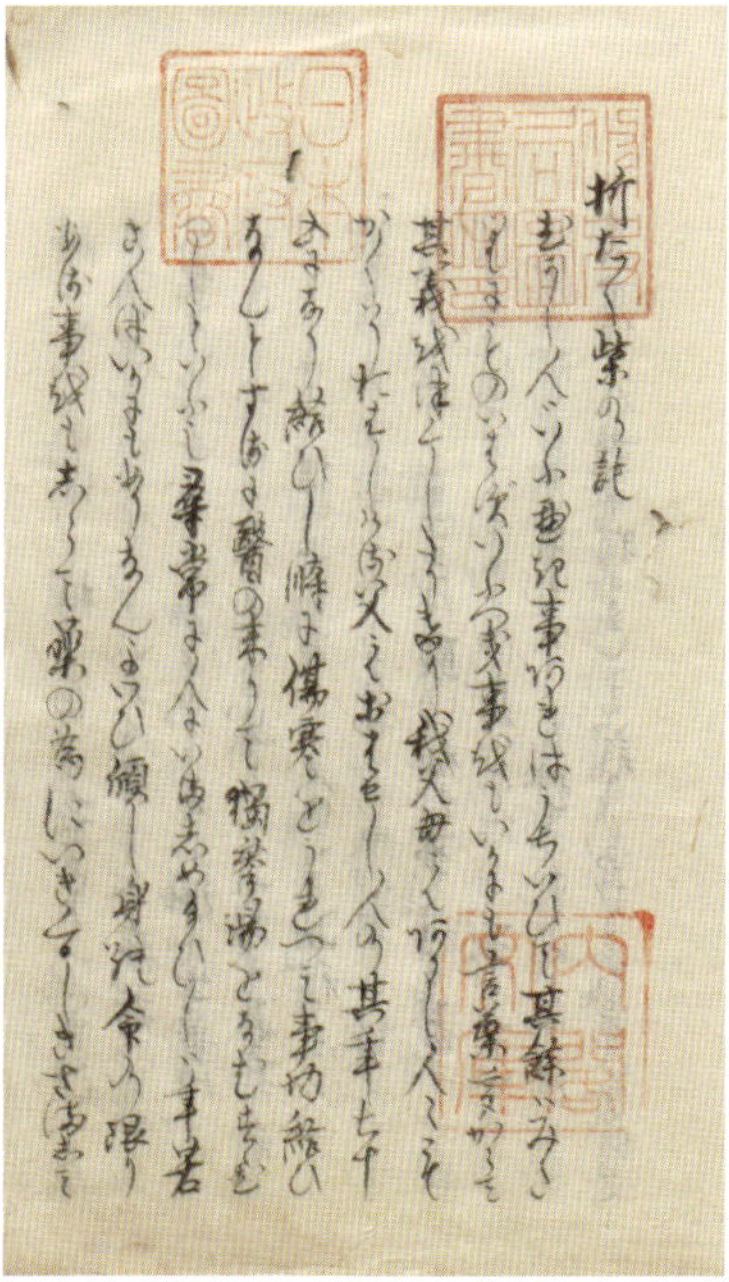

折たく柴の記◆写本　国立公文書館蔵

【参考文献】
ケイト・W・ナカイ著、平石直昭・小島康敬・黒住真訳『新井白石の政治戦略―儒学と史論―』（東京大学出版会、二〇〇一年）
高埜利彦『天下泰平の時代（シリーズ日本近世史3）』（岩波書店、二〇一五年）
福留真紀『将軍と側近―室鳩巣の手紙を読む―』（新潮社、二〇一四年）
藤田覚『武人儒学者　新井白石（歴史文化ライブラリー600）』（吉川弘文館、二〇二四年）
宮崎道生『新井白石の研究』（吉川弘文館、一九八五年）
村井淳志『勘定奉行荻原重秀の生涯―新井白石が嫉妬した天才経済官僚―』（集英社、二〇〇七年）

30 享保《きょうほう》の改革《かいかく》——財政再建と「統治」の合理化

正徳《しょうとく》六年（一七一六）、七代将軍家継《いえつぐ》が没すると、同年享保《きょうほう》への改元を経て紀州《きしゅう》藩主の徳川吉宗《とくがわよしむね》が将軍家を相続して八代将軍に就任した。吉宗が将軍家を相続してから、延享《えんきょう》二年（一七四五）に隠退するまでの二九年間におこなわれた一連の政治改革を享保の改革という。

研究史上では、明治《めいじ》期から第二次世界大戦《だいにじせかいたいせん》期にかけて、幕政を弛緩と緊張の交替として説く一弛一張史《いっしいっちょうし》観《かん》の下で、「緊張期」として位置づけられてきた。

戦後から一九六〇年代にかけては、土地・経済政策や幕府権力構造に注目した研究が進展し、経済構造の変質とそれに対する政治対応という枠組みで捉えられた。

一九七〇年代以降は、幕藩制国家論研究や地域社会史研究の進展にともない、国家支配＝「公儀《こうぎ》」の再建として捉えられ、広く民衆・社会・地域などとの関わりのなかで検討されてきた。

近年では、享保の改革の諸政策を有機的に捉え、国家機能・公共機能の拡大・強化という視角からの研究や、上方に視点を据え、享保の改革を捉え直そうとする研究などが進められている。

改革がおこなわれた背景として、十七世紀半ば以降、鉱山収入の減少などに起因する幕府財政の悪化や貨幣経済の浸透と需要の増大にともなう物価高騰、元禄《げんろく》期から享保期にかけての災害や疫病流行、それにともなう社会不安など、個別の領主・地域では対応しきれない事態が深刻化していたことがあげられる。享保改革はこうした課題に対処すべく、幕府の指導力による国家規模での危機管理体制強化、統治機構の整備とその基礎となる財政再建を最重要課題とする改革であった。

改革は元禄以来の側近政治を改め、将軍統治体制を強化するところから始まった。吉宗は大名役の側用人《そばようにん》を廃止する一方で旗本役の側衆のなかに御用取次《ごようとりつぎ》を新設し、側近に紀州藩出身者を登用することで自らの権力基盤を創出した。

続いて、吉宗は江戸周辺地域の再編に取り組んだ。

生類憐《しょうるいあわれ》みの令との関連から中止されていた鷹狩《たかがり》を復活させ、江戸周辺地域を鷹場に設定すると、享保二年（一七一七）を皮切りに江戸周辺で繰り返し鷹狩をおこなった。鷹狩復活は、個人的趣味を超え、吉宗の将軍権力の確立につながった。そして、鷹場制度に関わる領主支配の違いを超えた負担や幕府役人からの統制を通して、江戸周辺地域は江戸城、将軍家との結びつきを強めていった。また、吉宗は疫病流行やそれにともなう社会不安に対処するために、本草《ほんぞう》学者を登用して幕領・私領・寺社領の区別なく全国規模で薬草見分《やくそうけんぶん》（調査・収集・知識普及）を展開し、薬園を整備して薬草の流通量拡大をめざした薬草政策をおこなうなど、領主支配の違いを超えた「公議」権力による国家的・公共的側面の強い諸政策を実施していった。

徳川吉宗像◆和歌山市　写真提供：和歌山県観光振興課

改革の基盤となった幕府財政再建に対しては、享保四年に相対済《あいたいすま》し令《れい》を発して、当時、増加していた金公事の処理により繁忙であった評定所《ひょうじょうじょ》の事務を軽減させ、今後の財政改革に備えた。続いて、水野忠之《みずのただゆき》を農財政専管の勝手掛老中《かってがかりろうじゅう》に任命し、一村ごとに過去数ヵ年の実績から相応の年貢高を決め、三ヵ年・五ヵ年など一定期間、豊凶差に関係なく徴収をおこなう定免法《じょうめんほう》による年貢増徴と新田開発を柱とする増収策に取り掛かった。

また、この効果が出るまでの緊急措置として、上《あ》げ米《まい》の制《せい》を実施した。諸大名に高一万石につき一〇〇石の割合で献米させる一方で、参勤交代《さんきんこうたい》での在府期間を半減させ、手伝普請を課すことも中止した。結果として年一八万七〇〇〇石程度の臨時収入となり、かつ大名にとってもこの政策による負担は、「諸大名の勝手には莫大宜敷事《ばくだいよろしきこと》」（『兼山秘策《けんざんひさく》』第四冊）との考えのもとに

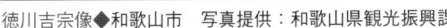

徳川十五代記畧　十代将軍家治公鷹狩之圖◆将軍家治の鷹狩の様子を描いたもの。吉宗が盛んにおこなった鷹狩は以後の将軍にも受け継がれた　東京都立中央図書館蔵

実施された。上げ米の制は財政再建の基本政策が一定の成果をあげ、財政が安定するようになった享保十六年（一七三一）に廃止され、参勤交代も元に戻された。

一方で、年貢収入が増えても財政収入の増加に直結しないいわゆる「米価安の諸色高」とよばれる状況に対しては、価格統制のため江戸の商人や職人に業種別の仲間組合を結成させた。米価の引き上げに対しては、囲米《かこいまい》や買米令《かいまいれい》により需要増大を図り、堂島米市場《どうじまこめいちば》を公認して米価の調整をめざした。

統治体制の強化や幕府財政の再建とともに、これらの政策を推進する官僚システムや法の整備も重要な課題であった。享保六年、吉宗は勘定奉行《かんじょうぶぎょう》のもとで年貢徴収や訴訟など行財政全般を担当する勘定所を、勝《かっ》手方《てがた》（年貢・普請などを担当する）と公事方《くじかた》（公事・訴訟を担当する）に分割し業務の専門化・効率化を図った。その後、上方・関東方と地域で分割されていた体制を一元化、部局に分けて職掌を明確にして、人員を拡充することで官僚組織を整備した。

寛保《かんぽう》二年（一七四二）には老中松平乗邑《まつだいらのりさと》を中心に『公事方御定書《くじかたおさだめがき》』が編纂され、続いてこれまでの幕府法令を整理した『御触書寛保集成《おふれがきかんぽうしゅうせい》』や町方の仕置《しおき》の概要を示した『享保撰要類集《きょうほうせんようるいしゅう》』などが編纂され、司法・行政の合理化が進んだ。

あわせて行財政改革のなかで、少禄の者から有能な人物を抜擢する必要がでてきたため、享保八年に足高《たしだか》の制《せい》を実施した。これにより、どれだけ家禄の低い者も役職ごとの基準禄高との差額分を足し高し、滞りなく任務を遂行できるようになった。そのうえ、家禄の加増ではなく、個人への支給であり、支給期間も在職中に限定されたため、幕府の支出を最小限に抑えつつ、有能な人材を要職に登用することが可能となった。この制度は、享保期の勘定所を中心とした官僚制確立に大きな役割を果たしただけでなく、以降の政治過程においても人材登用の手段として重要な役割を担ったのである。

享保の改革を通して、整備・合理化された国家支配や行政に関わるさまざまなシステムは以後の幕政にも継承された。とくに、寛政の改革や天保の改革では享保の改革を見習うべき幕政のモデルとしてあげており、享保の改革は理想化・伝統化されていった。

（林　晃之介）

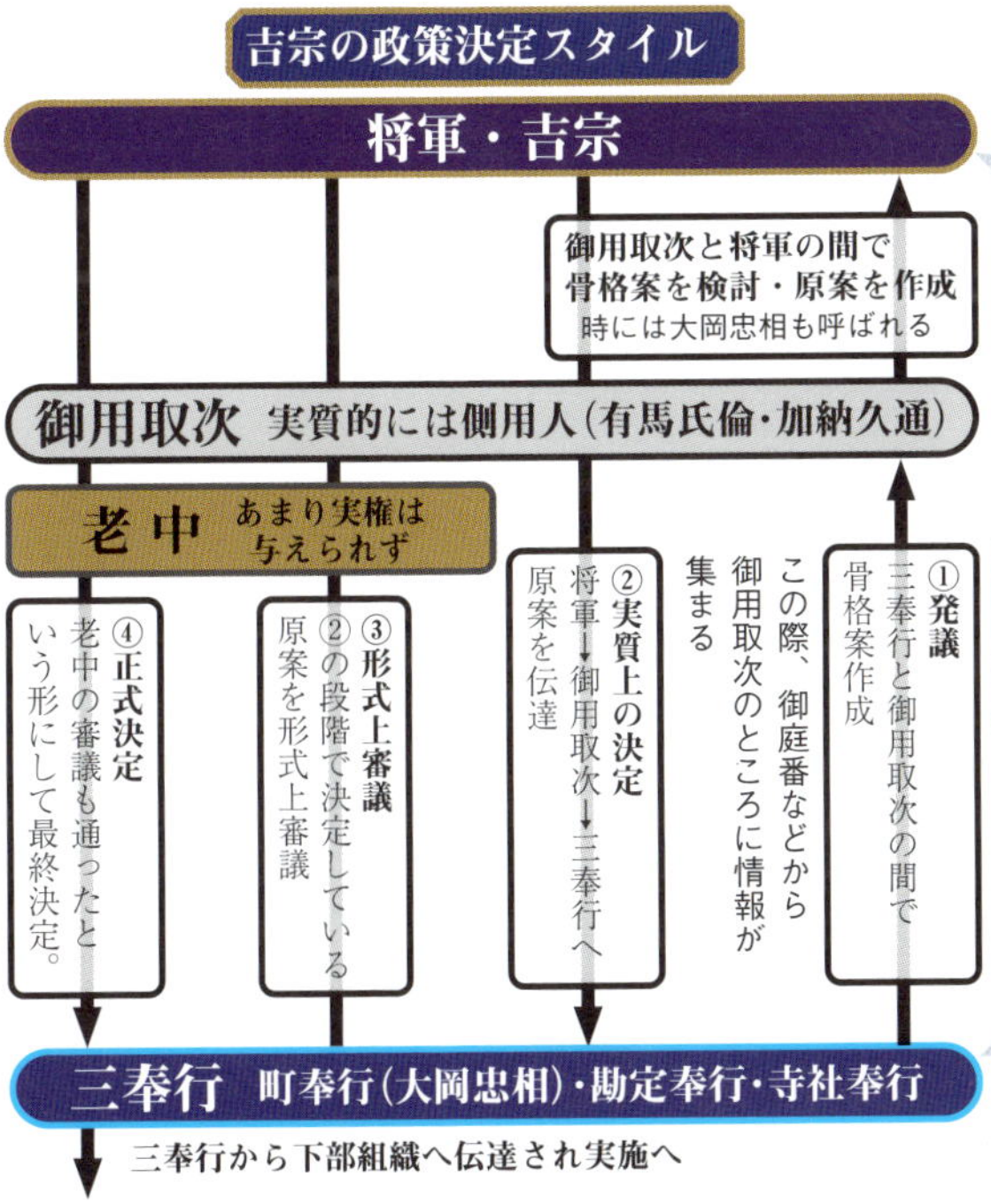
吉宗の政策決定スタイル
将軍・吉宗
御用取次と将軍の間で
骨格案を検討・原案を作成
時には大岡忠相も呼ばれる
情報収集を依頼・報告
御用取次　実質的には側用人（有馬氏倫・加納久通）
老中　あまり実権は与えられず
御庭番
情報収集集団
①発議
三奉行と御用取次の間で骨格案作成
この際、御庭番などから御用取次のところに情報が集まる
②実質上の決定
将軍→御用取次→三奉行へ原案を伝達
③形式上審議
②の段階で決定している原案を形式上審議
④正式決定
老中の審議も通ったという形にして最終決定。
報告
三奉行　町奉行（大岡忠相）・勘定奉行・寺社奉行
三奉行から下部組織へ伝達され実施へ

【参考文献】
大石慎三郎『享保改革の商業政策』（吉川弘文館、一九九八年）
大石学『享保改革の地域政策』（吉川弘文館、一九九六年）
大石学『吉宗と享保の改革（教養の日本史）』（東京堂出版、二〇〇一年、改訂新版）
大石学『近世日本の統治と改革』（吉川弘文館、二〇一三年）
小倉宗「将軍吉宗の改革政治」（村和明・吉村雅美編『日本近世史を見通す2　伝統と改革の時代』吉川弘文館、二〇二四年）
笠谷和比古『近世武家社会の政治構造』（吉川弘文館、一九九三年）
笠谷和比古『徳川吉宗』（筑摩書房、一九九五年）
高埜利彦『天下泰平の時代（シリーズ日本近世史3）』（岩波書店、二〇一五年）
辻達也『享保改革の研究』（創文社、一九六三年）
深井雅海『綱吉と吉宗（日本近世の歴史3）』（吉川弘文館、二〇一二年）
藤田覚編『幕藩制改革の展開』（山川出版社、二〇〇一年）
村田路人「吉宗の政治」（『岩波講座日本歴史　第一二巻　近世三』岩波書店、二〇一四年）

31 裁判《さいばん》と刑罰《けいばつ》——犯罪を裁き、治安を守る

江戸時代の訴訟手続きには、出入物《でいりもの》（出入筋）と吟《ぎん》味物《みもの》（吟味筋）という大きな二つの区別がある。

出入物は公事《くじ》とも呼ばれ、原告による訴状の提出に始まる裁判で、傷害を含んだ私的な紛争を解決する民事・刑事裁判を指す。原告が提出した訴状が役所に受理されると、役所は双方を呼び出して審理し、示談を促すことが多かった。出入物は当事者間の示談（内《ない》済《さい》）の成立を第一の目的としており、内済不調の場合は裁許による決着もあったが、裁許は「百に一つ」（『世事見聞録《せじけんぶんろく》』）とやや誇大にいわれたほど極力おこなわれなかった。

一方、吟味物は訴状がなくても、公儀が必要と判断した場合に開始される裁判で、殺人や傷害、強盗放火などの犯罪者を処罰する刑事裁判を指す。役所が当事者や関係者を捕らえたり、呼び出して、吟味したうえで刑罰を決定し、判決を申し渡した。

江戸時代の裁判や刑罰は、領主や役人が支配・統治のためにおこなった。所領内部の問題はそれぞれ個別領主が自ら対応し、幕府直轄領は担当する郡代《ぐんだい》や代《だい》官《かん》、奉行《ぶぎょう》などの幕府役人が対応した。幕府においては、老中《ろうじゅう》が大名や老中支配の幕臣、若年寄《わかどしより》が若年寄支配の幕臣、寺社《じしゃ》奉行が僧侶や神職、勘定《かんじょう》奉行・郡《こおり》奉行や代官が百姓《ひゃくしょう》、町《まち》奉行が町人に対する窓口になり、訴えを受理し、裁判を担当した。幕府の各役職が扱った重要案件のうち、原告と被告を支配する主体が異なるなどの理由で、各自で対応することが困難な問題は原則として評定所《ひょうじょうしょ》が取り扱った。

幕府成立当初、重要な裁判は老中酒井忠世《さかいただよ》・安藤重《あんどうしげ》長《なが》・以心崇伝《いしんすうでん》らが担当していたが、三代家光《いえみつ》の寛永《かんえい》八年（一六三一）に老中全員による合議制に変わり、その後、寛永十二年に老中・寺社奉行・町奉行・勘定奉行・大目付《おおめつけ》・目付《めつけ》を評定衆《ひょうじょうしゅう》とし、執務規則が定められ、評定所が成立した。

当初、評定衆の中心は老中であったが、寛文《かんぶん》八年

（一六六八）に老中の出廷日が月に一回かつ傍聴のみとなった。老中に代わり、寺社奉行（四名）・町奉行（二名）・勘定奉行（二名）の三奉行が評定所における評議の中心になって以降、この三奉行を評定所一座と称するようになった。

　また、幕府は成立当初、裁判に関する法を定めておらず、従来の慣習や判例にもとづいて、個別の事件をそのつど、各奉行の能力によって処理していた。しかし、社会経済の発展や経済構造の複雑化を背景として、持ち込まれる事件数が増えてくると、それらを迅速かつ適切に解決するために体系的な基本法典が求められた。八代将軍吉宗《よしむね》は老中松平乗邑《まつだいらのりさと》を編纂主任として三奉行に命じ、寛保《かんぽう》二年（一七四二）に上下二巻からなる『公事方御定書《くじかたおさだめがき》』を完成させ、訴訟の手続きや刑罰の基準などを示した。こののち『公事方御定書』は、幕府の基本法典となり、諸藩の刑法の基準となった。

　刑罰について、幕府成立当初は戦国期以来の耳・鼻そぎや指きりなどの苛酷な刑罰が残り、とくにキリシタン迫害のために適用されたが、法や制度が整備されるにつれて刑罰・量刑が緩やかになっていく動きがみられた。享保《きょうほう》五年（一七二〇）に八代将軍吉宗が入墨《いれずみ》と敲《たたき》の刑を導入すると、耳・鼻そぎや指きりなどの苛酷な刑はおこなわれなくなり、『公事方御定書』下巻によって幕府の刑罰の種類は定まった。

　以後、御定書を基準とする刑の運用のなかで体系化が進んだ。御定書では従来よりも刑罰が緩和される一方で、儒教的道徳観が強調された。殺人や傷害に対する刑罰規定からは、親子関係よりも主従関係、さらにそれよりも身分間の上下関係を重視していたとされている。

（林　晃之介）

【参考文献】

石井良助『江戸の刑罰』（中央公論社、一九六四年）
石井良助『日本刑事法史（法制史論集一〇）』（創文社、一九八六年）
石井良助・服藤弘司編『幕末御触書集成 別巻解題』（岩波書店、一九九七年）
大平祐一『江戸の罪と罰』（平凡社、一九八八年）
大平祐一「江戸幕府評定所の裁判と裁判手続―江戸幕府裁判制度研究の一環として―（一、二）」（『立命館法学』四〇一号、二〇二二年）
小倉宗「近世の法」（『岩波講座日本歴史 第十二巻 近世三』岩波書店、二〇一四年）
尾脇秀和『お白洲から見る江戸時代―「身分の上下」はどう可視化されたか―』（NHK出版、二〇二二年）
平松義郎『近世刑事訴訟法の研究』（創文社、一九六〇年）

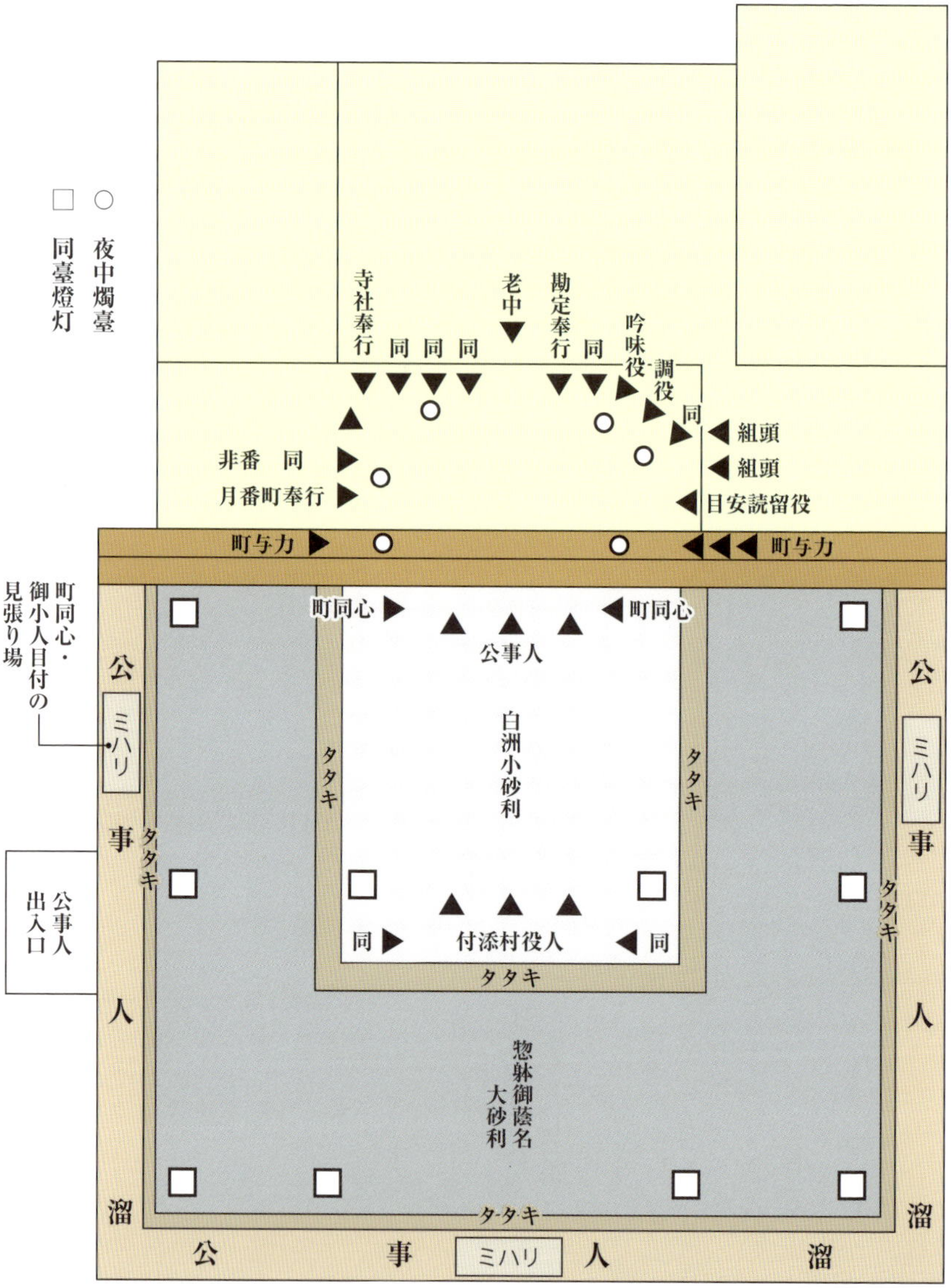

評定所法廷の図◆評定所が建てられたのは寛文元年（1661）。それ以前は大老、老中の邸宅で裁判や評議がおこなわれていた。明暦の大火（明暦３年〈1657〉）以降は龍ノ口の伝奏屋敷を使用し、その後、伝奏屋敷の隣に建物が新設された。享保６年（1721）に吉宗によって創設された目安箱は式日（評定所一座に加え、老中、大目付、目付の出座する日）に評定所門前に設置された　平松義郎『近世刑事訴訟法の研究』掲載図をもとに作成

32 火消体制《ひけしたいせい》——頻発する大火から江戸を守る

徳川家康の関東入国以降、城下町として整備が進んだ江戸では、たびたび火災が起こった。成立当初の幕府には消防組織がなく、江戸城周辺では老中《ろうじゅう》・若年《わかどし》寄《より》が戦時体制そのままに番方《ばんかた》の旗本《はたもと》を指揮して消火にあたり、人数が不足する場合は、老中が将軍の意を奉じて発給する老中奉書《ほうしょ》によって諸大名や旗本の応援を求めた。

一方で、市中は治安維持を優先する方針から、武家・町人にそれぞれ消火活動を任せた。しかし、この体制では頻発する大火には対応できず、武家による消防組織の拡充が求められた。

い組一番組　江戸の花子供遊◆町火消の各組では独自の纏と幟が作られ、火事場での目印にするとともに、組のシンボルとしても扱われた　国立国会図書館蔵

寛永《かんえい》二十年（一六四三）に幕府は大名火消《だいみょうびけし》を創設し、それぞれの持ち場を定め、火災発生時には火元に近い大名が消火にあたる体制をとった。さらに、江戸の大半が焼失した明暦《めいれき》三年（一六五七）の明暦の大火をうけて、大火の翌年万治《まんじ》元年（一六五八）に幕府の常置消防組織である定火消《じょうびけし》を創設し、四名の旗本を任命した。定火消には与力《よりき》・同心《どうしん》と臥煙《がえん》と呼ばれる火消人《ひけしにん》足《そく》が与えられ、実際の火消の担い手であった臥煙は「日用」層と呼ばれる都市下層民であった。また、火消屋敷も与えられた。冬の北西の季節風の影響で大火になりやすく、その危険から江戸城を守るため、火消屋敷は江戸城の北部と西部に多く置かれた。

ほかにも、江戸城への飛び火や火の粉を防ぐ目的で置かれた方角火消や、特定の幕府主要施設の消防を担った所々火消などの武家による消防組織が創られた。こうした幕府火消体制の最大の目的は、江戸城の無事と将軍の安全を確保することであった。

一方で、十七世紀後半になると、町人の生活安定の面から自衛消防組織創設が議論されるようになり、その後、町奉行《まちぶぎょう》大岡忠相《おおおかただすけ》は、享保《きょうほう》三年（一七一八）に町名主《まちなぬし》に町火消《まちびけし》の設置を命じ、いろは四十七組《しじゅうしちくみ》や本《ほん》所《じょ》・深川《ふかがわ》十六組《じゅうろっくみ》の火消組合を編成した。町火消は町々の負担によって維持され、担い手は当初大店《おおだな》の奉公人や裏店借《うらだながり》であったが、破壊消防を主とする当時の消火法では鳶人足《とびにんそく》が重宝され、徐々に町火消の主力になっていった。

その後、江戸の都市空間の拡大・複雑化にともなって、武家火消の出動範囲の整理・調整がおこなわれると、定火消と町火消が入り混じる地域では、火事場の秩序が問題となった。幕府は両者の協力を期待したが、火元へ先着したものを優先する方針をとったため、消口争いが多発した。こうした火事場の秩序維持を担ったのが幕府の火事場役人であった。

元禄期には目付《めつけ》・使番《つかいばん》、享保期以降は両役に加えて寄合《よりあい》の中から火事場見廻《かじばみまわ》りが任命された。おもな職務は、火事場における消防の指図や喧嘩の仲裁、消防活動の監察や報告などであった。しかし、町火消への指図をめぐっては機能が十分に果たせず、秩序の維持には限界があったとされる。その後、各消防組織は幕末に至るまで江戸の消防を担い、とくに町火消は幕府から費用を交付されていたわけではなかったため、幕府が瓦解した後も明治《めいじ》三年（一八七〇）五月まで存続し、旧江戸市街の消防を管轄していた。その後、町火消は新政府の消防組に引き継がれ、近代消防制度につながっていくことになる。

（林　晃之介）

【参考文献】

池上彰彦「江戸火消制度の成立と展開」（西山松之助編『江戸町人の研究（五）』吉川弘文館、一九七八年）
市川寛明「江戸における消防組織の存在形態と結合原理」（『関東近世史研究』五八号、二〇〇五年）
岩淵令治「江戸消防体制の構造」（『関東近世史研究』五八号、二〇〇五年）
黒木喬『江戸の火事』（同成社、一九九九年）
鈴木淳『町火消たちの近代—東京の消防史—』（吉川弘文館、一九九九年）
西山松之助「火災都市江戸の実態」（西山松之助編『江戸町人の研究（五）』吉川弘文館、一九七八年）
松平太郎『江戸時代制度の研究』（柏書房、一九六四年）

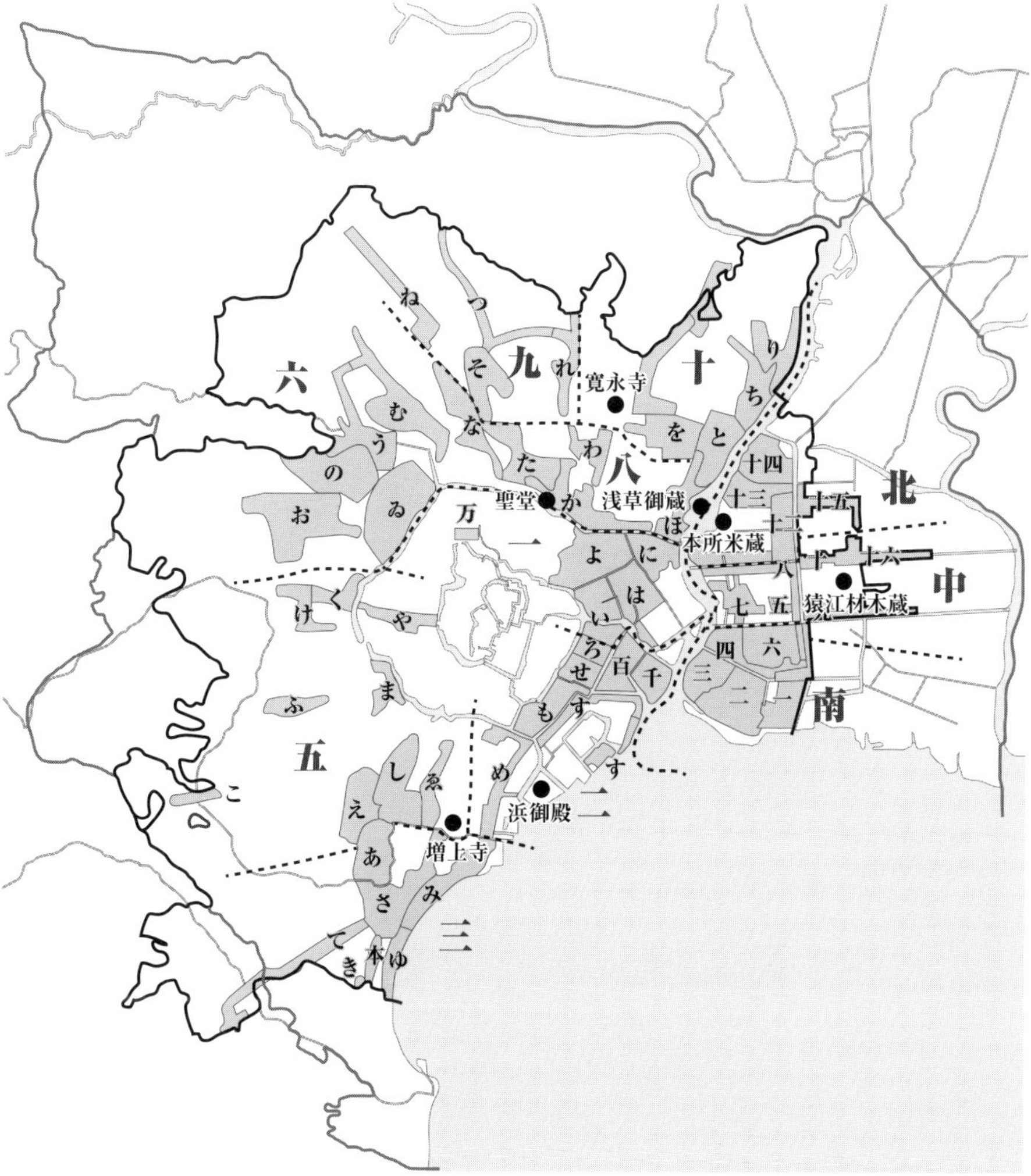

江戸の消防体制◆図中の「い」「ろ」「は」や「一」「二」「三」などは、いろは四十七組や本所・深川十六組を指し、それぞれの火消が受け持っていた範囲を図示している　岩淵令治「江戸の消防体制の構造」(『関東近世史研究』58号、2005年）掲載図をもとに作成

33 災害《さいがい》と復興《ふっこう》——人びとに広まった「天譴《てんけん》」思想

地震・津波・噴火・風水害・雪害・土砂災害・洪水・疫病・火事。江戸時代の人びとも、現代の私たち同様、多くの災害を経験し、それを乗り越えてきた。江戸時代に起こった自然災害は「天災」として捉えられ、「天」が人に下した「罰」や「誡《いまし》め」であるという観念が日本でも広く受け入れられていた。悪政《あくせい》（「天道《てんどう》」から逸れた政治）を天変地異が改めるという「天譴《てんけん》」（天が譴《とが》めを下す）論も広まった。

慶長《けいちょう》十六年（一六一一）八月に会津《あいづ》（福島県会津若松市）、十月に三陸《さんりく》で地震が起こった。会津の地震では、阿賀野《あがの》川の水がせき止められ、山崎新湖《やまざきしんこ》（同喜多方市）が出現した。水没した集落は移転を余儀なくされ、会津藩はこの水を抜くために三〇年以上の年月を要した。三陸の地震では、仙台《せんだい》藩だけで「津波」によって五〇〇〇人が亡くなったという（『駿府記《すんぷき》』）。ちなみに、これが「津波」という語の初見だとされる。

寛永《かんえい》十八年（一六四一）から続く凶作がもとで、同二十年には全国的な飢饉となった（寛永の飢饉）。こうしたなかで、諸藩の大名たちは従来の政治を見直し、「百姓成立《ひゃくしょうなりたち》」を基軸とした農政へと政策を転換させていった。

都市でも災害が起こった。明暦《めいれき》三年（一六五七）、本妙寺《ほんみょうじ》（東京都文京区、現在は移転）の裏手から炎があがり、江戸城本丸（同千代田区、天守閣を含む）をはじめ、江戸の町の大部分を焼き尽くした（明暦の大火）。焼死者は一〇万七〇四六人にのぼったともいう（『武《ぶ》江年表《こうねんぴょう》』）。家綱《いえつな》は無縁者の亡骸を弔うため、塚を築き、それがのちに回向院《えこういん》（東京都墨田区）となった。大火の折、将軍は川越《かわごえ》（埼玉県川越市）や古河《こが》（茨城県古河市）に動座したなどの流言飛語が出回ったことも見逃せず、人心が極度に乱れていたことがわかる。

元禄《げんろく》十六年（一七〇三）、巨大地震が関東を襲った（元禄地震）。地震直後に、相模湾から房総半島にかけて一〇メートルを超える津波が発生した。この地震は、

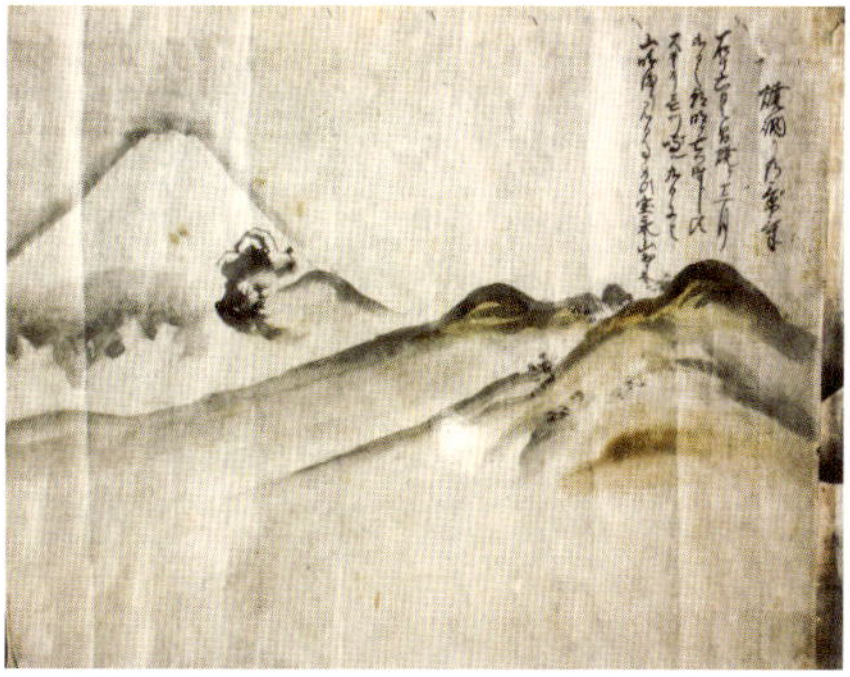

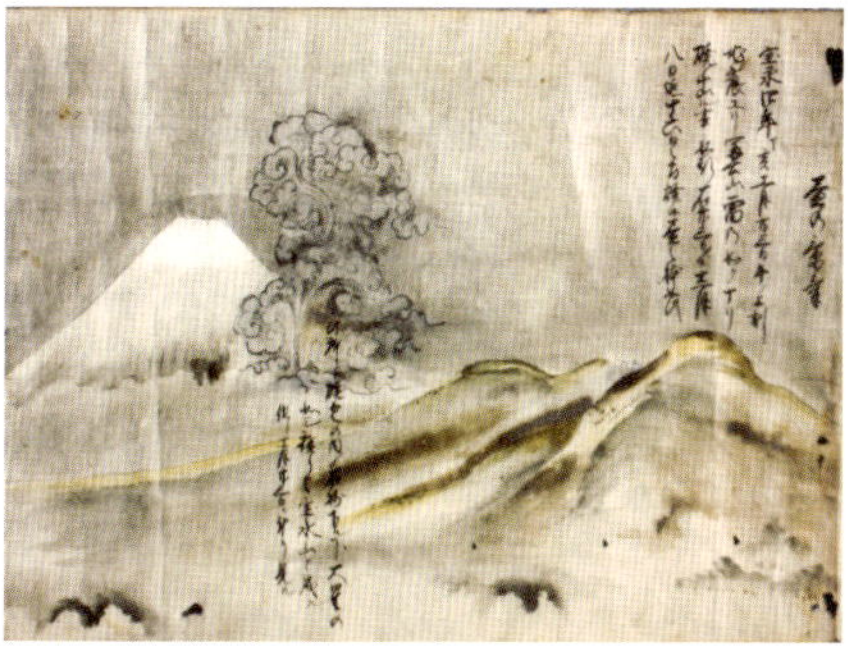

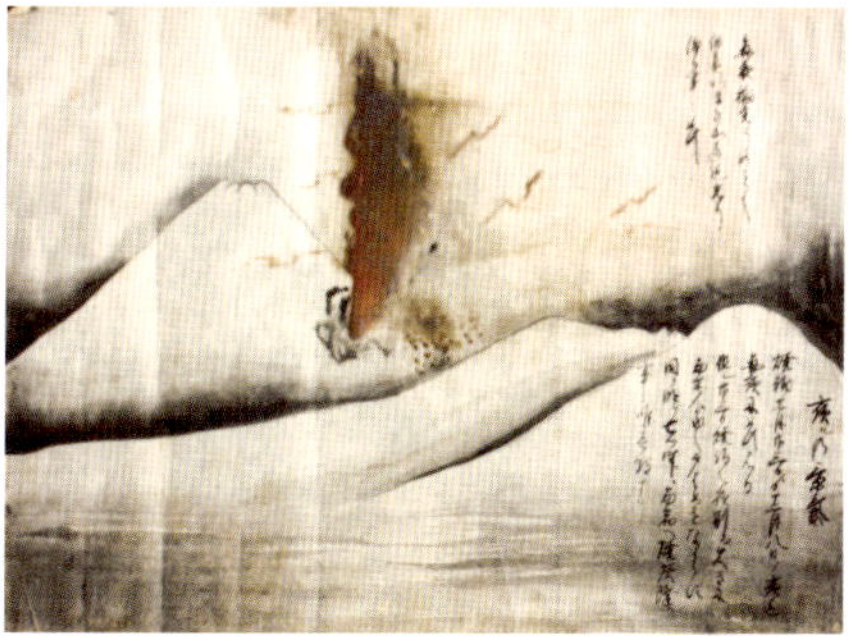

富士山宝永噴火絵図◆宝永４年（1707）に起こった富士山噴火の推移を昼、夜、焼け納まりの３枚組にして描いたもの。噴煙や火柱が上がる様子や宝永山の出現など、富士山の南側からの視点で描かれている　個人蔵　写真提供：静岡県立中央図書館歴史文化情報センター

浅間焼吾妻川利根川泥押絵図◆浅間山の噴火とそれにともなう泥流を描く。流れ下った火砕流と押し出された土砂は山麓の鎌原村（群馬県嬬恋村）を直撃した。幸い、鎌原村の観音堂に避難した93人は助かった。しかし、残り477人と93軒すべての家屋と家財が失われた。発掘調査により、観音堂の石段最下部からは、今まさに避難しようとしていた女性２人が土砂に呑まれた状態で見つかった。現在、火砕流・泥流で埋まった村々の発掘調査が進んでいる　群馬県立歴史博物館蔵

「江戸初《はじま》りての大地震」（『元正間記《げんしょうかんき》』）と記され、関東ではこの地震以降、災害供養塔が多く建立されるようになった（西日本では後述の宝永《ほうえい》地震以降）。この地震がいかに「記憶」に残るものであったかがうかがえる。

『むさしあぶみ』に描かれた明暦の大火◆『むさしあぶみ』は浅井了意（慶長年間〜1691）による明暦の大火を記録した読み物である。火事の発生・経過から、死者供養、復旧作業に至る一連の様子が記されている　国立国会図書館蔵

元禄地震から間もない宝永四年（一七〇七）十月、関東地方から九州地方にかけてマグニチュード八・六の大きな地震が起こった（宝永地震）。平成二十三年（二〇一一）、東日本大震災が起こるまで、記録に残る限りでは日本史上最大規模の地震であった。紀伊半島や四国・九州で大津波が起こり、各地に甚大な被害をもたらした。今日、南海トラフ地震が発生した際の被害想定も宝永地震の被害が参照されることが多い。

地震の傷がまだ癒えない十一月、今度は富士山《ふじさん》が噴火した。宝永地震との連動も指摘されている。このときの噴火によってできた火口は宝永山として今なお噴火のすさまじさを伝えている。噴火後、山麓の須走《すばしり》村（静岡県小山町）を火山弾が直撃し、総家数の半分近い三七軒が焼失した。火山灰も三メートル近く積もった。この噴火で溶岩は流出しなかったものの、火山灰（おもに砂）が偏西風《へんせいふう》に乗り、富士山の東側の村々に降り注いだ。

翌年、とくに被害の大きかった小田原《おだわら》藩領の一部が上知《あげち》され、幕領となった。村々では、降灰被害とともに、火山灰が流れ込んだ河川が氾濫し、壊滅的なダメージを受けた。復旧工事の河川修築は大名らの御手伝《おてつだい》普請《ぶしん》でおこなった。江戸前期の御手伝普請はおもに城郭が対象であったが、この頃には河川を対象としたものが増加していた。災害からの復旧工事が幕藩領主の公共的な役割に求められたのである。

享保《きょうほう》十七年（一七三二）からは西日本を中心に虫害による享保の飢饉が起こった。東国から西国に廻米がおこなわれたため、江戸では米価が高騰し、初めて打ちこわしが起こった。隅田川の花火の打ち上げは、この飢饉の死者を慰霊し、悪疫を退散させるために始まったともいわれる。

寛保《かんぽう》二年（一七四二）、関東地方で水害が発生した。江戸でも大きな被害を受け、これを機に町奉行所《まちぶぎょうしょ》では水害対策マニュアルとも呼べる資料の編纂が始まった。宝暦《ほうれき》三年（一七五三）には、美濃《みの》で大洪水が起こり、御手伝普請を命じられた薩摩《さつま》藩は家老平田靱負《ひらたゆきえ》を惣奉行《そうぶぎょう》に藩士を派遣した。しかし、予想外の難工事で、経費は当初予定のおおよそ四倍である四〇万両余りもかかり、自殺者を含め八八人の犠牲者を出した。

天明《てんめい》三年（一七八三）四月、浅間山《あさまやま》（長野県・群馬県）が噴火した。その後、数ヵ月にわたり断続的に繰り返した噴火は、七月に入り一層激しさを増した。七日には火砕流《かさいりゅう》が発生し、下流の吾妻《あがつま》川に流れ込み、泥流となって周辺の村々を呑みこんだ。

浅間山の噴火により火山灰が空を覆ったことは、前年から始まっていた冷害による飢饉に拍車をかけた。江戸時代、最大の犠牲者を出した天明の飢饉の始まりである。とくに東北地方は甚大な被害を受け、三〇万人を下らない死者を出したとされる。天明七年、米価高騰により、江戸・大坂をはじめ、全国各地で打ちこわしが発生し、田沼意次《たぬまおきつぐ》が失脚する決定打となった。

こののち近世後期にかけて、火山災害や火災、飢饉、幕末に各地で起こった巨大地震、疫病の流行など、人びとは絶えず災害と向き合った。

（桐生海正）

【参考文献】

北原糸子ほか編『日本歴史災害事典』（吉川弘文館、二〇一二年）
倉地克直『徳川社会のゆらぎ（全集 日本の歴史11）』（小学館、二〇〇八年）
倉地克直『江戸の災害史―徳川日本の経験に学ぶ―』（中央公論新社、二〇一六年）
下重清「元禄地震の掘り起こし―災害史とローカル・ヒストリー―」（『小田原地方史研究』二七号、二〇一四年）
関俊明『浅間山大噴火の爪痕・天明三年浅間災害遺跡』（新泉社、二〇一〇年）
永原慶二『富士山宝永大爆発』（集英社、二〇〇二年）
渡辺浩一『近世都市〈江戸〉の水害―災害史から環境史へ―』（吉川弘文館、二〇二二年）

34 一揆《いっき》と打《う》ちこわし――民衆が起こした要求運動

島原《しまばら》・天草一揆《あまくさいっき》（島原の乱）以降、幕府や諸藩は「一揆」という文言をほとんど用いなくなった。そのため、近世中後期において、「一揆」という言葉はほとんど史料にみられない。いわゆる百姓一揆とは、明和《めいわ》七年（一七七〇）に幕府が出した高札《こうさつ》で禁止した条目に示されるように、「徒党《ととう》（ある目的のために団結すること）」「強訴《ごうそ》（強引に要求を受け入れさせようとすること）」「逃散《ちょうさん》（領主への抵抗として、耕作を放棄し、山野などに逃げ去ること）」など百姓の違法行為を指す。かつては別の言葉で表現されていた事象を、後世の人がまとめて「百姓一揆」と呼んだのである。

一般的に、近世の百姓一揆は、代表越訴型《だいひょうおっそがた》一揆（地域の代表が直訴した一揆）、惣百姓《そうびゃくしょう》一揆（全村民による一揆）、世直《よなお》し一揆（世直しの実現を求めて百姓が起こした一揆）と時代を追って運動の形態が変化すると考えられてきた。しかし、近年、代表越訴型一揆については、佐倉惣五郎《さくらそうごろう》（佐倉藩領の公津《こうづ》村〈千葉県成田市〉名主）などいわゆる「義民《ぎみん》」への再検討が進んだ結果、その存在が疑問視されるようになった。十八世紀末以降に生み出された義民物語のなかで、彼ら「義民」が幕藩領主へ越訴して処刑されたという「ストーリー」がつくられ、それが歌舞伎《かぶき》や寄席《よせ》を通して日本各地に広まったというのである。また、百姓一揆の際に作成された訴状が往来物《おうらいもの》となって民間に普及していたことも明らかになってきた。時代が下って十九世紀に至ると、それまでの百姓一揆の作法や行動様式から逸脱する盗みや放火などをおこなう「悪党《あくとう》」と呼ばれる人びとが登場し、百姓一揆の様相も大きく変容した。

農村でおこなわれた百姓一揆では打ちこわしをともなうこともあったが、一般的に打ちこわしは都市でおこなわれた。打ちこわしは、おもに①打ちこわし（家屋・家財を破壊すること）、②押買《おしがい》（買手が売主の意志に反して、強引に買い取ること）、③合力《ごうりき》（金銭や食料などを与えて援助すること）の要求、の三類型に分類できる。

百姓一揆絵巻◆天保 11 ～ 12 年（1840 ～ 1841）にかけて起こった出羽国庄内藩の百姓一揆を描いた絵巻。一揆の理由は「三方領地替え」にあった。「三方領地替え」とは、幕府の命令で大名三家の領地を互いに交換させることである。天保 11 年、幕府は出羽国庄内藩主の酒井忠器を越後国長岡藩へ、長岡藩主の牧野忠雅を武蔵国川越藩へ、川越藩主の松平斉典を庄内藩へという転封（国替え）を指示した。庄内藩の百姓の間では、新しい藩主松平家が財政窮乏で苦しんでいるという情報が出回り、不安に駆られた百姓は転封に反対する訴願運動を展開した。掲載した場面は百姓が大集会を催しているところである　横浜市歴史博物館蔵

百姓一揆が参加者に共同体的な強制力をもったのに対し、打ちこわしは強制力をもたなかった点にも差異がある。なかには出先で打ちこわしに遭遇し、「面白相《おもしろくあい》成《なり》」（「吉田家旧書類」）、参加した事例もみられた。

　打ちこわしの対象となったのは、おもに参加者が居住する町や近隣の米穀商人であった。打ちこわしの参加者には、米穀商は飢饉などの非常時に買手の事情を勘案して、積極的に米穀を販売すべきだという観念が存在していた。打ちこわしは、基本的には米穀の強奪などをおこなわず、百姓一揆と同様に高い規律性をもっておこなわれた。彼らの目的は、米の買い占めをおこなった米穀商人に対して社会的制裁を下し、米の安売りを実現させることにあった。

（桐生海正）

【参考文献】
岩田浩太郎『近世都市騒擾の研究―民衆運動史における構造と主体―』（吉川弘文館、二〇〇四年）
須田努『幕末の世直し 万人の戦争状態』（歴史文化ライブラリー３０７）（吉川弘文館、二〇一〇年）
竹内誠『寛政改革の研究』（吉川弘文館、二〇〇九年）
保坂智『百姓一揆とその作法』（歴史文化ライブラリー１３７）（吉川弘文館、二〇〇二年）
若尾政希『百姓一揆』（岩波書店、二〇一八年）

35 田沼時代《たぬまじだい》の政治《せいじ》——批判も多かった重商主義政策

田沼意次《たぬまおきつぐ》は享保《きょうほう》四年（一七一九）に江戸本郷弓町《ほんごうゆみちょう》（文京区）で生まれた。父・意行《おきゆき》が紀州《きしゅう》藩の足軽《あしがる》であり、田沼家は徳川吉宗《とくがわよしむね》の将軍就任とともに江戸にきた。同十九年に徳川家重《いえしげ》の小姓《こしょう》に任じられ、以降着々と昇進し、寛延《かんえん》四年（一七五一）には御側御用取次《おそばごようとりつぎ》に就任した。さらに宝暦《ほうれき》八年（一七五八）には一万石を与えられ大名に列した。同十年に将軍が家重から家治《いえはる》へ代わる際、異例にも御用取次を続けることになった。

　明和《めいわ》四年（一七六七）に側用人《そばようにん》に起用され、所領の遠江国《とおとうみ》相良《さがら》藩（静岡県牧之原市）に城を建てることが許された。さらに同六年に老中《ろうじゅう》格、同九年には老中へと昇進を果たした。側用人から老中に昇進することは異例であり、後にも先にも意次のみであった。同年には、老中と側用人を兼ねるようになり、このあたりから「田沼時代」と呼ばれる全盛期を迎えることとなる。

　田沼意次の政治は、「資本主義の萌芽」と評されることがある。それは田沼政権が、革新的な重商主義的な経済政策を展開したためである。吉宗政権が米相場《こめそうば》の乱高下に苦心したなかで、田沼政権は商人への課税により幕府財政の健全化をめざした。

　この時期の中心的な政策は、①株仲間《かぶなかま》の奨励・積極的承認、②幕府による専売制《せんばいせい》の拡張、③貨幣制度の一元化、④長崎《ながさき》貿易の推進、⑤蝦夷地《えぞち》開発事業、⑥印旛《いんば》沼《ぬま》干拓事業の六つがあげられる。

　①株仲間の奨励・積極的承認は、株仲間を公認する代わりに、運上《うんじょう》・冥加金《みょうがきん》などの営業税を納めさせた。そして、②幕府による専売制の拡張は、銅《どう》・鉄《てつ》・真《しん》鍮《ちゅう》・朝鮮人参《ちょうせんにんじん》などの座が設置される際にも、これらを請け負う商人たちから運上・冥加金を上納させた。

　これらを結び付けると、株仲間の奨励・積極的承認は収入増加策だが、それぞれの商人に対してかけられた税額はさほど多くなく、広く薄い課税だったといえる。そのため、これらの政策は、享保期と同様に株仲間を通じた流通統制や物価安定を狙ったものであると考えることができる。

③貨幣制度の一元化は、南鐐二朱銀《なんりょうにしゅぎん》や明和五匁銀《めいわごもんめぎん》のような計数銀貨を鋳造することで、金を中心とする計数貨幣制度への一本化をめざしたものである。通常は秤量貨幣である銀貨の計数貨幣を鋳造することで、大坂・京を中心とする銀遣い経済圏と、江戸を中心とする金遣い経済圏の一元化を意図していた。商工業が発達した十八世紀において、地域によって使われている貨幣が異なることは、（相互の相場がたえず変動するため）経済活動の障害でもあった。この政策は、経済活動の活発化を目的とした近代的な通貨政策だったと考えられ、両替商《りょうがえしょう》から猛反発を受けるも、松平定《まつだいらさだ》信《のぶ》政権解体後も継続的におこなわれた。

④長崎貿易の推進は、銀の計数貨幣を造幣するため、銀の確保を目的におこなわれた。代わりに銅の輸出を増進するため、銅山の新規開発を推進した。同時期に、平賀源内《ひらがげんない》が秩父中津川鉱山《ちちぶなかつがわこうざん》（明和三年～六年〈一七六六～一七六九〉）と秋田《あきた》藩領内の鉱山開発指導（安永《あんえい》二年〈一七七三〉）をおこなっている。これらの銅山を含めた銅は幕府が設置した銅座に集中され、棹銅《さおどう》が輸出用に鋳造された。また、俵物《たわらもの》（干しアワビ・ナマコ・フカヒレなど）も中国向けの輸出品として扱われた。

⑤蝦夷地開発事業は、田沼が工藤平助《くどうへいすけ》の『赤蝦夷風《あかえぞふう》説考《せっこう》』による献言を受け入れたことで始まったとされる。献言では、蝦夷地におけるロシアの密貿易が指摘されており、一方でそのロシアと貿易すれば利益になるとされた。さらに、蝦夷地は未開の地であるため、金銀銅山の開発・長崎貿易のための俵物の確保が期待されていた。蝦夷地開発の命を受けた勘定奉行《かんじょうぶぎょう》の松《まつ》本秀持《もとひでもち》は、天明《てんめい》五年（一七八五）より佐藤玄六郎《さとうげんろくろう》以下九人に命じて西蝦夷・東蝦夷を調査させた。しかし、ロシアと蝦夷地との交易は確認されず、ロシアとの貿易はむしろ金銀の流出につながる可能性があるため、結局ロシアとの関係を放棄することとなる。松本は蝦夷地の開拓をめざすこととなるが、天明六年に田沼が失脚すると、松本もまた同様に失脚に追い込まれ、事業は一時停止されることとなる。

⑥印旛沼干拓事業は、三四〇〇町歩ほどの新田開発を目的としたとされている。しかし、房総半島周辺は東廻り航路での江戸への輸送が困難であり、さまざまな輸送ルートが模索され、当該地域の農村がその輸送

田沼意次侯画像◆牧之原市史料館蔵

印旛沼利根川近郊見取古図◆田沼意次が干拓事業を推進した印旛沼を描いたもの　船橋市西図書館蔵

を担う河岸《かし》事業への参入について幕府の許可を得ようとしていたことを考慮すれば、印旛沼干拓事業は東廻り航路の流通経路確保を目的としたものであったと考えられる。

　これらの政策は、収入増加案の立案・運用が「国益」や「御益」と称される幕府の利益を求めるものであったために、出世・利益を求める町人や幕府役人の出現を招き、田沼政権への批判が強まったと考えられる。また、大規模事業が横行したことや、民衆から賄賂政治だと批判されたこと、また自身の在任中に嫡男の田沼意知《おきとも》を若年寄《わかどしより》に任じたことなどに対しても批判があった。

　さらに、天明期頃の地球全体は寒冷期でもあり、大規模な冷害や浅間山の噴火による天明《てんめい》の大飢饉《だいききん》が、田沼政治への批判を加速させることになる。天明四年に意知が佐野政言《さのまさこと》に刺されたことで亡くなり、意次は後継者を失ったが、この事件で佐野政言が「世直《よなお》し大《だい》明神《みょうじん》」ともてはやされたことは、田沼政権の評判が地に落ちたことを表している。

　天明六年八月二十五日に将軍家治が亡くなると、二日後の二十七日には意次は老中の辞職願を出してい

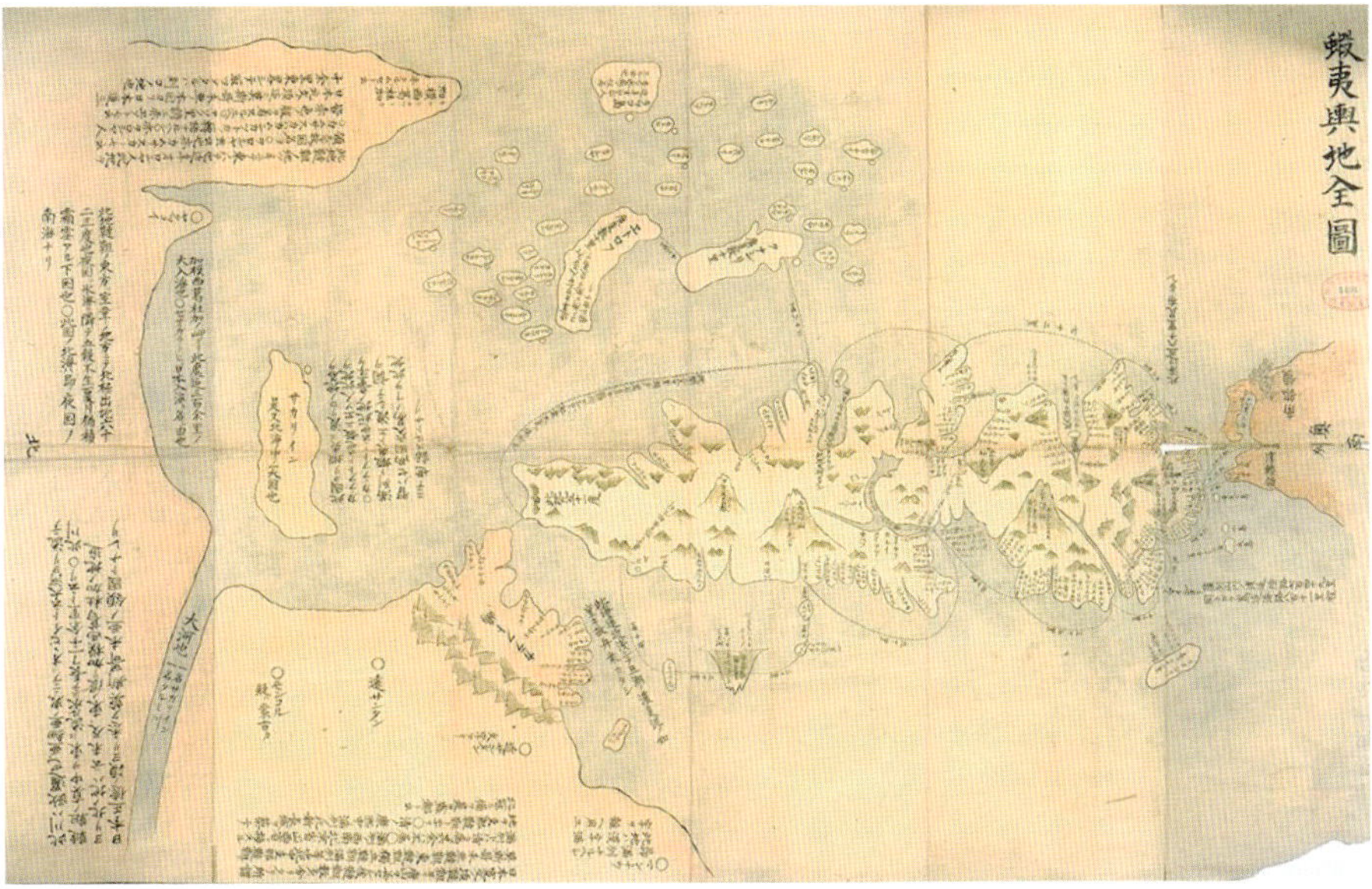

蝦夷輿地全図◆天明５年（1785）に書かれた、林子平『三国通覧図説』の付随地図。「三国」とは、日本に隣接する朝鮮、琉球、蝦夷をさす　北海道大学附属図書館蔵

る。この頃には、すでに松平定信が老中就任のために御三家《ごさんけ》・御三卿《ごさんきょう》を中心に派閥を形成しており、田沼派は以降失脚の道を辿ることとなった。　（宗重博之）

【参考文献】

飯島千秋『江戸幕府財政の研究』（吉川弘文館、二〇〇四年）
大石慎三郎『田沼意次の時代』（岩波書店、一九九一年）
大野瑞男『江戸幕府財政史論』（吉川弘文館、一九九六年）
織田完之『印旛沼経緯記』外編（金原明善、一八九三年）
菊池勇夫「海防と北方問題」（『岩波講座日本通史 第一四巻 近世四』岩波書店、一九九五年）
高埜利彦「十八世紀前半の日本—泰平のなかの転換—」（『岩波講座日本通史 第一三巻 近世三』岩波書店、一九九四年）
辻善之助『田沼時代』（岩波書店、一九一五年）
中井信彦『転換期幕藩制の研究—宝暦・天明期の経済政策と商品流通—』（塙書房、一九七一年）
藤田覚『田沼意次—御不審に蒙ること、身に覚えなし—』（ミネルヴァ書房、二〇〇七年）
藤田覚「幕府蝦夷地政策の転換とクナシリ・メナシ事件」（藤田覚編『十八世紀日本の政治と外交』山川出版社、二〇一〇年）
山田忠雄『田沼意次縦游』（校倉書房、二〇〇三年）

36 宝暦《ほうれき》・天明期《てんめいき》の文化《ぶんか》――活気あふれる新機運

十八世紀後半は、泰平の持続に加えて経済的な発展、とくに民間経済の充実を背景にして社会が成熟した時期である。町人の勢力が盛んになり、古い型や慣習に固執しない活気に満ちた時代であったため、都市を中心に多様な文化とさまざまな学問の発展を促した。

文学では、江戸に滑稽《こっけい》さや遊戯性に特徴のある戯作《げさく》文学が新しく生まれ、天明《てんめい》年間（一七八一～一七八九）に全盛期を迎えた。洒落本《しゃれぼん》・黄表紙《きびょうし》・小咄本《こばなしぼん》・川《せん》柳《りゅう》・狂歌《きょうか》・滑稽絵本などで、いずれも機知に富んだものであった。洒落本は、露骨に遊里《ゆうり》の情を描いた写実小説で、山東京伝《さんとうきょうでん》などの作家で知られる。黄表紙は、当時の世相・風俗・事件などを写実的に描きながらも、もっぱら滑稽さをねらった絵入りの小説で、恋川春町《こいかわはるまち》の『金々先生栄花夢《きんきんせんせいえいがのゆめ》』などが有名である。政治に対する皮肉や風刺が描写されるなど、この時代の風潮に対する民意を見てとれる。

絵画でも、この時代に新しい風潮が芽生えた。狩野《かのう》派《は》から出た円山応挙《まるやまおうきょ》は京都で学び、西洋画の遠近法や陰影法にも学びながら、写生を重視した画風により円山派を築いた。

こうした京都から興った絵画に対し、江戸でも革新の機運のなかで江戸独特の趣向により浮世絵《うきよえ》が勃興した。浮世絵は、風俗や遊里の遊女、歌舞伎の役者を描き、民衆的な絵画として庶民に愛好された。鈴木春信《すずきはるのぶ》が明和《めいわ》二年（一七六五）に錦絵《にしきえ》を創始すると、空前の活況を呈するようになる。喜多川歌麿《きたがわうたまろ》の美人画、東《とう》洲斎写楽《しゅうさいしゃらく》の役者絵、相撲絵などが人気を博し、天明期は錦絵の黄金時代と称されるほどの大発展を遂げることになる。

浮世絵や小説は、木版印刷により広く普及した。その制作や企画・立案には、紙問屋・出版・書店の機能を兼ねる版元《はんもと》（板元）が携わり、世に広めた。この時代の代表的な版元に、蔦屋重三郎がおり、多くの作品を手がけている。

芸能では、十八世紀半ばに浄瑠璃《じょうるり》から歌舞伎《かぶき》へと中心が変わり、江戸で発展した。中村座《なかむらざ》（堺町）・市《いち》村座《むらざ》（葺屋町）・守《もり》（森）田座《たざ》（木挽町）の江戸三座《えどさんざ》が、幕府公認の劇場として栄えた。

十八世紀の末頃になると、ロシアの蝦夷地《えぞち》接近に象徴される対外的な緊張も生まれ始め、世界地理やヨーロッパの科学技術に関する知識が求められるようになった。これに関わり、享保《きょうほう》年間（一七一六〜一七三六）以来導入されてきた蘭学《らんがく》が、医学《いがく》・天文《てんもん》学《がく》・地理学《ちりがく》などの分野で新しい学問を生み出し、発展した。

鼠、猫と遊ぶ娘と子供◆鈴木春信画　東京国立博物館蔵　出典：ColBase（https://colbase.nich.go.jp/collection_items/tnm/A-10569-1271?locale=ja）

神道・伝統文化にもとづく古今を通ずる心や日本の成り立ちを究明する学問である国学《こくがく》では、代表的な国学者賀茂真淵《かものまぶち》・本居宣長《もとおりのりなが》がこの時代の人である。都市部では郷学《ごうがく》（郷校）と私塾が隆興し、藩政改革により藩士教育が重視され、藩校が各地に造られるなど、幕府や藩においても学問の機運が高まった。

以上のような宝暦《ほうれき》・天明期の活気あふれる新機運の文化は、とくに江戸において花開いたものである。いわゆる江戸趣味はこの時代に大成した。そして、その多くが民衆によって発展したところに、宝暦・天明期の文化の特徴を見出せるのである。

（小嶋　圭）

【参考文献】

今田洋三「宝暦期の社会と文化」（山田忠雄・松本四郎編『宝暦・天明期の政治と社会（講座日本近世史5）』有斐閣、一九八八年）
大石慎三郎『田沼意次の時代』（岩波書店、一九九一年）
辻善之助『田沼時代』（岩波書店、一九一五年）
藤田覚『田沼時代（日本近世の歴史4）』（吉川弘文館、二〇一二年）

37 寛政《かんせい》の改革《かいかく》——都市と農村の秩序を立て直す

田沼《たぬま》政権が着目した商品生産・流通・金融・開発などに象徴される経済優先の政治は、大規模な冷害や天《てん》明《めい》三年（一七八三）の浅間山《あさまやま》（群馬県嬬恋村）噴火による飢饉の影響もあり、百姓や町人の反発を受けて瓦解した。さらに天明七年、江戸をはじめ、幕府直轄都市で発生した打ちこわしは、幕府の権威を失墜させ、田沼派はその責任を問われて失脚した。代わって老中《ろうじゅう》に就任したのが、白河《しらかわ》藩主松平定信《まつだいらさだのぶ》だった。定信は、田沼派の老中を解任して田沼時代の重商政策を見直し、厳しい倹約令による緊縮政策を採用した。

定信が、「米価や貨幣に関する財政を幕府に戻して掌握すること、優秀な人材を選出すること、賄賂を絶つこと」（松平定信『宇下人言《うげのひとこと》』）などを基本方針として推し進めた、寛政《かんせい》五年（一七九三）までの一連の政治改革を寛政の改革と呼んでいる。

田沼時代の経済政策は、領主財政を支えた農村を疲弊させ、貧富の差が拡大した。さらに、都市の物価高に苦しむ生活困窮者や農村から流入した没落農民を増加させ、農村と都市の秩序が動揺する事態へと陥った。定信は、飢饉で減少した農村人口の回復のため、農村出身者を村に帰す旧里帰農奨励令《きゅうりきのうしょうれいれい》を出した。これは、農村における出稼ぎや商品経済の発展を制限し、本《ほん》百姓体制《びゃくしょうたいせい》の再建をめざすものだった。また、都市の下層住民による打ちこわしを防止するため、無宿人《むしゅくにん》を収容する人足寄場《にんそくよせば》を設置した。

この改革自体が、飢饉と打ちこわしが引き金となったこともあり、幕府による米価調整と飢饉政策にはとくに重点が置かれた。飢饉の際の米価高騰を幕府の力で制御するため、江戸の豪商を勘定所御用達《かんじょうしょごようたし》に任命し、その資本と豊富な商業知識を利用した。また、農村での備荒貯穀《びこうちょこく》（囲米《かこいまい》）を奨励し、江戸では町入用の節約分の七割を積み立てる七分積金《しちぶつみきん》を制度化した。加えて、困窮した旗本《はたもと》を救うため、札差《ふださし》からの借金を破棄・一部軽減する棄捐令《きえんれい》を出した。同時に、幕府は浅草猿屋町《あさくささるやちょう》（東京都台東区）に貸金会所《かしきんかいしょ》を設置し、会所から札差に融資することで、棄捐令の賠償とした。

他方、思想や文化・学問の面においても、定信は統制と弾圧に力を入れた。一つは、寛政異学《かんせいいがく》の禁《きん》である。湯島聖堂《ゆしませいどう》にあった林家《りんけ》の私塾を昌平坂学問所《しょうへいざかがくもんじょ》として幕府直轄機関とし、朱子学《しゅしがく》以外の学問を禁止して幕府役人の育成と風俗粛清をめざした。もう一つは、風俗を乱す好色本《こうしょくぼん》や幕府批判・風刺に対する出版統制である。戯作《げさく》者である山東京伝《さんとうきょうでん》や恋川春町《こいかわはるまち》、版元の蔦《つた》屋重三郎《やじゅうざぶろう》らが取り締まりの対象となった。また、外

松平定信画像◆田安宗武の子で８代将軍徳川吉宗の孫にあたる　福島県立博物館蔵

『画本東都遊』三巻のうち蔦屋耕書堂◆葛飾北斎画　「耕書堂」は蔦屋重三郎の屋号で、この絵には蔦屋重三郎が営業していた絵草紙屋の様子が描かれている　東京都立中央図書館蔵

郷蔵◆郷村に設置された穀物倉庫で、元は年貢米を保管した倉庫のことをさしたが、江戸中期以降は凶作に備えた穀物の貯蔵用として用いられた　写真提供：渋川市教育委員会

国の侵略に対する国防体制の強化を『海国兵談《かいこくへいだん》』などで説いた林子平《はやししへい》も処罰された。

十八世紀末の寛政期は、幕府と朝廷（天皇）との関係性および天皇と国家に対する思想にも大きな変化が生じた時期でもある。儒学《じゅがく》や蘭学《らんがく》、さらに国学《こくがく》の隆盛は、近世社会における新たな天皇言説としての大政委任論《たいせいいにんろん》を展開させた。

本居宣長《もとおりのりなが》は『玉《たま》くしげ』（天明六年）で、朝廷（天皇）・幕府（将軍）・藩（大名）の政治的関係を「御任《みよさし》」という言葉で説明した。また、大坂懐徳堂《おおさかかいとくどう》（大阪市中央区）の儒者中井竹山《なかいちくざん》は、京都で定信と会談した後にまとめた『草茅危言《そうぼうきげん》』で、天皇から将軍への政治の委任を論じた。

定信自身も大政委任論を表明し、十二代家斉《いえなり》に呈上した「御心得之箇条《おこころえのかじょう》」では、「六十余州は禁廷《きんてい》より御預り」（添川栗編『有所不為斎雑録』第三集）と述べている。なお、寛政三年（一七九一）から起きた尊号《そんごう》一件《いっけん》でも、定信はこの考えを前提に朝廷に対し強気の姿勢で臨み、朝幕関係を大きく転換させた。尊号一件は、光格《こうかく》天皇が、父・閑院宮典仁《かんいんのみやすけひと》親王に対して尊号（譲位後の天皇に送られる天皇の称号）を送ろうとした際に、幕府はこれを認めず、関係する公家数名を処罰した事件である。

同時期には幕府だけでなく、諸藩も藩財政の立て直しや飢饉への対応に追われ、藩政改革がおこなわれた。こうした背景には、大飢饉や一揆、打ちこわしの多発などの国内的危機および異国船の接近などの対外的危機による内憂外患《ないゆうがいかん》が深刻化し、近世社会を支えた幕藩体制自体が大きく動揺したことがある。

定信が主導した寛政の改革は、田沼政治の重商政策によって揺らいだ都市と農村の秩序を立て直し、農村人口の回復と本百姓体制の強化をめざした。しかし、失墜した幕府権威の回復と、一揆・打ちこわしを防ぐための厳しい緊縮政策は、庶民から領主階層までの反発を招き、定信は寛政五年に辞職した。（篠原杏奈）

【参考文献】
佐藤至子『江戸の出版統制─弾圧に翻弄された戯作者たち─（歴史文化ライブラリー456）』（吉川弘文館、二〇一七年）
清水光明『近世日本の政治改革と知識人─中井竹山と「草茅危言」─』（東京大学出版会、二〇二〇年）
竹内誠『寛政改革の研究』（吉川弘文館、二〇〇九年）
藤田覚「近代の胎動」（藤田覚編『近代の胎動（日本の時代史17）』吉川弘文館、二〇〇三年）
藤田覚『江戸時代の天皇（天皇の歴史6）』（講談社、二〇一一年）

38 藩政改革《はんせいかいかく》——危機的状況における諸藩の試行錯誤

諸藩では、政治的・財政的危機に直面した際に、その状況を打開するためにさまざまな政策が講じられ、実施された。諸藩が直面する危機は多岐にわたり、藩財政の窮乏や家臣団の分裂、大名家の「御家」存続危機、藩政への不満から生じる百姓一揆や打ちこわしなどがある。さまざまな危機的状況に対する藩政改革の内容や、主導した人物（「改革主体」）は地域や時代によって異なる。

徳川光圀画像（模本）◆水戸藩の２代藩主。儒学を奨励し水戸学を創始。『大日本史』編纂事業に力を入れた。「水戸黄門」としても知られる　東京国立博物館蔵　出典：ColBase（https://colbase.nich.go.jp/collection_items/tnm/A-9601?locale=ja）

しかし、たとえば藩財政の窮乏は、飢饉や凶作の影響を受けて全国的な状況として発現するなど、諸藩で危機的状況がみられる時期にはある程度の共通性があった。そのため、従来藩政改革は、江戸時代を大きく前・中・後の三つの時期で区別し、時期的特徴をふまえて論じられてきた。

前期（とくに寛文《かんぶん》・延宝《えんぽう》〜元禄《げんろく》）は、幕藩体制の確立段階における諸藩の藩政構築に向けた改革が特徴である。具体的には、家臣団編成、法令や城下町の整備、領内検地《けんち》、新田開発、農政機構、専売制《せんばいせい》などが政策としてあげられる。藩政の確立を課題としただけあり、この時期の改革主体は藩主自身であることが多く、「明君《めいくん》（名君）」も登場した。

著名な人物としては、保科正之《ほしなまさゆき》（会津《あいづ》）、池田《いけだ》光《みつ》政《まさ》（岡山《おかやま》）、徳川光圀《とくがわみつくに》（水戸《みと》）、前田綱紀《まえだつなのり》（加賀《かが》）がい

池田光政画像◆儒教にもとづく政治を行い、藩政改革に尽力。教育のほか殖産興業や農政改革にも力を注いだ　東京大学史料編纂所蔵模写

る。彼らは儒学者を招き、文治政治を進めるとともに、学問や文化を振興し、藩校《はんこう》を設置した。寛永《かんえい》十八年（一六四一）に池田光政が熊沢蕃山《くまざわばんざん》を招いて設立した花畠教場《はなばたけきょうじょう》（のちに岡山藩学校と改称）は最初期の藩校の一つといわれる。岡山藩では、藩士育成のための藩校だけではなく、庶民のための教育施設である閑《しず》谷学校《たにがっこう》も設立された。元禄期に差し掛かると、各藩では悪化した藩財政を立て直すため、藩財政に携わる人物が改革主体となる事例が見られた。

中期（とくに宝暦《ほうれき》～寛政《かんせい》）は、相つぐ凶作や飢饉による農村の退廃や藩財政の悪化に対応するため、地方《じかた》支配の再編や勧農・救済措置、全国的な緊縮政策が実施された。西日本ではこの時期の米価下落にともない、副業としての殖産興業が推進され、のちに東日本にも伝播し、後期藩政改革の礎となったとされる。とくに天明《てんめい》期以降は、西日本を中心に藩専売制が奨励され、城下町商人や領内の豪農と藩の結びつきが強まった。

中期藩政改革は、藩主あるいは賢宰《けんさい》（ブレーン）が有能な人材を登用して改革を主導し、藩校設立や家中の綱紀粛正をおこなわせたことが特徴である。「明君」として知られる上杉鷹山《うえすぎようざん》（米沢《よねざわ》）、佐竹義和《さたけよしかず》（秋田《あきた》）や細川重賢《ほそかわしげかた》（熊本《くまもと》）はこの時期の藩政改革を成功させた藩主として著名である。とくに、細川重賢が進めた熊本藩の藩政改革については、藩儒の亀井南冥《かめいなんめい》が著書『肥後物語《ひごものがたり》』を老中松平定信《ろうじゅうまつだいらさだのぶ》に献上したことで、その功績が広く伝播したとされる。

後期（文化《ぶんか》・文政《ぶんせい》～天保《てんぽう》、幕末）は、緊迫した対外的な危機を背景に、とくに西日本で洋式軍制改革が進められ、農兵設置や洋学・蘭学・国学の奨励、家中取締による藩権力・軍事力の強化がめざされた。中期と同様、勧農・救済措置や緊縮政策、殖産興業や専売制強化などが講じられた。ここでは、藩主・賢宰が登用した有能な人材だけでなく、明確な危機意識を持った中級以下の藩士らも改革派を組織して携わった。

従来、藩政改革に関する研究は、後期（とくに幕末）藩政改革で、専売制や交易の拡大による殖産興業と、洋式軍制整備による軍事力強化に成功したいわゆる西南雄藩《ゆうはん》が、維新の担い手となる基盤を構築したと評価されてきた。近年では、そもそも前・中・後という時期区分自体が見直され、藩政改革の捉え方が多様化している。新たな論点として、諸藩の藩政改革にはマニュアルのようなものが存在したことや、江戸藩邸が情報交換の場として利用されたこと、藩政改革を成功させた「明君」像の成立に近世の書物文化が大きく影響したことなどが提示され、研究が深化している。

（篠原杏奈）

上杉鷹山画像◆財政難に苦しむ米沢藩の改革に成功。自ら率先して倹約をおこない、新田開発や養蚕業などを推し進めた　米沢市上杉博物館蔵

【参考文献】

磯田道史「藩政改革の伝播―熊本藩宝暦改革と水戸藩寛政改革―」（『日本研究』四〇号、二〇〇九年）

金森正也『藩政改革と地域社会―秋田藩の「寛政」と「天保」―』（清文堂出版、二〇一一年）

小関悠一郎『〈明君〉の近世―学問・知識と藩政改革―』（吉川弘文館、二〇一二年）

深谷克己「名君とはなにか」（『歴史評論』五八一号、一九九八年）

福田千鶴「近世中期の藩政」（大石学編『享保改革と社会変容（日本の時代史16）』吉川弘文館、二〇〇三年）

吉永昭・横山昭男「国産奨励と藩政改革」（『岩波講座日本歴史 第一一巻 近世三』岩波書店、一九七六年）

39 異国船《いこくせん》の渡来《とらい》——迫り来る脅威と海防戦略

本来、江戸幕府にとって異国船とは、漂流あるいは日本人漂流民の送還を理由に日本へ近づいた、ポルトガル（のちにオランダも含む）以外の欧米船を指した。しかし十八世紀末以降、日本近海には漂流船ではない異国船が現れ、幕府は対応を迫られた。

まず現れたのは、北太平洋産の毛皮貿易をおこなうロシアやイギリスの船であった。清《しん》との間に条約を締結したロシアが、北米海岸産ラッコの毛皮などを輸出する貿易を始め、イギリスやフランス、アメリカもこれに続くと、航路上にあった日本は、寄港地や市場候補地として注目された。寛政《かんせい》四年（一七九二）、ロシア使節ラクスマンが根室《ねむろ》（北海道根室市）に渡来したが、その使命は大黒屋光太夫《だいこくやこうだゆう》ら日本人漂流民の送還と通商交渉であった。これに対し老中松平定信《ろうじゅうまつだいらさだのぶ》は、定められた通商国以外の異国船は原則打払うと宣言し、同時にロシア船の長崎入港を許す信牌《しんぱい》を渡した。

定信の対応は、鎖国《さこく》を国法であるとする鎖国祖法論と、欧米諸国との紛争回避を優先する貿易容認論を生み出した。文化《ぶんか》元年（一八〇四）にロシア使節レザノフが長崎へ渡来し、ラクスマンに与えられた信牌を提出して通商を求めると、幕府は鎖国祖法論から要求を拒絶した。これを受けて文化三年、レザノフの部下フヴォストフがカラフトなどを攻撃すると、幕府は翌年にロシア船打払令《うちはらいれい》を出して鎖国を堅持しようとした。

文化八年にロシア艦長ゴロヴニンがクナシリ島へ上陸し、捕縛される事件がおきたが、その後しばらくロシア船はみられなかった。代わって現れたのは、イギリスの捕鯨船であった。イギリス捕鯨業は十八世紀末から北太平洋へ進出し、多くの船が食料や水を求めて日本へ接近した。文化五年には、イギリス艦フェートン号が長崎へ来航し、オランダ商館員を捕らえて食料と水を要求した。

さらに文政《ぶんせい》七年（一八二四）、イギリス船員が常陸《ひたち》国大津浜《おおつはま》（茨城県北茨城市）とトカラ列島の宝島《たからじま》（鹿

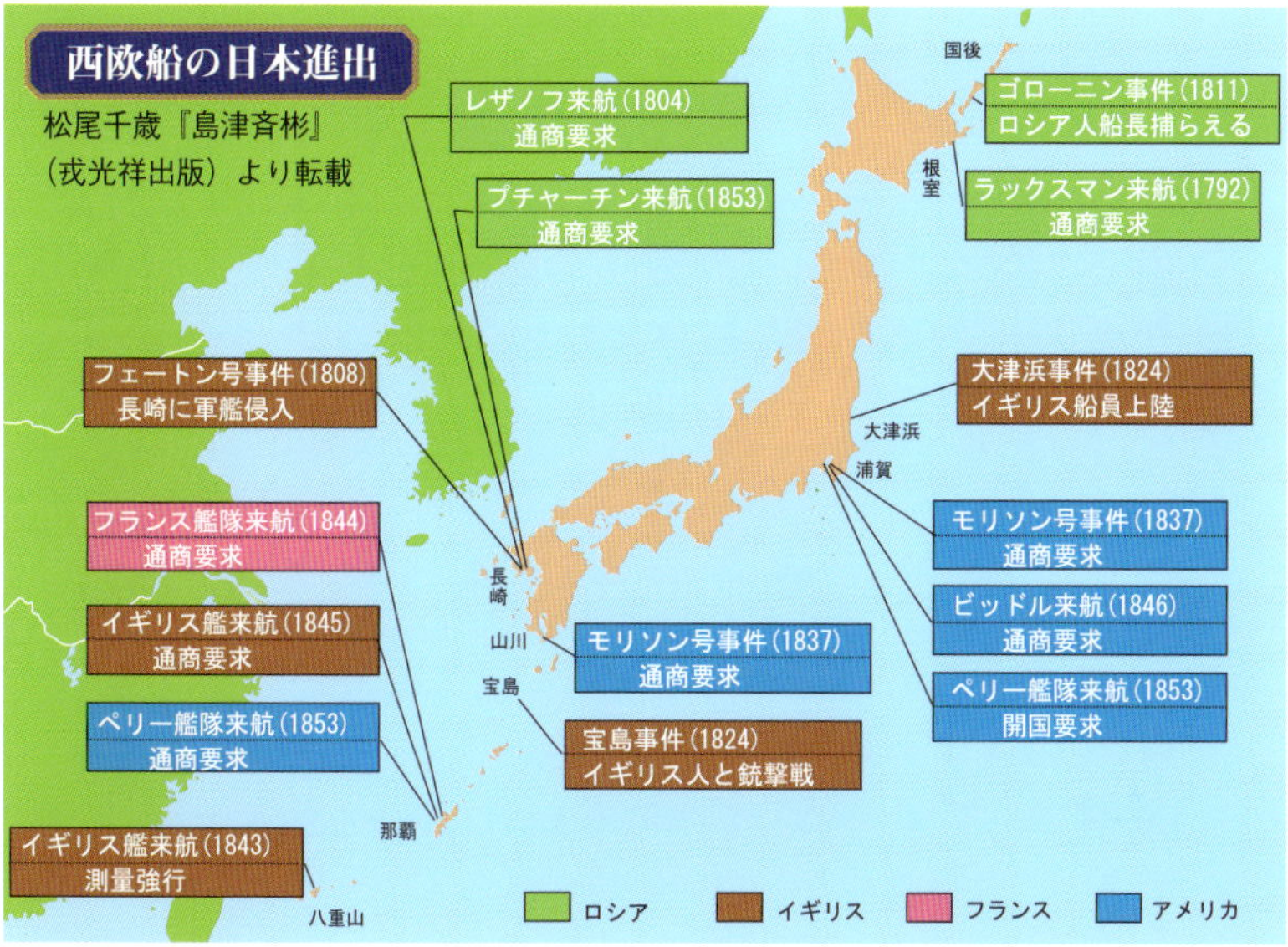

児島県十島村）へ上陸する事件がおき、翌年に幕府は異国船打払令を発した。この打払令では、異国船は有無をいわず追い返し、上陸した場合は殺害してもよいとした。ただし、幕府の目的はあくまで日本人漁師らと異国船との接触を制限することであった。

天保《てんぽう》八年（一八三七）、幕府は日本人漂流民を乗せて浦賀《うらが》（神奈川県横須賀市）へ渡来したアメリカ船モリソン号を砲撃したが、この事件は日本の異国船対応が対外紛争を招きかねないことや江戸湾防備が不十分であることを明らかにした。アヘン戦争で中国が劣勢であるという情報も危機感をあおり、幕府は天保十三年に薪水給与令《しんすいきゅうよれい》を発した。ただしこの給与令は、異国船を発見した場合は食料や薪水を与えて帰帆させるが、帰帆しない場合は速やかに打払い、海岸の防備もさらに手厚くするよう命じるものであった。（山田篤史）

【参考文献】
井上勝生『幕末・維新（シリーズ日本近現代史１）』（岩波書店、二〇〇六年）
上白石実『幕末の海防戦略―異国船を隔離せよ―（歴史文化ライブラリー３１２）』（吉川弘文館、二〇一一年）
原剛『幕末海防史の研究―全国的にみた日本の海防態勢―』（名著出版、一九八八年）
藤田覚「近代の胎動」（藤田覚編『近代の胎動（日本の時代史17）』（吉川弘文館、二〇〇三年）
藤田覚『幕末から維新へ（シリーズ日本近世史５）』（岩波書店、二〇一五年）
宮地正人『幕末維新変革史（上）』（岩波書店、二〇一二年）

40 化政文化《かせいぶんか》——江戸で花開いた町人文化

寛政《かんせい》の改革《かいかく》の後、文化《ぶんか》・文政《ぶんせい》期（一八〇四〜一八三〇）に栄えた、江戸中心の町人文化を指す。従来、十八世紀後半の宝暦《ほうれき》・天明《てんめい》期（一七五一〜一七八九）の田沼《たぬま》文化も化政《かせい》文化に含んで捉えられていたが、近年では区別されることも多い。都市に生きる町人の生活に根ざし、娯楽的要素が強く見受けられる一方、幕藩体制が弛緩した時期に当たるため、政治や社会への批判や風刺も多く、合理性やリアリズムを包含しているという特徴がある。

芸術分野においては、芸能や絵画、文学の隆盛が著しい。歌舞伎では、鶴屋南北《つるやなんぼく》が『東海道四谷怪談《とうかいどうよつやかいだん》』を発表し、五代目松本幸四郎《まつもとこうしろう》、七代目市川團十郎《いちかわだんじゅうろう》、三代目尾上菊五郎《おのえきくごろう》らの名優が活躍した。十八世紀末に創出された入場料の安い寄席はこの時期、庶民に広く普及した。浮世絵では、葛飾北斎《かつしかほくさい》『富嶽三十六景《ふがくさんじゅうろっけい》』や歌川広重《うたがわひろしげ》『東海道五十三次《とうかいどうごじゅうさんつぎ》』が著名で、歌川豊国《とよくに》の門人である二代目豊国や国芳《くによし》らが続いた。洋風画《ようふうが》も発達し、司馬江漢《しばこうかん》や亜欧堂田善《あおうどうでんぜん》らが活躍した。天明年間（一七八一〜一七八九）に全盛期を迎えた戯作《げさく》の世界では、曲亭馬琴《きょくていばきん》『南総里見八犬伝《なんそうさとみはっけんでん》』、十返舎一九《じっぺんしゃいっく》『東海《とうかい》道中膝栗毛《どうちゅうひざくりげ》』、式亭三馬《しきていさんば》『浮世風呂《うきよぶろ》』、柳亭種彦《りゅうていたねひこ》『偐《にせ》紫田舎源氏《むらさきいなかげんじ》』などのヒット作が続々と生まれた。

学問分野では、平田篤胤《ひらたあつたね》が平田国学《こくがく》を展開し、石田《いしだ》梅岩《ばいがん》に師事した手島堵庵《てじまとあん》が心学《しんがく》を大成した。天文方《てんもんがた》の高橋景保《たかはしかげやす》の提案で、幕府天文方内に蘭書を中心とする翻訳機関である蛮書和解御用《ばんしょわげごよう》が置かれ、優秀な蘭学者を輩出した。測量技術が向上して地誌編纂が盛んになり、伊能忠敬《いのうただたか》の『大日本沿海輿地全図《だいにほんえんかいよちぜんず》』や、菅江真澄《すがえますみ》の『菅江真澄遊覧記《ゆうらんき》』が発表された。また、海保青陵《かいほせいりょう》や佐藤信淵《さとうのぶひろ》、本田利明《ほんだとしあき》らの経世論《けいせいろん》は、飢饉で疲弊した農村や都市における重商主義的な効果を求める発想であり、当時の政治や経済状況を色濃く反映している。

ほかにも、江戸の山王祭《さんのうまつり》や神田祭《かんだまつり》に町人が主体と

『東海道四谷怪談』◆東京都立中央図書館蔵

『東海道五十三次』◆国立国会図書館蔵

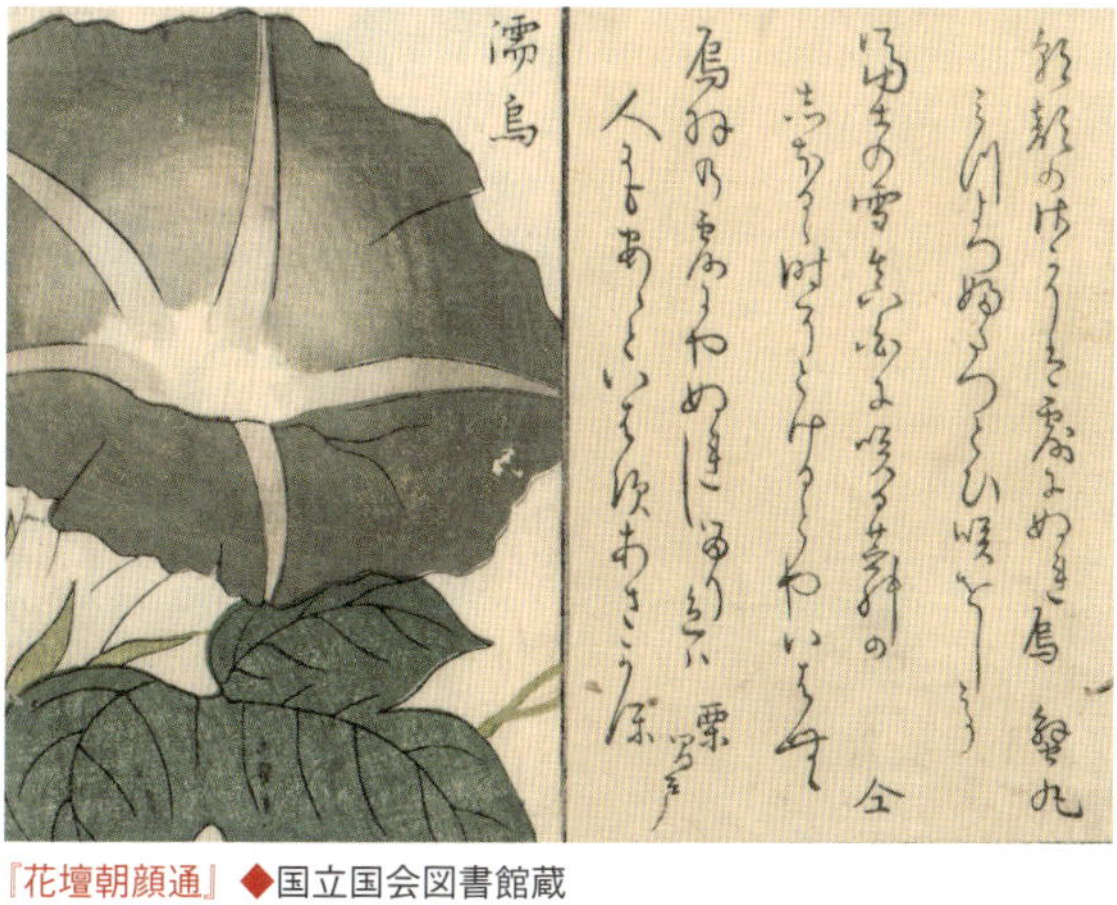

『花壇朝顔通』◆国立国会図書館蔵

なって参加し、祭礼文化が大成したことや、大名屋敷の庭園で栽培された園芸植物や盆栽が、園芸文化を根付かせたことも注目される。地方では、寺社を中心に新たな民俗芸能や民謡が創出された。化政文化の担い手の中心は江戸の庶民だったが、同時期の文化は地方の都市や村にも広く波及した。その背景には、庶民による寺社参詣や旅行の隆盛、全国規模での商業発展がある。これらは地方における文化的水準の向上や発展を促したといえる。

（篠原杏奈）

【参考文献】

国立歴史民俗博物館編『〝朝顔図譜〟をよむ—あさかほ叢—季節の伝統植物「伝統の朝顔」』（歴史民俗博物館振興会、二〇〇八年）
千代田区立日比谷図書文化館文化財事務室『江戸の人びと、本をたしなむ』（千代田区教育委員会、二〇二〇年）
西山松之助『江戸文化誌』（岩波書店、二〇〇六年）

41 文化《ぶんか》・文政期《ぶんせいき》の政治《せいじ》――政治路線の大転換

寛政《かんせい》五年（一七九三）七月、六年間にわたって寛政の改革を主導した松平定信《まつだいらさだのぶ》が、将軍輔佐役《ほさやく》と老中《ろうじゅう》を解任された。背景には、光格天皇《こうかく》が父の閑院宮典仁《かんいんのみやすけひと》親王に太上天皇《だいじょうてんのう》の称号を送ろうとしたことに定信が反対して起こった尊号一件《そんごういっけん》や、将軍家斉《いえなり》が父一橋治済《ひとつばしはるさだ》を大御所《おおごしょ》に据えようとして定信が諫めた大御所問題など、定信と朝廷や将軍との関係悪化があったとされる。

定信の解任後、三河吉田《みかわよしだ》藩主（愛知県豊橋市）の松平信明《のぶあきら》が新たに老中首座に選任された。老中の本多《ほんだ》忠籌《ただかず》・戸田氏教《とだうじのり》・太田資愛《おおたすけよし》らは引き続き幕閣に残り、その後の幕政をリードした。いずれも寛政の改革を推進したメンバーであり、彼ら「寛政の遺老《いろう》」によって文化《ぶんか》十四年（一八一七）までは、基本的に寛政の改革の路線が維持・継承されていった。

この間、文化二年には、支配領主の錯綜する関東の治安維持を目的として、関東取締出役《かんとうとりしまりしゅつやく》が設置された。背景には、飢饉などの災害や百姓の階層分解の進展、農間余業の広まりなどによって立ち現れた無宿《むしゅく》や悪党《あくとう》などの横行があった。

松平信明が文化十四年に亡くなり、長年、勘定奉行《かんじょうぶ》を務めた柳生久通《やぎゅうひさみち》が同年留守居《るすい》に転じると、幕政に大きな転換がみられた。信明らの推進する緊縮財政政策は、蝦夷地《えぞち》経営や朝鮮からの通信使の来聘《らいへい》、家斉の子女の縁組などの面で行き詰まりをみせていた。

代わって、文政期《ぶんせい》から天保期《てんぽう》までの幕政を主導したのが駿河沼津《するがぬまづ》藩主（静岡県沼津市）の水野忠成《みずのただあきら》であった。彼は、「水の出て（野）　もとの田沼と　なりにける」（「甲子夜話《かっしやわ》」）と揶揄されたように、田沼の再来と捉えられたり、「今柳沢《いまやなぎさわ》」（「公徳弁《こうとくべん》」、悪徳政治家としてイメージが定着していた元禄期の柳沢吉保《よしやす》になぞらえた）とささやかれたりした。

その忠成が最初に着手したのが貨幣改鋳である。元文《げんぶん》金銀に替えて、真文二分判《しんぶんにぶばん》や金銀の含有率を下げた文政金銀を鋳造したことで、幕府はおよそ五五〇万両にのぼる出目《でめ》による収益を得たという。文政の貨幣改鋳は、物価騰貴をもたらした一方、商品生産を活発化させ全国的な流通市場が形成されたことで、開国後の日本が資本主義経済に耐えることができたと評価する研究者もいる。さらに、忠成は蝦夷地直轄化を放棄し松前《まつまえ》氏に返還するとともに、江戸湾防備体制を縮小するなど、従来の政治路線を大幅に変更していった。

文政十年（一八二七）には、「御《お》取締筋《とりしまりすじ》御《ご》改革《かいかく》」触にもとづく改革組合村の設置が命じられた。改革組合村は、関東農村を中心に、小組合村と一〇前後の小組合村からなる大組合からなり、四〇～五〇ヵ村で構成された。治安の悪化に対応するため、幕領・私領・寺社領の区別なく横断的に組織されたものであった。一方、個別領主支配の部分的介入にもあたるため、水戸《みと》藩のようにその設置を拒む藩もあった。（桐生海正）

水野忠成肖像画◆文化14年（1817）に老中就任。おもな政策に、8度の貨幣改鋳や、異国船打払令などがあげられる　静岡県沼津市・妙心寺福寿院蔵　写真提供：沼津市教育委員会

【参考文献】
井上光貞ほか編『幕藩体制の展開と動揺（下、日本歴史大系一一）』（山川出版社、一九九六年）
高橋実『幕末維新期の政治社会構造』（岩田書院、一九九五年）
竹内誠『寛政改革の研究』（吉川弘文館、二〇〇九年）
福留真紀『名門水野家の復活―御曹司と婿養子が紡いだ100年―』（新潮社、二〇一八年）
藤田覚「一九世紀前半の日本―国民国家形成の前提―」（『岩波講座日本通史 第一五巻 近世五』、岩波書店、一九九五年）
森安彦『幕藩制国家の基礎構造―村落構造の展開と農民闘争―』（吉川弘文館、一九八一年）

42 天保《てんぽう》の改革《かいかく》――失敗に終わった内憂外患への対応

天保《てんぽう》年間（一八三〇～一八四四）は、水戸《みと》藩主徳川《とくがわ》斉昭《なりあき》が将軍に差し出した意見書「戊戌《ぼじゅつ》封事《ふうじ》」（『水戸藩史料』）の中で、当時日本に「内憂《ないゆう》と外患《がいかん》」があると表現したように、危機の時代を迎えていた。「内憂」（国内的危機）とは、郡内《ぐんない》一揆や三河加茂《みかわかも》一揆、大塩平《おおしおへい》八郎《はちろう》の乱などに象徴され、「外患」（対外的危機）はモリソン号事件に代表される外国船の接近などを指す。寛政《かんせい》の改革《かいかく》からおよそ五〇年が経過し、アヘン戦争に清《しん》国が敗北したことも相まって、その危機はさらに深刻さを増していた。

天保十二年（一八四一）閏正月、大御所《おおごしょ》徳川家斉《いえなり》が死去した後、幕政の実権を握ったのは十二代将軍家慶《いえよし》と水野忠邦《みずのただくに》であった。忠邦は旧勢力を政治の表舞台から退かせ、同年五月、「内憂」と「外患」に対し、その対応策として享保《きょうほう》・寛政の改革を模範とし、改革を断行する宣言をした。

改革を宣言した日は、将軍の上意であると装うため、将軍の生誕日に設定された。大御所政治により失墜した将軍権威を立て直す目的で、天保十四年には将軍家慶の日光社参《にっこうしゃさん》も実施された。

文政《ぶんせい》年間（一八一八～一八三〇）以降の貨幣改鋳の結果、劣悪な貨幣が大量に発行されたことで、貨幣価値は下落し、物価騰貴《とうき》の要因となっていた。そのため、幕府は元文《げんぶん》金銀への「復古」を検討したが、貨幣改鋳をすると、およそ二〇〇〇万両ともいわれる巨額の損金が生じることが予測されたため、実行に移されなかった。

幕府が手始めに実施したのは、物価引き下げであった。天保十二年十二月に、幕府は価格の釣り上げなどの不正があったという理由で、株仲間《かぶなかま》の解散を命じた。翌年には全国の株仲間やあらゆる仲間・組合の解散を命じ、問屋《といや》という名称の使用禁止すら求めた。幕府は株仲間などの特権商人の手から流通を開放すれば、物価は下がると考えていた。このときすでに株仲間らの

『荒歳流民救恤図』に描かれた天保の飢饉の様子◆天保の飢饉は享保・天明の飢饉とともに、江戸の三大飢饉に数えられる。農村の荒廃にともない全国的に米価が高騰し、各地で一揆や打ちこわしが起こった　国立国会図書館蔵

市場支配力は低下していたため、従来この政策は市場の混乱をもたらしただけでほとんど効果がなかったと評価されてきた。

一方、繰り返し出された物価引き下げ令により、少なくとも二年以上は物価引き下げの効果があったとみる研究もある。しかし、結局、物価引き下げの効果も薄れた嘉永《かえい》四年（一八五一）三月、従来よりも対象範囲を広げて、株仲間が再興された。

文政年間以降、幕府は財政支出を増大させ景気を刺激し、都市を中心として華やかな文化を開花させた。これにともない人びとも奢侈な生活を送るようになった。そこで忠邦は、江戸の町々に厳しい倹約令《けんやくれい》・風俗統制令を発し、奢侈な消費生活と風俗を統制しようとした。

改革が開始されたのは、天保十二年五月であったが、早くも一ヵ月後には、消費が落ち込み、不景気が江戸の町を襲った。同年、都市下層民が集った寄席《よせ》も町奉《まちぶ》行《ぎょう》支配地に二一一軒、寺社奉行《じしゃぶぎょう》支配地に二一軒あったが、翌年にはそれぞれ一五軒と九軒に減らされた。江戸歌舞伎《かぶき》三座（中村《なかむら》座・市村《いちむら》座・森田《もりた》座）も浅草の聖天町《しょうでんちょう》（のちの猿若町《さるわかちょう》）に移転を命じられた。『修《にせ》紫田舎源氏《むらさきいなかげんじ》』（合巻）の著者柳亭種彦《りゅうていたねひこ》や『春色梅《しゅんしょくうめ》児誉美《ごよみ》』（人情本）の著者為永春水《ためながしゅんすい》も処罰され、忠孝や貞節を説くストーリーが強要された。天保の改革において風俗統制は過酷を極めたのである。

この背景には、江戸の町の奢侈な生活や風俗が改まれば、地方から流入した下層民が生活しづらくなり、地方へ帰郷するという期待があった。

さらに下層民を減らし江戸での騒動を未然に防ぐとともに、農村の人口を回復させる目的で人返《ひとがえ》しの法《ほう》が出された。この法は、町奉行所への事前調査などを経て、天保十四年三月に出された。出稼人や奉公人は領主の許可状を携帯することが義務化され、新たに江戸の人別帳《にんべつちょう》へ登録することを禁じた。加えて、人《にん》別改《べつあらため》を春秋二回実施することとした。しかし、忠邦が当初意図した強制的な帰農命令が出せなかったことで、ほとんどその成果を上げなかったとされる。

印旛沼《いんばぬま》掘割工事と上知令《あげちれい》は、江戸周辺の物資輸送ルートを確保し、その支配体制を強化することを目的に志向された。掘割工事は、東北地方からの廻船が浦賀水道を経由せず、品川《しながわ》沖へ到達することのできる経路を確保しようとするものであった。

上知令は幕府財政の赤字を補填するとともに、江戸・大坂周辺地域の「取締」や「警衛」を目的としたとされる。しかし、実はこれら二つの政策の主眼は、対外的危機への対応にあった。外国艦船が江戸湾を封鎖、もしくは入船の妨害をおこなった場合に備える必要があることが時の洋学者らのあいだで頻繁に議論されていた。加えて、所領が錯綜していると百姓を沿岸防備に動員する際も、円滑に徴発ができないという問題点があった。

これらの政策は大名や旗本に多くの負担を強いる政策であり、しだいに反発が強まったため、幕閣は分裂し、忠邦の失脚につながった。忠邦が計画した多くの政策は、巨額の財政負担を要し、幕府財政だけで賄いきれるものではなかった。こうして天保の改革は失敗に終わり、体制的危機を加速させた。こののち、幕政はその専制的な体制から諸大名との協調路線へとシフトしていった。

（桐生海正）

【参考文献】
北島正元『水野忠邦』（吉川弘文館、一九八七年、新装版）
平川新「文政・天保期の幕政」（同『世論政治としての江戸時代』（東京大学出版会、二〇二二年）
藤田覚「一九世紀前半の日本―国民国家形成の前提―」（『岩波講座　日本通史 第一五巻 近世五』岩波書店、一九九五年）
藤田覚『天保の改革』（吉川弘文館、一九九七年、新装版）
藤田覚『近世の三大改革（日本史リブレット48）』（山川出版社、二〇〇二年）

43 ペリー来航《らいこう》——「開国」の道を歩ませた〝黒船〟

弘化《こうか》年間（一八四四～一八四八）以降、日本近海には通商や開港を求める外国使節を乗せた異国船が姿を現すようになった。背景には、アヘン戦争の南京《ナンキン》条約により、広東《カントン》以外の上海《シャンハイ》や寧波《ニンポー》が開港し、イギリスやフランス、アメリカが中国貿易の拠点を周辺諸国に求めたことと、アメリカの太平洋捕鯨事業が最盛期を迎えたことがある。

ペルリ浦賀ニ来ル図◆ペリーが浦賀に来航した際の船や旗、ホウイッツル砲、モルチール砲、江戸から浦賀までの地図などが描かれている　東京都立中央図書館蔵

同時期、アメリカでは米墨戦争《べいぼくせんそう》において初めて蒸気軍艦が投入された。このとき、メキシコ湾艦隊副司令長官として、ベラクルス上陸作戦を指示したのが、嘉《か》永《えい》六年（一八五三）に日本に来航したマシュー・ペリーだった。

嘉永五年十一月、ペリーはアメリカの東《ひがし》インド艦隊《かんたい》司令長官《しれいちょうかん》兼遣日特使《けんにちとくし》に任命され、アメリカ本土を出発した。当時はパナマ運河が未開通だったため、大西洋経由でアジアを訪れる航路が一般的だった。途中、香《ホン》港《コン》・上海・琉球《りゅうきゅう》・小笠原《おがさわら》諸島などに立ち寄り、軍艦四隻を率いて浦賀《うらが》（神奈川県横須賀市）に到来し、持参した大統領フィルモアの国書を提示して開国を迫った。

東インド艦隊の来航は、事前にオランダから通告されていたが、老中《ろうじゅう》首座阿《あ》部《べ》正弘《まさひろ》は具体的な対応策を講じていなかった。幕府の国書受取についての回答を待つ間、ペリーは江戸湾内を測量し、大砲を江戸城に

ペルリ提督横浜上陸の図◆黒船が集まる沖を背景に、隊列を組む米軍水兵とその様子を見守る武士・地元民が描かれている　作家：伝ペーター・ベルンハルト・ヴィルヘルム・ハイネ　横浜美術館蔵（原範行氏・原會津子氏寄贈）

向けて威嚇した。

幕府は国書受領を決定したが、ペリーは日本の最高位者以外とは会談しないという原則を貫いたため、久《く》里浜《りはま》（横須賀市）に設けられた応接所にて幕府応接掛《おうせつがかり》（浦賀奉行《ぶぎょう》）戸田氏栄《とだうじひで》・井戸弘道《いどひろみち》に国書と全権委任状を渡し、翌年春の再来を表明して引き揚げた。

なお、このとき応接を務めた浦賀奉行与力《よりき》が書き残した史料には、「当時の幕府役人たちは異国船が何隻来ても、日本が鉄砲を出せばすぐに逃げ帰るだろうという程度の考えだったのだろうか、慨嘆に堪えない」（「浦賀与力ヨリ之聞書」国立公文書館蔵）と書かれており、幕府が異国船を軽く見ていたことを嘆いている。

ペリーが帰航した直後、十二代将軍家慶《いえよし》が死去した。阿部正弘は、国書を朝廷に報告したうえで、諸大名にもこれを示し、開国に関する意見を広く諮問して挙国一致で難局を乗り切ろうとした。

翌嘉永七年一月、ペリーは軍艦九隻を率いて予定より早く江戸湾に再来した。浦賀奉行は、交渉場所をなるべく江戸から離すために、浦賀や鎌倉を提案したが、ペリーはこれを拒み、結果的に江戸から近く、陸地が広く安全な横浜に落ち着いた。日本側の全権は幕府応接掛・林大学頭煒《はやしだいがくのかみあきら》（復斎《ふくさい》）をはじめ、町奉行や浦賀奉行が当たった。

交渉は難航したが、同年三月日米和親条約《にちべいわしんじょうやく》（神奈川条約）が締結され、日本は約二〇〇年間の「鎖国《さこく》」を破り、開国への歩みを進めることとなった。条約では、アメリカ船への薪水給与《しんすいきゅうよ》、下田《しもだ》（静岡県下田市）・箱館《はこだて》（北海道函館市）の二港の開港、下田の領事駐在認可、アメリカに対する最恵国《さいけいこく》待遇など一二条が合意された。

黒船を率いて来航したペリーの姿はさまざまな書物や瓦版の中で描かれ、またたく間に日本中に広まった。さらに、人びとは物見遊山のように黒船見物に出かけたという。

（篠原杏奈）

【参考文献】

岩田みゆき『黒船がやってきた―幕末の情報ネットワーク―（歴史文化ライブラリー191）』（吉川弘文館、二〇〇五年）
上白石実『幕末の海防戦略―異国船を排除せよ―（歴史文化ライブラリー312）』（吉川弘文館、二〇一一年）
林復斎原著・森田健司編訳『現代語訳　墨夷応接録―江戸幕府とペリー艦隊の開国交渉―』（作品社、二〇一八年）
藤田覚『幕末から維新へ（シリーズ日本近世史5）』（岩波書店、二〇一五年）
三谷博『ペリー来航』（吉川弘文館、二〇〇三年）
宮地正人『幕末維新改革史（上）』（岩波書店、二〇一八年）

44 開国《かいこく》——幕府による外交努力と条約締結

　嘉永《かえい》七年（一八五四）に結ばれた日米和親条約《にちべいわしんじょうやく》は、幕府の外交努力により通商を認めないものとなったが、アメリカ側はあくまで限定的な通商が認められたと理解した。安政《あんせい》三年（一八五六）七月に来日したアメリカ総領事ハリスにより、翌年五月、下田《しもだ》（静岡県下田市）で追加条約（下田条約）が結ばれると、下田・箱館《はこだて》（北海道函館市）で事実上の通商が開始された。一方、ヨーロッパで唯一日本との通商を認められていたオランダも、安政三年からのアロー戦争を利用してイギリスの脅威を訴え、通商上の制限を解除するよう求めた。

タウンゼント・ハリス◆安政３年(1857)、初代アメリカ総領事として下田に着任。その赴任中の様子を『日本滞在記』に著している　横浜開港資料館蔵

　欧米諸国からの通商要求に対し、幕府は安政三年十月、老中《ろうじゅう》堀田正睦《ほったまさよし》を外国事務取扱《がいこくじむとりあつかい》とし、そのもとで大目付《おおめつけ》土岐範旨《ときのりむね》、勘定奉行《かんじょうぶぎょう》川路聖謨《かわじとしあきら》・水野忠徳《みずのただのり》、目付《めつけ》岩瀬忠震《いわせただなり》を外国貿易取調掛《がいこくぼうえきとりしらべがかり》に任じ、交渉に臨んだ。幕府が通商の主導権をにぎることをめざす堀田らは、翌年にオランダ、ついでロシアとの間に追加条約を締結した。追加条約は幕府の狙い通り、両国商人間の自由貿易や外国公使の江戸駐在を認めないものとなった。

　しかし、安政四年十月に出府したハリスは、自由貿易や公使の江戸駐在、京都・大坂・江戸・品川の開港を主張した。幕府は岩瀬と下田奉行井上清直《いのうえきよなお》を全権とし、一三回に及ぶ交渉の末、安政五年一月、条約案に合意した。条約案でハリスの主張をほぼ認めた幕府は、天皇の勅許を受けることで国内の異論を封じようとし、二月に堀田・川路・岩瀬を上京させたが、勅許は得られなかった。その後、幕府内でも、勅許を得るために将軍継嗣《しょうぐんけいし》問題《もんだい》の解決と幕政改革が主張されるようになり、内部分裂の原因となった。

安政五年四月、大老《たいろう》に任じられた井伊直弼《いいなおすけ》が勅許獲得の手続きを再開する一方、六月に岩瀬と井上はアメリカ軍艦ポーハタン号上で日米修好通商条約《にちべいしゅうこうつうしょうじょうやく》に調印した。ついで七月からオランダ・ロシア・イギリス・フランスとの間にも同様の条約が結ばれた（安政五カ国条約）。これを受けて横浜《よこはま》（神奈川《かながわ》）・長崎《ながさき》・箱館で通商が始まったが、勅許は慶応元年（一八六五）まで与えられなかった。

堀田正睦像◆下総国佐倉藩主。安政２年（1856）に老中首座となり、ハリスとの協議にあたった　千葉県佐倉市・佐倉城址公園

日米修好通商条約については、おもに片務的領事《へんむてきりょうじ》裁判権《さいばんけん》（治外法権《ちがいほうけん》）と協定関税《きょうていかんぜい》の問題から、アメリカから一方的に押しつけられた不平等条約だという見方がある。しかし、治外法権は外国における通商を想定しなかった日本側が考慮する必要はなく、輸入税も大多数の商品で二〇パーセントという日本側に有利な高関税であった。また、岩瀬がこだわった遊歩地域の設定は、外国商人が居留地以外で取引することを禁じ、国内市場を守る役割を果たした。そもそも安政三年頃には、多くの大名や幕臣が積極的か消極的かの違いはあっても、通商を容認していたことに鑑みれば、押しつけられた不平等条約だと言い切ることは難しいであろう。

（山田篤史）

【参考文献】

井上勲「開国と幕末の動乱」（井上勲編『開国と幕末の動乱（日本の時代史20）』（吉川弘文館、二〇〇四年）
井上勝生『幕末・維新（シリーズ日本近現代史１）』（岩波書店、二〇〇六年）
加藤祐三『幕末外交と開国』（講談社、二〇一二年）
藤田覚『幕末から維新へ（シリーズ日本近世史５）』（岩波書店、二〇一五年）
三谷博『ペリー来航』（吉川弘文館、二〇〇三年）
宮地正人『幕末維新変革史（上）』（岩波書店、二〇一二年）

45 攘夷《じょうい》——幕末日本の焦点

「攘夷《じょうい》」とは、幕末期に主張された政治概念の一つで、外国勢力を「夷狄《いてき》」（野蛮な異民族）とみなし、「掃攘《そうじょう》」（打ち払い）することをめざす主張・思想・スローガンである。その源流は、華夷思想《かいしそう》とよばれる東アジア特有の対外観にある。これは自国を世界の中心である中華と捉え、周辺の国や民族を夷狄として蔑視する中国由来の観念で、江戸時代の日本にも「武威《ぶい》」や天《てん》皇《のう》を中核とする同様の対外観があったとされる。

そのうえで十八世紀後半から、日本近海にあいついで異国船が現れると、対外的な危機感の高まりとともに攘夷論が形成された。工藤平助《くどうへいすけ》や林子平《はやししへい》、佐藤信《さとうのぶ》淵《ひろ》ら経世家《けいせいか》はロシア南下の脅威を訴えて国防論《こくぼう》を主張し、平田篤胤《ひらたあつたね》ら国学者《こくがくしゃ》も外来の思想や文化を批判し、万世一系《ばんせいいっけい》の天皇を根拠とする日本の優越性を説いた。さらに、経世論や平田国学に影響を受けた後期水戸学《みとがく》では、藤田幽谷《ふじたゆうこく》や会沢正志斎《あいざわせいしさい》、藤田東湖《とうこ》らによって尊《そん》王《のう》攘夷論が体系化された。

攘夷論は伝統的権威である天皇の地位を押し上げた。孝明《こうめい》天皇自身も攘夷観念の持ち主で、安政《あんせい》五年（一八五八）の通商条約に勅許することを、「神州《しんしゅう》の瑕瑾《きず》」になるとして拒絶した。文久《ぶんきゅう》二年（一八六二）十一月に破約《はやく》攘夷（通商条約を破棄して攘夷を実行すること）の勅命を幕府へ下し、翌年三・四月には上洛した将軍家茂《いえもち》や在京大名を従えて、上下賀茂社《かもしゃ》と石清水《いわしみず》八幡宮《はちまんぐう》へ行幸し、攘夷の成功を祈願した。天皇の意志である攘夷を実行するため、同年五月に長州《ちょうしゅう》藩は関《かん》門海峡《もんかいきょう》（山口県下関市・福岡県北九州市）を封鎖してアメリカ商船、ついでフランス軍艦とオランダ軍艦を砲撃した。

また、攘夷の実践を唱える吉田松陰《よしだしょういん》やその門下生ら「草莽《そうもう》の志士《しし》」とよばれる在野の庶民の活動も活発化した。中央政局でも攘夷のあり方や主導権をめぐって争いが激化し、京都では文久三年の八月十八日の政変、元治《げんじ》元年（一八六四）の池田屋《いけだや》事件・禁門《きんもん》の変など、武力衝突に発展した。慶応《けいおう》元年（一八六五）、孝明天皇が横浜鎖港と兵庫《ひょうご》開港不許可を条件に通商条約を勅許したことで、攘夷論はひとまず終結したが、幕末日本の政治や社会に攘夷がもたらした影響は大きい。

東禅寺事件図◆高橋源吉作。文久元年（1861）、水戸浪士はイギリス仮公使館のおかれていた江戸高輪（東京都港区）の東禅寺でイギリス公使オールコックらを襲撃した。この絵は事件に遭遇したイギリス人画家のチャールズ・ワーグマンが描いた原画の模写を、さらに高橋源吉が模写したもの　東京国立博物館蔵　出典：ColBase（https://colbase.nich.go.jp/collection_items/tnm/A-12427?locale=ja）

ただし実際は、一口に攘夷といっても、和親条約締結時の状態に戻すこと、日本主導で通商条約を締結し直すこと、通商条約の内容を縮小すること、などさまざまな意味を含んでいた。また近年は、欧米諸国との国力差を認識し、日本に十分な国力が備わった段階で攘夷を実行する「大攘夷」と、勅許のない通商条約を一方的に破棄し、即時に攘夷を実行する「小攘夷」という二つの概念に分け、幕末期の政争はあくまで、攘夷の方法や実行時期をめぐる争いであったという指摘もある。

（山田篤史）

【参考文献】

青山忠正『明治維新を読みなおす—同時代の視点から—』（清文堂出版、二〇一七年）
井上勲「開国と幕末の動乱」（井上勲編『開国と幕末の動乱（日本の時代史20）』吉川弘文館、二〇〇四年）
井上勝生『幕末・維新（シリーズ日本近現代史1）』（岩波書店、二〇〇六年）
藤田覚『幕末から維新へ（シリーズ日本近世史5）』（岩波書店、二〇一五年）
町田明広『攘夷の幕末史』（講談社、二〇二二年）
町田明広編『幕末維新史への招待』（山川出版社、二〇二三年）
三谷博『維新史再考—公儀・王政から集権・脱身分化へ—』（ＮＨＫ出版、二〇一七年）
宮地正人『幕末維新変革史（上）』（岩波書店、二〇一二年）

46 公武合体《こうぶがったい》——幕末にめざされた挙国一致構想

「公武合体《こうぶがったい》」とは、幕末期に幕府や有力大名によって主張された政治概念で、基本的には朝廷と幕府が融和・協調することで国家体制を再編し、幕府・藩（大名）・朝廷《ちょうてい》による挙国一致《きょこくいっち》体制をめざした。

公武合体の形成には幕末期の外交問題が影響した。嘉永《かえい》六年（一八五三）六月、老中《ろうじゅう》阿部正弘《あべまさひろ》はアメリカ大統領国書の内容を朝廷へ報告し、大名と幕臣にも公表して意見を求めた。挙国一致をめざす正弘のもと、徳川斉昭《とくがわなりあき》・島津斉彬《しまづなりあきら》・松平慶永《まつだいらよしなが》（春嶽《しゅんがく》）・伊達宗《だてむね》城《なり》・山内豊信《やまうちとよしげ》ら家門《かもん》・国持《くにもち》大名や開明的な幕臣が幕政に参加した。正弘らは将軍家定《いえさだ》の継嗣に徳川（一橋《ひとつばし》）慶喜《よしのぶ》を擁立する一橋派を形成し、斉彬の養女篤姫《あつひめ》を家定の御台所《みだいどころ》に入れたが、正弘が死去すると勢いを失った。安政五年（一八五八）、徳川慶福《よしとみ》を家定継嗣に擁立する南紀《なんき》派の井伊直弼《いいなおすけ》が大老に就任すると、一橋派の大名や幕臣、藩士が一〇〇名以上処分された（安政《あんせい》の大獄《たいごく》）。

安政七年（一八六〇）、直弼は江戸城桜田門外《さくらだもんがい》で水《み》戸浪士《とろうし》らに殺害された。代わった老中安藤信正《あんどうのぶまさ》と久世《くぜ》広周《ひろちか》は公武合体政策を推進し、孝明《こうめい》天皇の異母妹である和宮《かずのみや》と将軍家茂《いえもち》との婚姻が実現した。

諸藩でも朝幕間を周旋し、国政に参加する動きが活発化した。長州《ちょうしゅう》藩は長井雅楽《ながいうた》が献策した「航海遠《こうかいえん》略策《りゃくさく》」を藩論とし、積極的開国論を説いた。薩摩《さつま》藩は島津久光《しまづひさみつ》が兵を率いて上洛した後、勅使《ちょくし》と共に江戸に下って幕政改革を要求した。幕府はこの勅命に従い、文久《ぶんきゅう》二年（一八六二）に改革を実行した（文久の改革）。

朝廷でも国事を審議する国事御用掛《こくじごようがかり》がおかれたが、次第に公武合体に対抗する勢力が席巻した。藩是《はぜ》を破約攘夷《やくじょうい》（通商条約を破棄して攘夷を実行すること）に転換した長州藩と、それに結びついた三条実美《さんじょうさねとみ》ら一部の公家は、和宮降嫁に協力した岩倉具視《いわくらともみ》らを朝廷から排除した。信正も江戸城坂下《さかした》門外で水戸浪士に襲撃さ

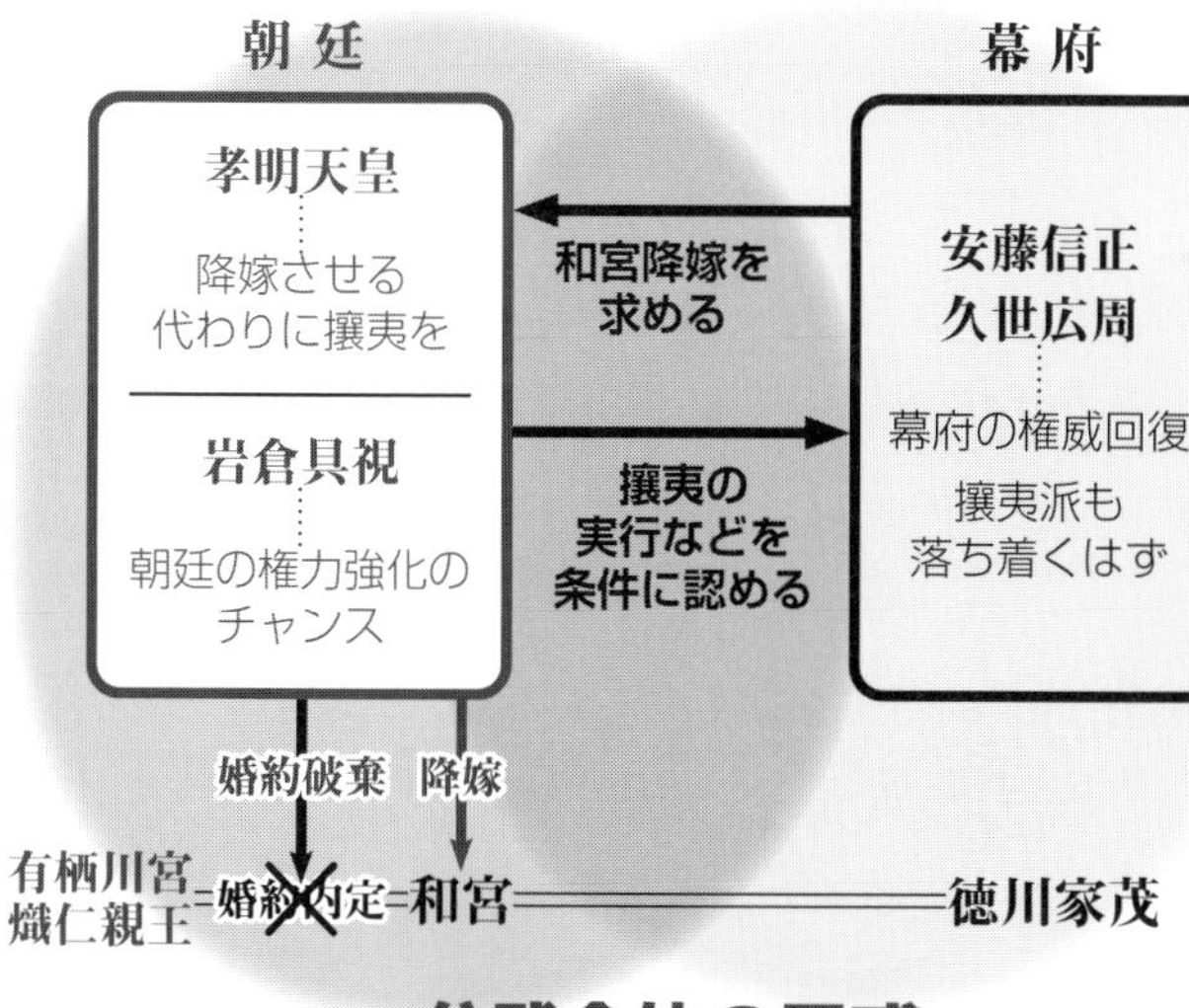

公武合体の思惑

れ、老中職を免じられるなど、公武合体政策は難航した。

これに対し、孝明天皇と近衛忠熙《このえただひろ》ら公武合体を掲げる公家は、文久三年八月十八日に久光と京都守護職《きょうとしゅごしょく》松平容保《まつだいらかたもり》（会津《あいづ》）の協力を得て、対抗勢力を京都から追放した（八月十八日の政変）。政変後、朝廷は慶喜・容保・慶永・宗城・豊信・久光を朝議参与《ちょうぎさんよ》に任命し、国事を審議させた。この参与会議は公武合体を制度化したものであったが、慶喜と久光がそのあり方や主導権をめぐって対立し、三ヵ月足らずで解体した。

しかし近年では、参与会議解体後も慶喜・容保・松平定敬（桑名）ら「一会桑《いちかいそう》」と慶永・宗城・豊信・久光ら「四侯《しこう》」が、異なる路線で公武合体の実現をめざして活動し続けたという理解もある。（山田篤史）

【参考文献】
青山忠正『明治維新を読みなおす―同時代の視点から―』（清文堂出版、二〇一七年）
家近良樹『江戸幕府崩壊―孝明天皇と「一会桑」―』（講談社、二〇一四年）
井上勲「開国と幕末の動乱」（井上勲編『開国と幕末の動乱（日本の時代史20）』吉川弘文館、二〇〇四年）
井上勝生『幕末・維新（シリーズ日本近現代史1）』（岩波書店、二〇〇六年）
藤田覚『幕末から維新へ（シリーズ日本近世史5）』（岩波書店、二〇一五年）
町田明広編『幕末維新史への招待』（山川出版社、二〇二三年）
三谷博『維新史再考―公儀・王政から集権・脱身分化へ―』（ＮＨＫ出版、二〇一七年）
宮地正人『幕末維新変革史（上）』（岩波書店、二〇一二年）

47 幕末《ばくまつ》の政治《せいじ》改革《かいかく》——近代化への歩み

嘉永《かえい》六年（一八五三）のペリー来日以降、幕府はいかに欧米諸国の圧力に抵抗し、日本の独立を維持するかという国家的課題に直面し、政治・外交・軍事の面で改革を実行した。改革の中で育成された人材や発達した制度・施設の多くは、明治政府《めいじせいふ》に受け継がれ、日本の近代化を支えていった。

【安政の改革】嘉永七年、老中《ろうじゅう》阿部正弘《あべまさひろ》はペリー来日と日米和親条約《にちべいわしんじょうやく》締結を失策と認識し、幕政改革の必要性を強調した。正弘がめざしたのは、幕府・藩（大名）・朝廷《ちょうてい》による挙国一致体制の実現で、家門《かもん》・国持《くにもち》大名や開明的な幕臣を幕政に参加させ、一橋《ひとつばし》派形成の流れをつくった。

嘉永六年には徳川斉昭《とくがわなりあき》（水戸《みと》）を海防参与《かいぼうさんよ》に任じ、大名統制のために禁じていた大船建造《おおぶねけんぞう》を解禁した。幕臣の人事についても、学問吟味《がくもんぎんみ》（学問所の学術試験）に合格した優秀な者を、海防掛《かいぼうがかり》や浦賀《うらが》・長崎《ながさき》・箱館《はこだて》奉行《ぶぎょう》など対外関係の要職に任じた。

正弘は国防の充実も主張した。嘉永六年から江戸湾内に砲台（品川台場《しながわだいば》）を築造するとともに、西洋式軍隊の創設に向けて動き出した。安政《あんせい》二年（一八五五）、長崎に海軍伝習所《かいぐんでんしゅうじょ》を設け、全国から集めた幕臣や藩士にオランダ海軍士官を教官として航海術などを学ばせた。安政三年には築地《つきじ》（東京都中央区）に講武所《こうぶしょ》を設け、幕臣や藩士に西洋砲術を教授した。兵器や艦船の製造・修理については、安政四年に伊豆韮山《いずにらやま》（静岡県伊豆の国市）に反射炉《はんしゃろ》を完成し、長崎製鉄所の建設も始めた。

西洋の科学技術を導入するため、洋学研究も振興した。安政二年に天文方《てんもんがた》付属の蛮書和解御用掛《ばんしょわげごようがかり》から洋学研究機関として洋学所を独立し、翌年には蕃書調所《ばんしょしらべしょ》と改称して洋書の翻訳や幕臣らの洋学教育を進めた。

【文久の改革】安政七年（一八六〇）、桜田門外《さくらだもんがい》の変《へん》後、朝廷と有力大名は幕府の公武合体《こうぶがったい》路線に応じて幕政への介入を強めた。文久《ぶんきゅう》二年（一八六二）、島津久光《しまづひさみつ》は勅使と共に江戸に下り、将軍の上洛《じょうらく》、五大老《ごたいろう》の設置、徳川慶喜《よしのぶ》と松平慶永《まつだいらよしなが》（春嶽《しゅんがく》）の幕政参加を要求した。幕府は勅命に従って慶喜を将軍後見職《しょうぐんこうけんしょく》に、慶永を政《せい》事総裁職《じそうさいしょく》に任じ、幕政は板倉勝静《いたくらかつきよ》以下老中・若年寄《わかどしより》に慶永と慶喜、さらに山内豊信《やまうちとよしげ》を加えた合議によって運営されることになった。

ついで松平容保《かたもり》（会津《あいづ》）が京都守護職《きょうとしゅごしょく》に任じられたが、これは京都所司代《きょうとしょしだい》の上に立ち、勅命を直接受けて御所を守衛することがおもな役割であった。

刷新された人事のもとで、将軍家茂《いえもち》の上洛と参勤交《さんきんこう》代《たい》制度の緩和が決定された。参勤の頻度は三年に一回とされ、江戸在住が義務であった大名妻子の帰国も許可された。重要な大名統制策であった参勤交代が緩和されたことは、外国人にも伝えられた。イギリス商人によって横浜で創刊された英字新聞『ジャパン・ヘラルド』は「一大革命」であり、「国の基本構造が変わった」と報じた。

軍制改革においては、歩《ほ》兵《へい》・騎《き》兵《へい》・砲兵《ほうへい》からなる西洋式陸軍を新設し、士官《しかん》には講武所出身の旗本《はたもと》や御家《ごけ》人《にん》を、兵卒《へいそつ》には旗本領や幕領から徴発した農民などをあてた。幕府歩兵隊は、元《げん》

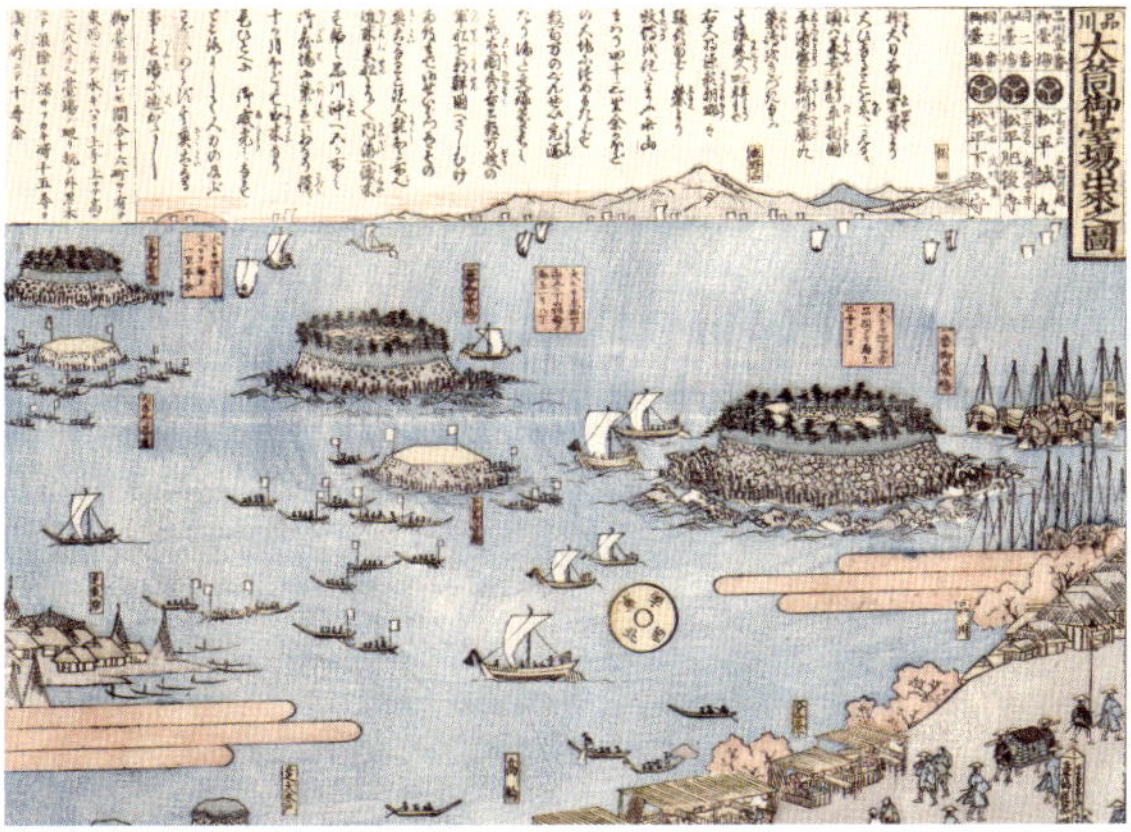

品川大筒御台場出来之図（安政元年〈1854〉頃）◆品川区立品川歴史館蔵

韮山反射炉◆幕末期の海防政策の一環で、伊豆韮山代官の江川英龍によって計画・築造がおこなわれた。実際に稼働した反射炉としては、国内で唯一現存している　写真提供：伊豆の国市

治《じ》元年（一八六四）に天狗党《てんぐとう》の乱《らん》を鎮圧するため、初めて実戦投入された。

一方、蕃書調所では英語やフランス語、ドイツ語に加え、数学や化学などの学科が新設され、名称も洋書《ようしょ》調所《しらべしょ》、ついで開成所《かいせいじょ》（『易経《えききょう》』の「開物成務」（物理を考究して器械を製造し、実技実用をめざす）という言葉から採用）と改められた。

【慶応の改革】慶応《けいおう》二年（一八六六）、幕府は勅許を得て始めた二度目の長州戦争《ちょうしゅうせんそう》（第二次幕長戦争《だいにじばくちょうせんそう》）に失敗した。薩摩《さつま》藩が出兵を拒んで長州藩に協力したことや、幕府軍が長州藩の西洋式軍隊に苦戦したことが原因であった。

小栗忠順◆万延元年（1860）、日米修好通商条約批准のため米艦ポーハタン号で渡米。帰国後は、勘定奉行などを歴任したほか、洋式軍隊の整備、横須賀製鉄所の建設などに携わった　出典：市川亭三郎『小栗上野介忠順公を憶ふ』（上毛郷土史研究会、1937 年）　国立国会図書館蔵

幕府成立以来初となる軍事的敗北によって、将軍の権威は失墜し、公議政体論《こうぎせいたいろん》（将軍職を廃止し、天皇を頂点とする有力大名の合議によって国政を運営するという考え）が勢いづいた。これに対し、第二次幕長戦争中に死去した家茂に代わり将軍となった徳川慶喜は、フランス公使ロッシュの支援を得て幕政改革に着手した。

慶喜が熱心に取り組んだのは、西洋式軍制の整備であった。番方の旗本・御家人を銃隊組織に再編し、講武所から改称した陸軍所《りくぐんしょ》では士官の養成に努めた。慶応三年には、旗本領から徴発していた兵賦《へいぶ》（兵役）を金納とする代わりに、奉公人《ほうこうにん》斡旋業者から雇った兵卒などで傭兵隊《ようへいたい》を編成した。幕府陸軍の総数は、一万七〇〇〇人にのぼった。大砲・小銃や艦船の製造も同時に進められ、なかでもフランスから招いた技師ヴェルニーの設計で横須賀《よこすか》（神奈川県横須賀市）に建設された製鉄所《せいてつじょ》（造船所《ぞうせんじょ》）は、画期的な施設であった。

慶喜はロッシュの意見にもとづき、幕府中枢の組織や人事も見直した。将軍を補佐する首相格《しゅしょうかく》として老中板倉勝静を任じ、さらに陸軍総裁《りくぐんそうさい》・海軍《かいぐん》総裁・国内《こくない》

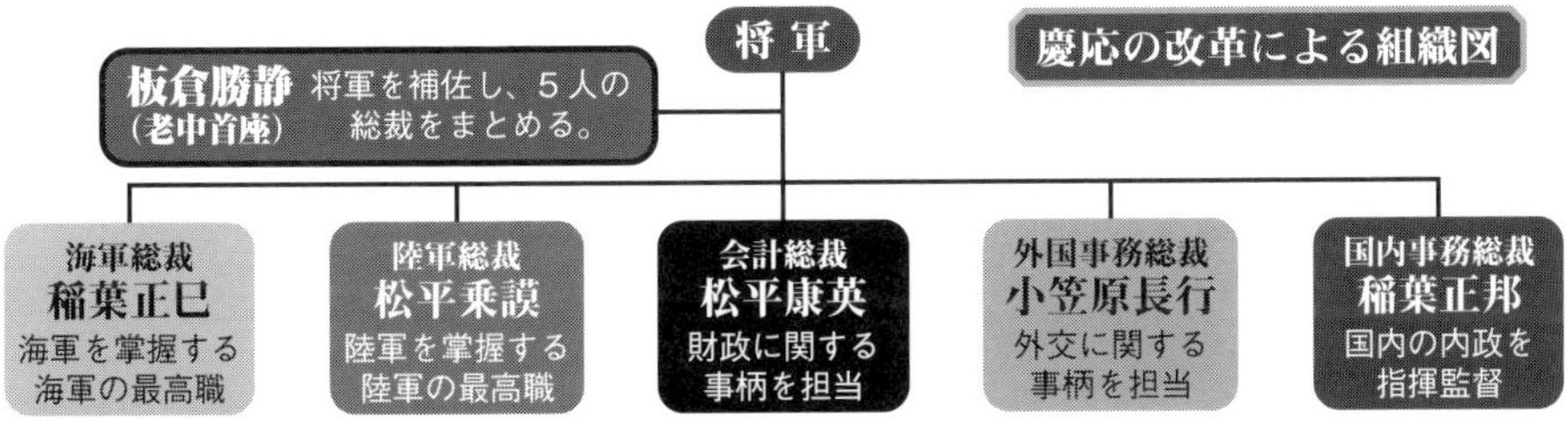

横須賀製鉄所全景◆慶応元年（1865）に着工し、明治４年（1871）に完成した。約 150 年たった今もなお、現役で使用されている　出典：西堀昭編『日仏文化交流写真集』第一集　画像提供：横須賀市

事務《じむ》総裁・会計《かいけい》総裁・外国事務《がいこくじむ》総裁を設けて老中に分担させた。これにともなって老中の月番制《つきばんせい》は廃止され、形式的には幕閣の責任分担制が実現することになった。

（山田篤史）

【参考文献】
井上勲「開国と幕末の動乱」（井上勲編『開国と幕末の動乱（日本の時代史20）』吉川弘文館、二〇〇四年）
井上勝生『幕末・維新（シリーズ日本近現代史１）』（岩波書店、二〇〇六年）
藤田覚『幕末から維新へ（シリーズ日本近世史５）』（岩波書店、二〇一五年）
宮地正人『幕末維新変革史（上）』（岩波書店、二〇一二年）
三谷博『ペリー来航』（吉川弘文館、二〇〇三年）
三谷博『維新史再考―公儀・王政から集権・脱身分化へ―』（ＮＨＫ出版、二〇一七年）

48　大政奉還《たいせいほうかん》――思惑うずまくなかで迎えた幕府の終焉

慶応《けいおう》三年（一八六七）十月十四日、十五代将軍慶喜《よしのぶ》は、政権返上を朝廷に申し入れ、翌日勅許された。これを一般に「大政奉還《たいせいほうかん》」と呼ぶ。「大政」とは天下の政《まつりごと》という意だが、慶喜の上表《じょうひょう》に「大政奉還」という言葉は登場せず、政権の「奉帰《ほうき》」と書かれている。慶喜はあくまでも、政権を一度朝廷に戻して天皇の下で広く公議を尽くし、海外万国に並ぶ皇国の保護をめざしたのである。

「大政奉還」論は、慶応年間（一八六五〜一八六八）に活発化した武力による倒幕運動（討幕）に対して唱えられた公議政体論《こうぎせいたいろん》の影響を強く受けている。土佐《とさ》藩の後藤象二郎《ごとうしょうじろう》は、「主権を朝廷に帰し、政府を上院と下院に分け、公議によって政務をおこなうべき」（中根雪江『続昨夢紀事』）と考え、藩主山内豊信《やまうちとよしげ》に「大政奉還」論を進言した。

従来、後藤は坂本龍馬《さかもとりょうま》のいわゆる「船中八策《せんちゅうはっさく》」をもとに「大政奉還」を含む公議政体論をまとめたと考えられていたが、近年では「船中八策」の史料性に疑問を呈する見方がある。

後藤に先んじて「大政奉還」論を表明していた人物が、幕臣大久保忠寛《おおくぼただひろ》（一翁《いちおう》）だった。大久保は文久《ぶんきゅう》二年（一八六二）七月、政事総裁職《せいじそうさいしょく》に就任した松平《まつだいら》慶永《よしなが》（春嶽《しゅんがく》）に対し、政権返上と、朝廷が主導する新体制下での開国の必要性を説いた。慶永は、「この話を聞いていた衆中はとても実現できないと笑ったが、大久保の先見は驚くべきことだった」と、当時の状況を回顧している（松平慶永『逸事史補』）。

慶応三年当時、土佐藩内では解散した土佐勤王党《きんのうとう》の流れを汲む討幕派（中岡慎太郎《なかおかしんたろう》や板垣退助《いたがきたいすけ》ら）と、公議政体派（後藤や坂本ら）が対立していた。討幕派の板垣は同年五月に薩摩《さつま》の小松帯刀《こまつたてわき》や西郷隆盛《さいごうたかもり》と秘密裏に会談し、「薩土討幕《さつどとうばく》の密約《みつやく》」を結んだ。山内は、表向きではこの密約を了承し、藩論を討幕論へと切り替えた。

岩倉具視◆幕末の公家・政治家。はじめは公武合体を説いていたが、のちに薩長倒幕派と組み王政復古実現の中心となった　『憲政五十年史』　国立国会図書館蔵

徳川慶喜像（洋単装陣羽織姿）◆水戸藩主徳川斉昭の子で、将軍後見職などを経て慶応２年（1866）に15代将軍に就任。翌年「大政奉還」をおこなった　茨城県立歴史館蔵

しかし、公議政体をめざす四侯会議《しこうかいぎ》が解散し、薩摩と距離が開き始めると、かつて後藤が進言した「大政奉還」は妙策だと判断した。同年十月三日、山内は慶喜に建白書《けんぱくしょ》を提出し、「大政奉還」が実現することになった。

慶喜の政権返上後、朝廷は諸侯会議を招集し、新体制の合議がなされるまで、慶喜に政務を委任した。これは、広く公議のもとで国の政治を決めるために政権を返上した慶喜の意図とは異なるものだった。

他方、岩倉具視《いわくらともみ》ら討幕派の公家や薩長は、依然として慶喜が実権を握る体制を拒むため、裏でクーデターによる「王政復古《おうせいふっこ》」を企図していた。とはいえ、決して討幕派だけで進められたわけではなく、岩倉はクーデター決行前夜、自邸に薩摩・土佐・安芸《あき》・尾張《おわり》・福井《ふくい》各藩の重臣を集め、協力を求めている。この後、福井の中根雪江《なかねゆきえ》が慶喜に「王政復古」計画を伝えたところ、「政権を返上し、将軍職も辞したので、王政復古の沙汰があるのは当然だ」（渋沢栄一編『昔夢会筆記』）と驚く様子はなかったという。

同年十二月九日、天皇親政の新政権を樹立する「王政復古」が宣言された。同日夜には明治天皇の御前で小御所会議《こごしょかいぎ》が開かれた。三職《さんしょく》（総裁《そうさい》・議定《ぎじょう》・参与《さんよ》）が置かれ、総裁には有栖川宮熾仁親王《ありすがわのみやたるひとしんのう》が就任した。議定には皇族や公卿、春嶽や山内らが就き、参与には岩倉ら公家や大久保利通《としみち》、西郷らが就いた。小御所会議では、徳川を擁護する春嶽や山内と、討幕派の大久保・西郷らの意見が対立した。激論の末、慶喜の官職と領地を返上する辞官納地《じかんのうち》が決定したが、慶喜への伝達と斡旋は春嶽や尾張の徳川慶勝《よしかつ》に委ねられた。

小御所会議での決定は、春嶽から慶喜に伝えられた。慶喜は、直ちに辞官納地を実行すれば、佐幕派の会《あい》津《づ》・桑名《くわな》や幕臣らが激昂するとし、猶予を求めた。春嶽は京都での戦争勃発を回避するため、慶喜と会津・桑名を大坂に下らせた。春嶽は討幕派が求める即時の辞官・納地を退け、新政府における慶喜の議定就任を画策していた。

十二月十三日、慶喜は大坂で諸外国公使を招き、依然として外交権は自分が有することを強調した。さらにその後開かれた三職会議では、小御所会議の決定をほぼ無意味化する方向となり、いよいよ慶喜の議定就任が現実化した。

その裏で、慶喜の処遇に反対した西郷らは、かつて板垣と結んだ「薩土討幕の密約」にもとづき、幕臣や佐幕派諸藩を挑発し、関東で騒乱を起こす作戦を立てた。各地で勤皇派による事件が起き、襲撃者たちは薩摩藩邸に匿われた。江戸市中取締を担う庄内《しょうない》藩新徴《しんちょう》組《ぐみ》屯所を薩摩藩が襲撃したことを受け、幕府は一連の黒幕が薩摩であると判断し、十二月二十三日に薩摩藩邸を焼き討ちした。板垣はのちにこの事件が「戊辰戦争の幕開けだった」（板垣退助「維新前後経歴談」）と振り返っている。事件の経過は大坂にいる慶喜の元へも届いた。慶喜は、薩摩藩と旧幕府勢力の対立は避けられないとして「討薩表《とうさつひょう》」を朝廷に提出し、会津・桑名や幕臣を中心とする軍勢を京都に行軍させた。

（篠原杏奈）

【参考文献】

家近良樹『徳川慶喜』（吉川弘文館、二〇一四年）
家近良樹『江戸幕府崩壊―孝明天皇と「一会桑」―』（講談社、二〇一四年）
岩下哲典『江戸無血開城―本当の功労者は誰か―（歴史文化ライブラリー470）』（吉川弘文館、二〇一八年）
町田明広編『幕末維新史への招待』（山川出版社、二〇二三年）
宮地正人『幕末維新変革史（下）』（岩波書店、二〇一二年）

近世史略薩州屋敷焼撃之図◆薩摩藩邸の焼き討ち事件の様子を描く　東京都立中央図書館蔵

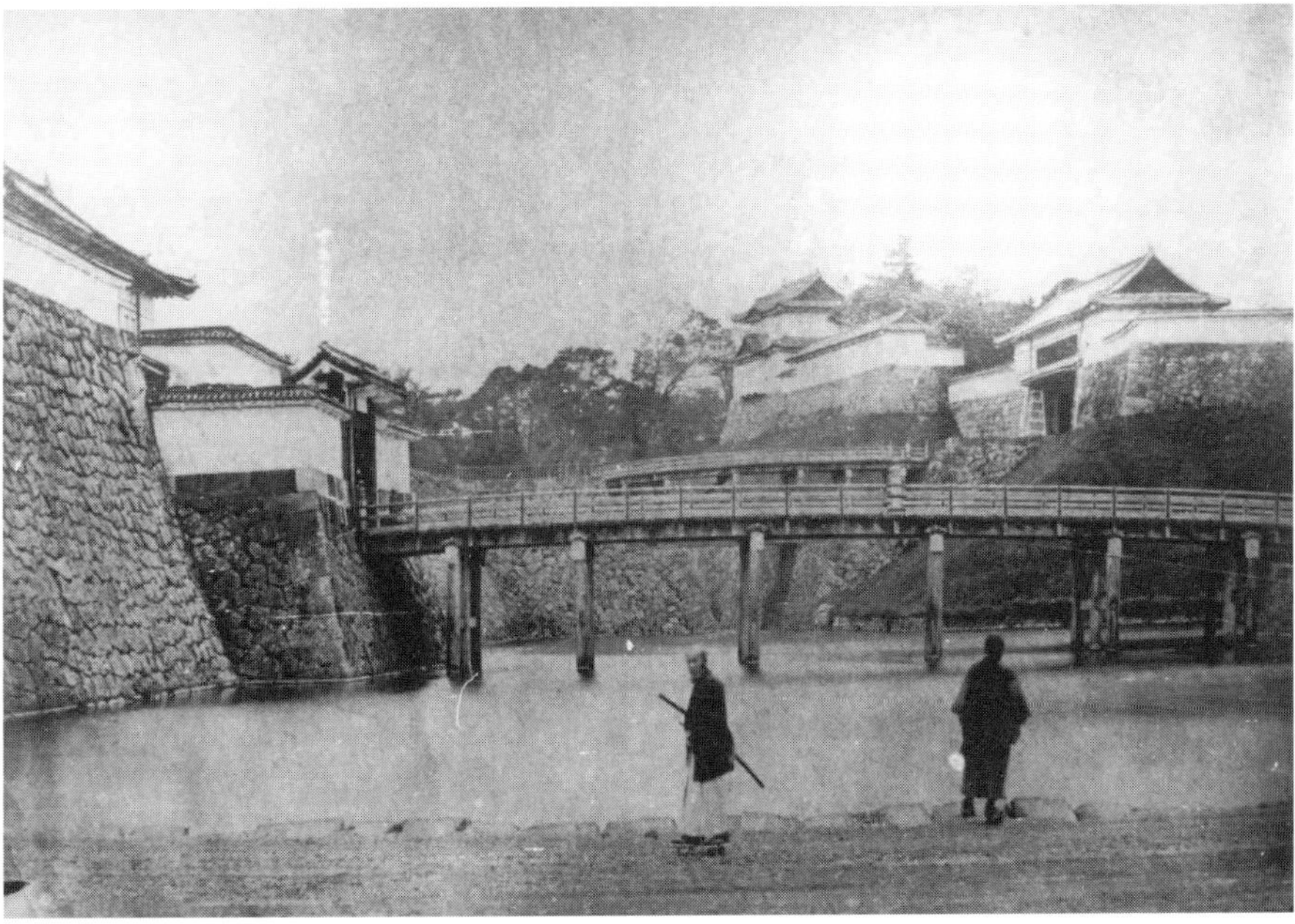

幕末の江戸城を写した古写真◆『江戸城写真集』　東京都立中央図書館蔵

49 戊辰《ぼしん》戦争《せんそう》——全国で展開した史上最大の内戦

慶応《けいおう》四年（一八六八）一月三日、鳥羽《とば》・伏見《ふしみ》で薩長《さっちょう》を中心とする新政府軍と旧幕軍が衝突し、戦争状態に突入した。鳥羽・伏見の戦い、上野《うえの》戦争、東北《とうほく》・北越《ほくえつ》戦争、箱館《はこだて》戦争に至る一年五ヵ月間の戦闘を、明治《めいじ》元年の干支にちなみ、戊辰《ぼしん》戦争《せんそう》と呼んでいる。

旧幕軍は、老中格《ろうじゅうかく》大河内正質《おおこうちまさただ》が総督《そうとく》として本軍を伏見に向けて率い、若年寄《わかどしより》塚原昌義《つかはらまさよし》が副総督として別軍を鳥羽に向けて率いた。三日夜の激戦で、旧幕側一万五〇〇〇に対し、新政府側は五〇〇〇という圧倒的な兵力差があったにもかかわらず、旧幕側が完敗した。

一月六日、大坂《おおさか》城（大阪市中央区）にとどまっていた慶喜《よしのぶ》は、大老《たいろう》酒井忠績《さかいただしげ》、老中板倉勝静《いたくらかつきよ》、松平容保《まつだいらかたもり》らと目付《めつけ》や奥医師《おくいし》を従えて幕府軍艦咸陽丸《かんようまる》に乗船し、江戸城に帰還した。一月七日、小御所会議《こごしょかいぎ》で総裁《そうさい》有栖川《ありすがわの》宮熾仁親王《みやたるひとしんのう》は慶喜追討令を出し、岩倉《いわくら》は諸侯に対して各々の進退を表明して請書を提出するよう命じた。

鳥羽・伏見の戦いに勝利した新政府軍は、一月二十八日に西国平定し、二月九日、熾仁親王を東征大総督《とうせいだいそうとく》に任じて東国平定と江戸城総攻撃に乗りだした。慶喜は初めから恭順な姿勢だったわけではなく、江戸帰着後は再起を企図し、箱根《はこね》や碓氷関所《うすいせきしょ》を譜代《ふだい》藩に命じて防衛させていた。しかし、自らが強硬姿勢でいる限り徳川家の消滅は免れないと判断し、松平慶永《よしなが》（春嶽《しゅんがく》）を通して「謹慎し、伏して朝裁《ちょうさい》（朝廷の判断）を仰ぎたい」（『維新史』第五巻、一七九頁）と願い出た。二月十二日、慶喜は江戸城を出て上野寛永寺《かんえいじ》（東京都台東区）に謹慎し、絶対恭順の姿勢を見せた。

江戸城総攻撃が迫る三月十三日、勝海舟《かつかいしゅう》や山岡鉄《やまおかてっ》舟《しゅう》らは東征軍を率いる西郷隆盛と翌日まで交渉し、江戸城総攻撃は中止となった。四月九日、静寛院宮《せいかんいんのみや》は清水《しみず》徳川邸へ、天璋院《てんしょういん》は一橋《ひとつばし》徳川邸へ移り、十一日に江戸城は尾張《おわり》藩に明け渡された。

江戸城が無血開城しても、旧幕臣全体が和平路線

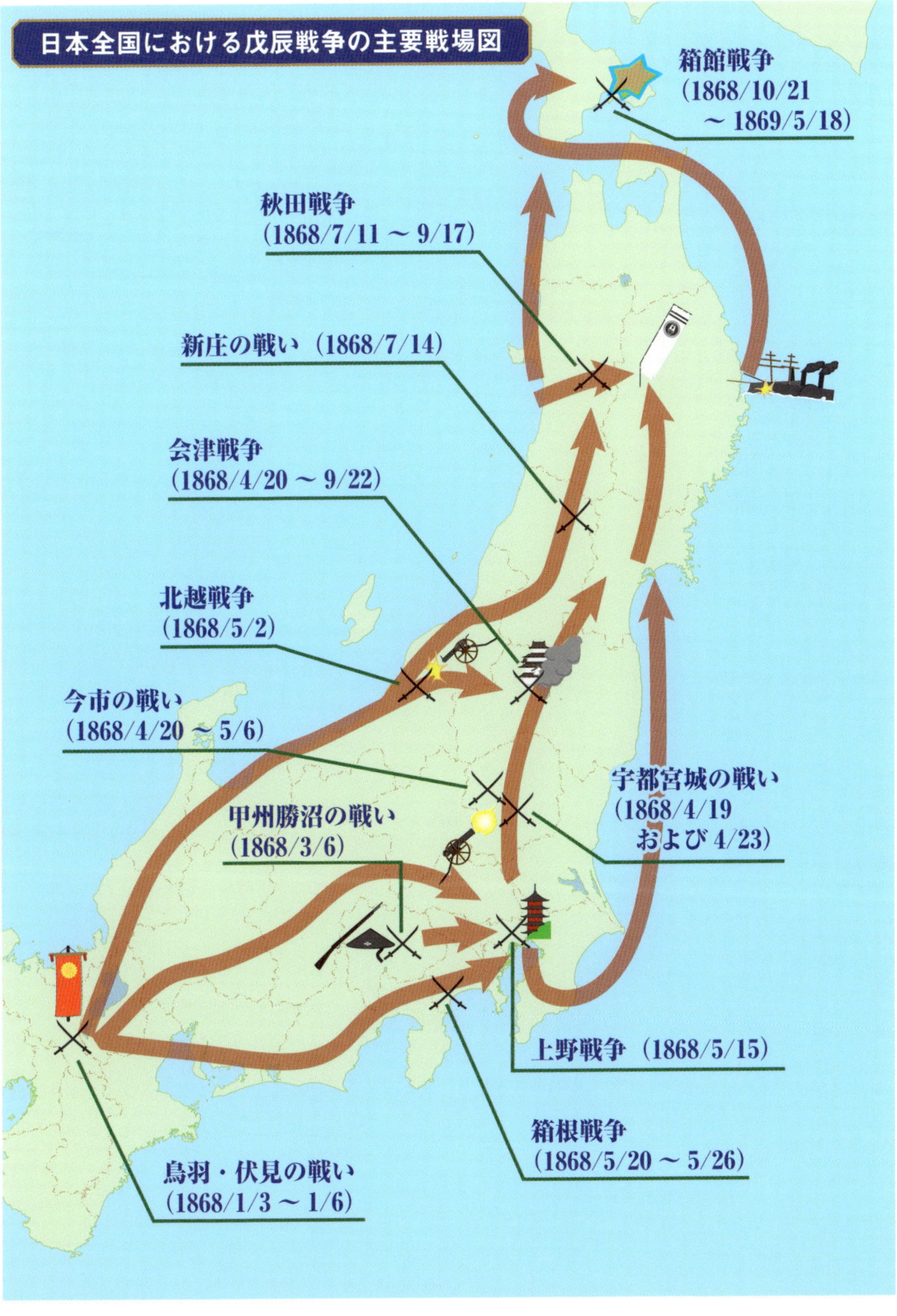
日本全国における戊辰戦争の主要戦場図
箱館戦争
(1868/10/21
～1869/5/18)
秋田戦争
(1868/7/11～9/17)
新庄の戦い(1868/7/14)
会津戦争
(1868/4/20～9/22)
北越戦争
(1868/5/2)
今市の戦い
(1868/4/20～5/6)
宇都宮城の戦い
(1868/4/19
および4/23)
甲州勝沼の戦い
(1868/3/6)
上野戦争(1868/5/15)
箱根戦争
(1868/5/20～5/26)
鳥羽・伏見の戦い
(1868/1/3～1/6)

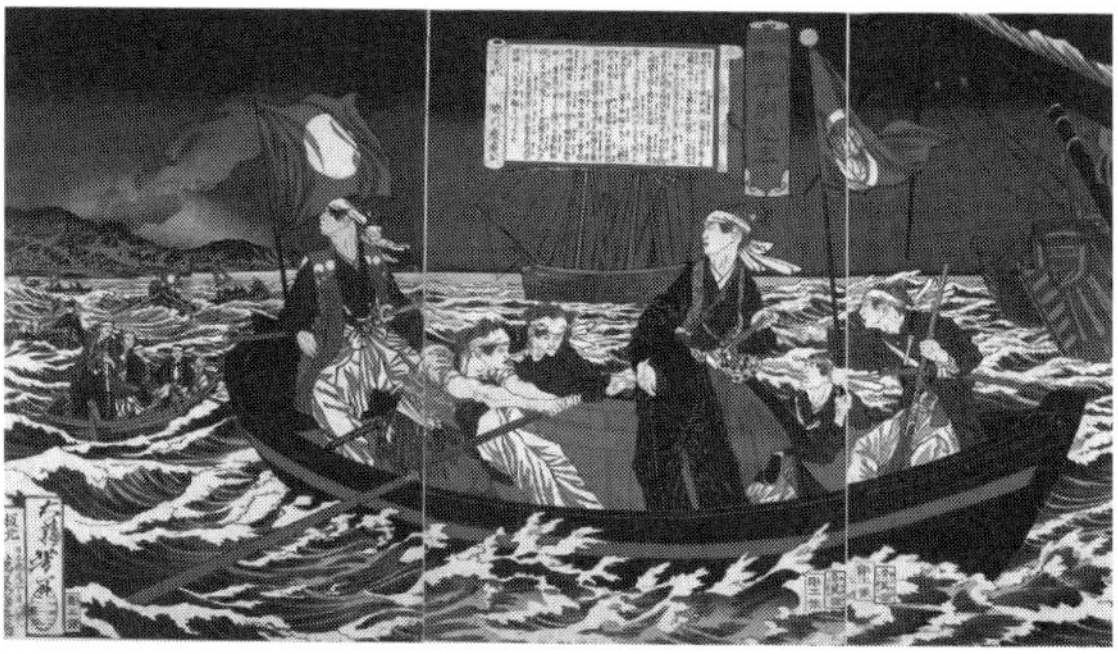

徳川治蹟年間紀事　十五代徳川慶喜公◆大坂城を抜け出し、船で江戸に逃れる慶喜一行を描いている　東京大学史料編纂所蔵

だったわけではない。明治二年（一八六九）五月十八日に五稜郭《ごりょうかく》（北海道函館市）で榎本武揚《えのもとたけあき》らが降伏し、箱館戦争が終結するまで、各地で新政府側と旧幕側の戦いはおこなわれた。近藤勇《こんどういさみ》率いる新選組《しんせんぐみ》は甲陽鎮《こうようちん》撫隊《ぶたい》と称し、甲州勝沼《かつぬま》（山梨県甲州市）で新政府軍に抗戦するも敗北した。近藤は斬首されたが、土方歳三《ひじかたとしぞう》らはほかの旧幕府軍に合流し、その後の戦争を戦った。

上野に結集した旧幕府強硬派の彰義隊《しょうぎたい》は二〇〇〇の新政府軍を前に完敗した。鳥羽・伏見の戦いで朝敵とされた会津《あいづ》藩は、薩摩《さつま》藩邸焼討事件の首謀である庄内《しょうない》藩と同盟を結んで新政府側に対抗した。その後、これに同調する奥羽越《おううえつ》三一藩で奥羽越列藩同盟《れっぱんどうめい》を組織し、東北・北越戦争を戦ったが、九月二十二日に会津藩、二十七日に庄内藩がそれぞれ降伏した。

戊辰戦争における新政府軍の兵員総数は一一万五〇〇〇名、戦死者は三五五〇名といわれる。旧幕側のうちもっとも戦死者を出したのは会津藩で二五五七名だった。戊辰戦争は、新政府の統一政権を誕生させる土壌を形成し、戦争に勝利した討幕派が新政府の中枢を担った。一方、旧幕臣たちは、徳川に従い静岡《しずおか》に移住するもの、各地で帰農商《きのうしょう》するもの、天皇の家臣として朝臣《ちょうしん》化して新政府内の職に就くものと、各々の選択のうえ、維新《いしん》を迎えることとなった。（篠原杏奈）

【参考文献】
家近良樹『徳川慶喜』（吉川弘文館、二〇一四年）
井上勝生『幕末・維新（シリーズ日本近現代史１）』（岩波書店、二〇〇六年）
三谷博『維新史再考―公議・王政から集権・脱身分化へ』（ＮＨＫ出版・二〇一七年）
宮地正人『幕末維新変革史（下）』（岩波書店、二〇一二年）

第二部　幕府の職制と役割

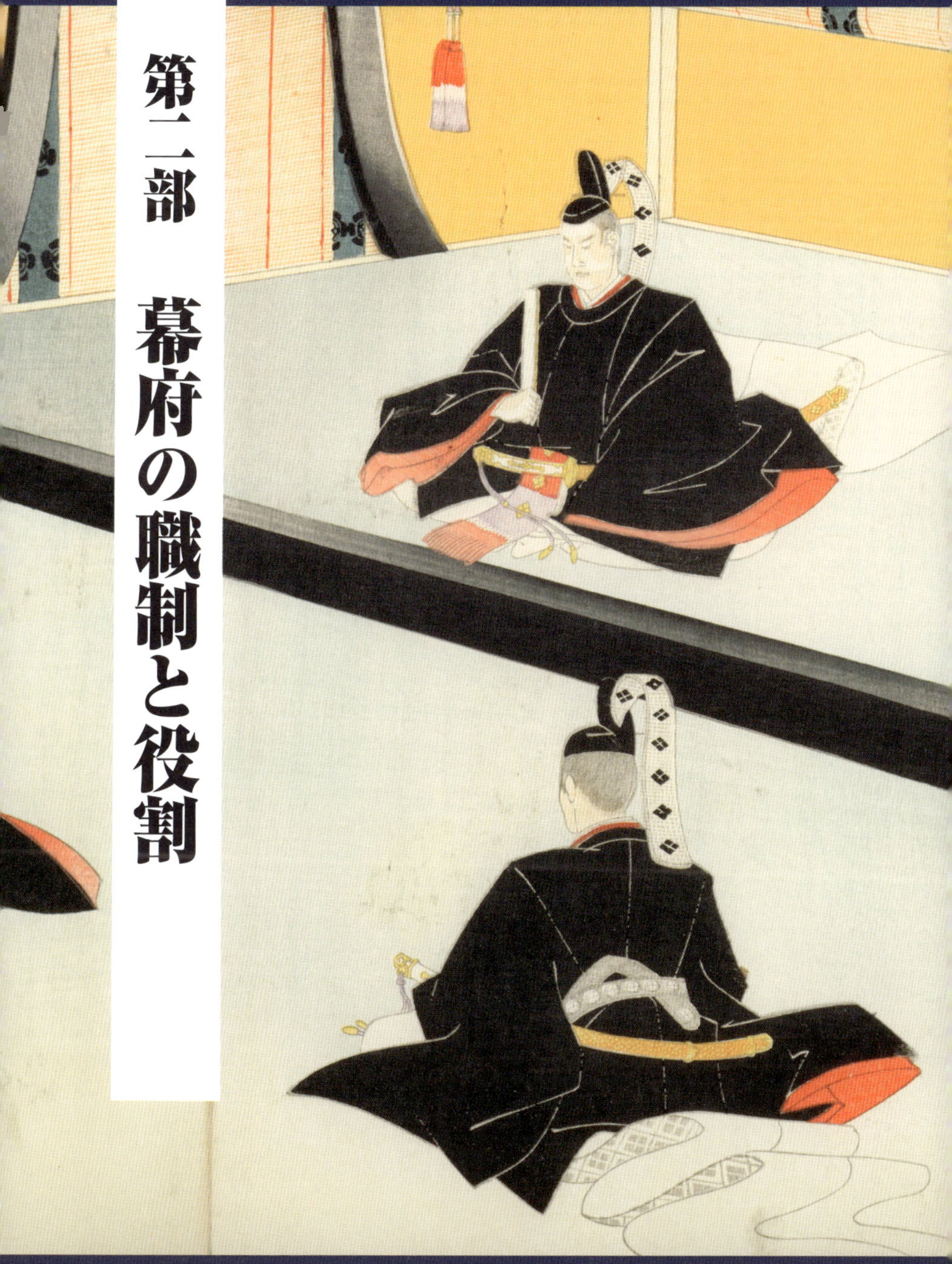

「千代田之御表」に描かれた将軍宣下◆画：楊州周延　国立国会図書館蔵

01 将軍《しょうぐん》——武家のトップの生活と江戸城の人びと

江戸幕府の将軍は、正式には征夷大将軍《せいいたいしょうぐん》の略である。もとは、朝廷が蝦夷征討《えみしせいとう》のために派遣した軍隊の指揮官の称号であったが、のちに幕府首長の官職名となったもので、唐名《とうめい》にちなんで大樹《たいじゅ》・大樹将軍ともいう。源頼朝《みなもとのよりとも》が征夷大将軍を名乗って以来、幕府の首長、武家の棟梁の地位を象徴する職と考えられるようになり、摂家《せっけ》将軍・宮《みや》将軍・足利《あしかが》氏そして徳川《とくがわ》氏と引き継がれた。

徳川氏は、慶長《けいちょう》八年（一六〇三）に家康が征夷大将軍となり天下人《てんかびと》の地位を固めた。二代秀忠《ひでただ》・三代家光《いえみつ》は、京都への上洛《じょうらく》に際して全国の諸大名を動員することで全国的軍事指揮権を発動した。また、領《りょう》知宛行状《ちあてがいじょう》の一斉発給によって諸大名との主従関係を明確化するなど、家光以降、天下人から幕府藩権力による公儀権力に位置づく将軍として十五代にわたって将軍職を引き継いだ。徳川氏の将軍職は、慶応《けいおう》三年（一八六七）に慶喜《よしのぶ》が大政奉還《たいせいほうかん》、王政復古《おうせいふっこ》で離任するまでの二六五年間存続した。

江戸城の中心である本丸御殿《ほんまるごてん》は、正室《せいしつ》や側室《そくしつ》の生活空間である「大奥《おおおく》」、儀礼をおこなう広間や諸役人の執務室がある「表《おもて》」のあいだに「中奥《なかおく》」と呼ばれる場所があり、将軍はここで生活した。中奥は、将軍が政務を執る公邸の役割を果たした。江戸幕府の役職で「奥」といえば中奥を指し、大奥と区別した。

将軍は、江戸城中奥の「御休息間《ごきゅうそくのま》」上段（将軍の寝室）で寝る。起床は明《あ》け六《む》つ時《どき》（午前五時から七時頃）で、うがいや手水《ちょうず》、便所などに行ってから、月代《さかやき》・ひげを剃る。これが終わると、髪を結うが、このときに御膳番《ごぜんばん》（中奥に勤仕した役人）が奥医師《おくいし》を呼び、将軍の御前に出て診察をおこなう。これらを済ませて、ようやく朝食となる。

将軍の普段着は、冬は八丈縞《はちじょうじま》、寒い日は生紬《なまつむぎ》の綿《わた》入襦袢《いれじゅばん》、上着は縞縮緬《しまちりめん》を着、政務に当たるため、裃《かみしも》に二本差し（刀と脇差）に着替える。毎朝五《いつ》つ半時《はん》（午

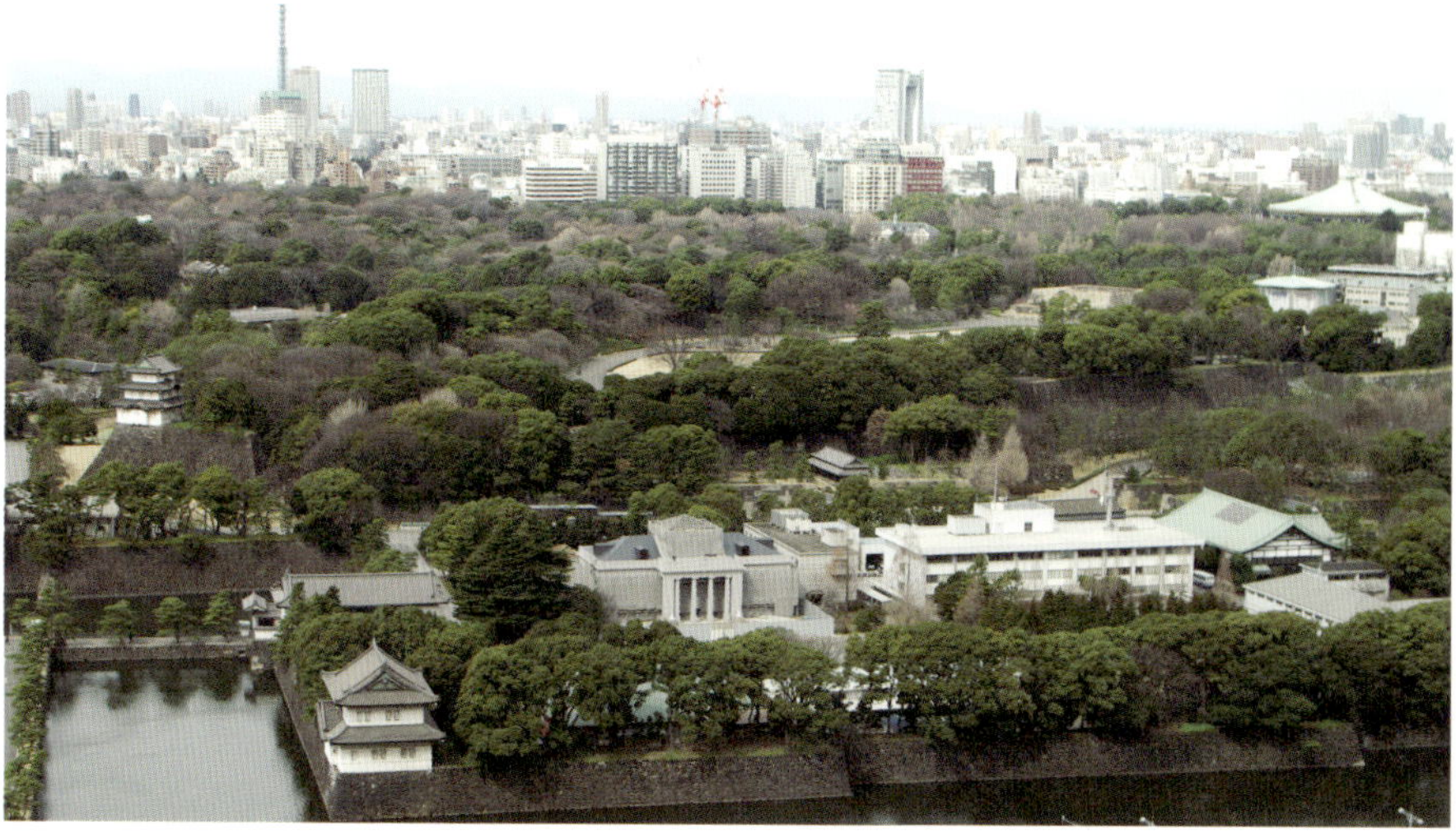

現在の江戸城（皇居）◆東京都千代田区

前九時頃）ごろ、大奥の「御仏間《おぶつま》」へ行き、仏壇に安置された歴代将軍の位牌《いはい》を拝む。四つ時（午前一〇時頃）、大奥の「御小座敷《おこざしき》」へ行くと、「朝の総触《そうぶれ》」として御台様《みだいさま》（将軍の正室、御台所）が御年寄《おとしより》四人、中年寄《ちゅうどしより》などを引き連れ、挨拶に来る。

大奥から中奥に戻ると、昼食まで自由時間となるが、「御座間《ござのま》」（応接室）で林大学頭《はやしだいがくのかみ》の御前講《ごぜんこう》を聴くなど学習の時間としたり、剣術や鑓《やり》、馬術などの武術の修業をおこなったりした。時には、老中が臨時で拝謁を願って人払いをして「御休息間」で面会することもあった。

昼食は中奥「御小座敷」（将軍の居間）でとり、午後は「御用《ごよう》」（将軍の公務）を務めた。執務は「御休息間」下段（将軍の執務室）でなされ、人払いのうえ、御側《おそば》御用取次《ごようとりつぎ》が老中・若年寄から提出された伺い書を読み上げて将軍が決裁した。御用がない、あるいは御用が済めば、将軍の余暇として乗馬や弓・御謡《おうたい》（能）などを楽しんだ。

夕飯は中奥か大奥で食べ、夜の五つ時（午後八時頃）になると、「夜の総触」として将軍は大奥へ行って、しばらく過ごした。御台様に支度が必要となるため、

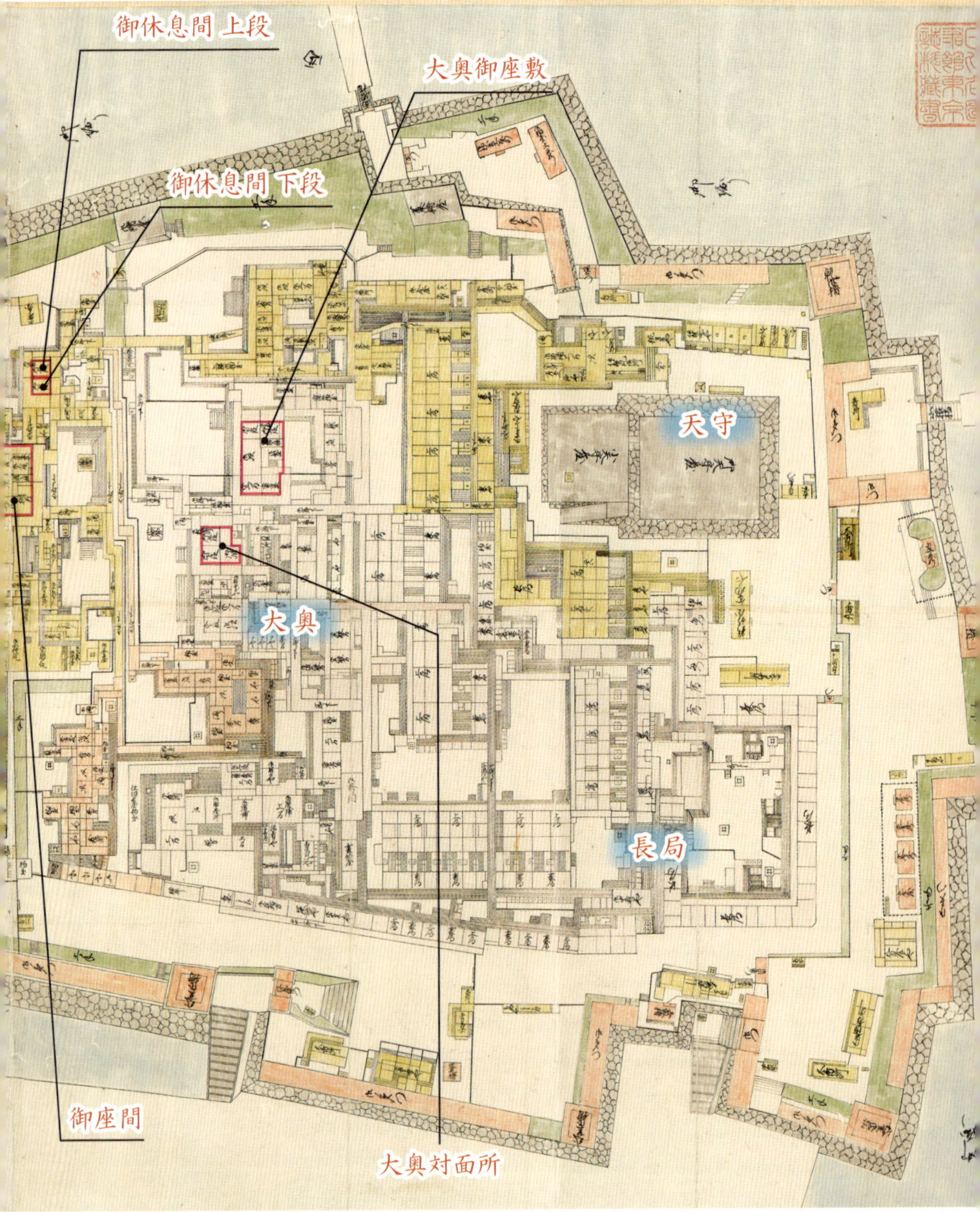
御休息間 上段
大奥御座敷
御休息間 下段
天守
大奥
長局
御座間
大奥対面所

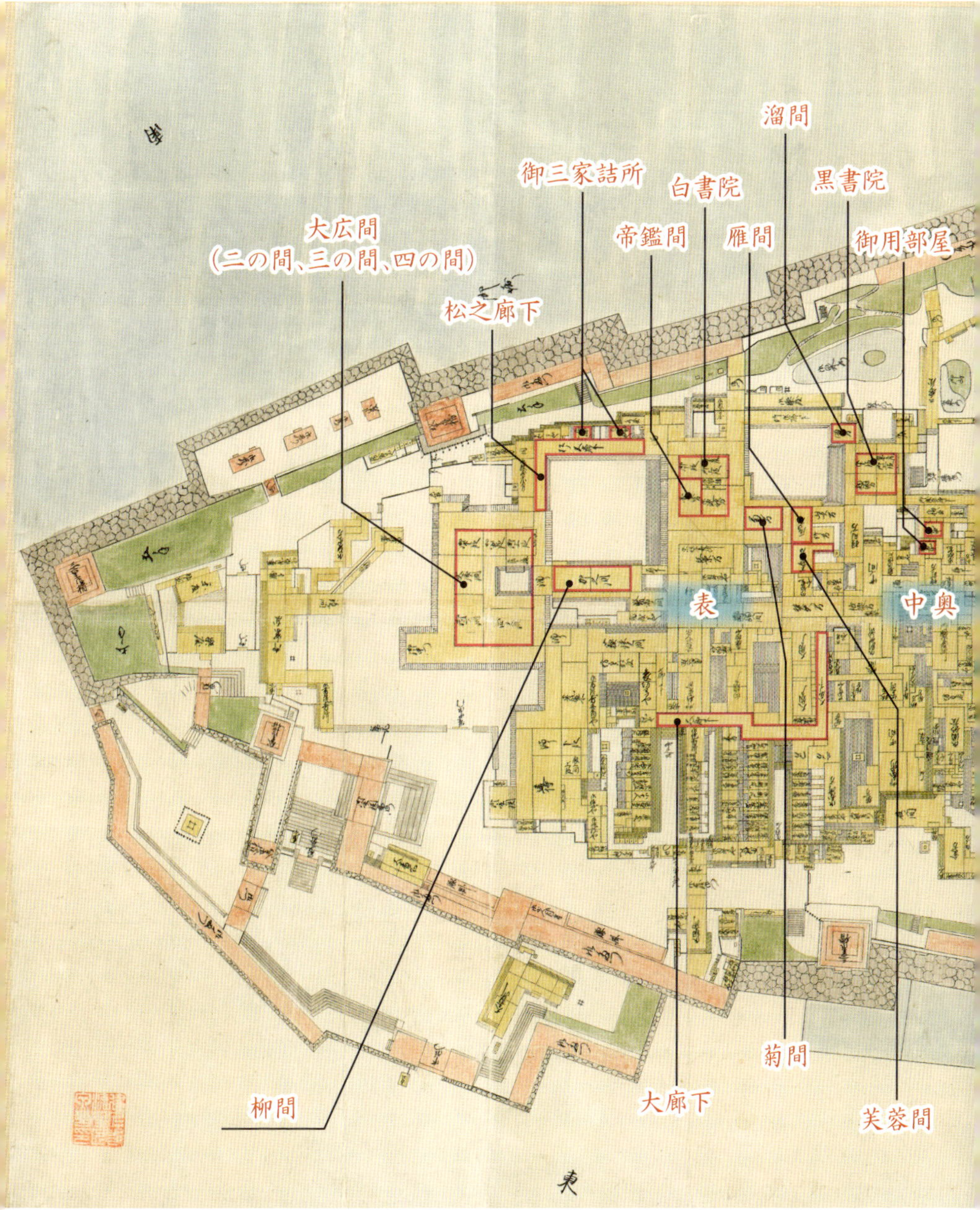

江戸城本丸図◆「江戸城御本丸御表御中奥御大奥総絵図」(東京都立中央図書館蔵)に一部加筆

徳川盛世録◆大広間での儀礼の様子が描かれた挿絵。将軍が大広間下段に立ち、二之間・三之間に諸大名が家格順に並んでいる　東京都立中央図書館蔵

大奥に泊まる際は夕方からその旨を知らせる必要があった。泊まらないときは、中奥へ戻って就寝した。

将軍は、儀式の日に「表」へ出御し、大名は登城して将軍に拝謁した。「表」は、儀式や将軍との謁見に使われた大広間《おおひろま》・白書院《しろしょいん》・黒書院《くろしょいん》の三つの広間のほか、諸大名の控え席や詰所、諸役人の執務室などからなる、幕府の中央政庁にあたる。大広間は、縁側を含めると五〇〇畳近くになることから、俗に千畳敷とも呼ばれる広さがあり、将軍宣下・武家諸法度《ぶけしょはっと》発布・年始などの公式行事に使われた。

白書院と黒書院は、将軍の表向きの応接室で、玄関に近い白書院のほうが公的な行事で用いられ、黒書院は日常的な行事で使用された。大名が江戸城本丸御殿に登城した際の詰間《つめのま》もしくは控之間《ひかえのま》は、「殿中席《でんちゅうせき》」（以下、殿席《でんせき》）と呼ばれる。大名の類別方法で、親藩《しんぱん》・譜代《ふだい》・外様《とざま》という三分類が定着しているが、江戸時代において大名の家格として幕府が大名をこの分類で分けたことはなく、殿席が幕府の大名把握の基準であった。

大名の殿席には、大廊下《おおろうか》（上之《かみの》部屋・下之《しもの》部屋）・溜間《たまりのま》・大広間《おおひろま》（二之間・三之間）・帝鑑間《ていかんのま》・柳《やなぎの》間《ま》・雁間《がんのま》・菊間《きくのま》の七つがあり、それぞれに詰める大名は石高や官位、将軍家との関係などにより幕府によって定められていた。将軍が「表」へ出御しておこなうさまざまな儀礼の場において、殿席や官位などによって謁見の場所や座順が規定された。

将軍は、生活の多くを江戸城本丸御殿で過ごしたが、

「千代田之御表」に描かれた芝の増上寺への将軍御成◆「千代田之御表」は江戸城の公式の場である「表」での諸行事について描いた作品で、本絵図には七代将軍家継の霊廟を訪れる八代吉宗が描かれている。増上寺には家継のほか、二代秀忠・六代家宣・九代家重・十二代家慶・十四代家茂の墓所がもうけられた　画：揚州周延　国立国会図書館蔵

外出することもあった。将軍の外出を「御成《おなり》」という。将軍の外出先として定められていたのは、上野《うえの》の寛永寺《かんえいじ》（東京都台東区）と芝《しば》の増上寺《ぞうじょうじ》（同港区）、城内にある紅葉山《もみじやま》である。寛永寺と増上寺は将軍家の菩提寺《ぼだいじ》であり、紅葉山には東照宮《とうしょうぐう》と秀忠以下の廟が設けられていた。

そのほかにも、特定の大名屋敷への御成や江戸城内の西ノ丸《にしのまる》や吹上御庭《ふきあげおにわ》などの庭園への外出、鷹狩や寺社への参詣などがなされた。大名屋敷への御成は、大名との主従関係を再確認する機会としての意味を持った。鷹狩は、将軍が直接出向いて江戸近郊の民衆の様子をうかがう機会となり、寺社への御成は寺社と将軍が新たな関係を結ぶ機会となるなど、御成先ではさまざまな交流がなされた。

（小嶋　圭）

【参考文献】
大石学『将軍』（大石学編『江戸幕府大事典』吉川弘文館、二〇〇九年）
徳川美術館編『徳川将軍の御成』（同、二〇一二年）
深井雅海『図解・江戸城をよむ―大奥・中奥・表向―』（原書房、一九九七年）
深井雅海『江戸城御殿の構造と儀礼の研究―空間に示される権威と秩序―』（吉川弘文館、二〇二一年）
山本博文『将軍と大奥―江戸城の「事件と暮らし」―』（小学館、二〇〇七年）

02 御三家《ごさんけ》——徳川将軍の〝血のスペア〟

御三家《ごさんけ》とは、徳川家康の九男義直《よしなお》を祖とする尾張《おわり》徳川家、十男頼宣《よりのぶ》を祖とする紀伊《きい》徳川家、十一男頼房《よりふさ》を祖とする水戸《みと》徳川家を意味する。この三家は親藩《しんぱん》のなかでも、徳川姓を名乗ることができ、将軍継承権を持った。元和《げんな》二年（一六一六）頃には、二代将軍秀忠《ひでただ》と兄弟の間柄でありながら、将軍家《しょうぐんけ》（宗家《そうけ》）とは主従関係に位置づけられた。格式は三代家光《いえみつ》の頃におおよそ形成される。

寛永《かんえい》三年（一六二六）八月十九日の叙位・任官によって、石高は尾張六一万九五〇〇石、紀伊五五万五〇〇〇石、水戸二八万石となった。官位は、尾張・紀伊が大納《だいな》言《ごん》、水戸が中納言《ちゅうなごん》となり、親戚筋の家格のなかでも一線を画した。

殿席《でんせき》においては、白書院《しろしょいん》と大広間《おおひろま》をつなぐ、松之廊《まつのろう》下《か》として知られる大廊下の上之部屋《うえのへや》を詰所《つめしょ》とし、大名としては最高格式であった。そのほか、将軍代替りの際の誓詞血判は免除、登城の際の行列では御三家のみ「下に」という制し声をかけることができるなど特権を持っていた。また、将軍へ謁見する場合には「御目《おめ》見得《みえ》」ではなく「御対顔《ごたいがん》」と称することもあった。将軍継嗣の場に立ち会うこともできた。

現代において、特定の分野で有力な三つの存在を「御三家」と言い表すことは、こうした徳川御三家に見られる特権や位置づけに起因する。

八代将軍の吉宗《よしむね》、十四代の家茂《いえもち》はともに紀伊家から宗家を継いでいる。十五代将軍の慶喜《よしのぶ》は、水戸家九代当主徳川斉昭《なりあき》の七男で、弘化《こうか》四年（一八四七）に御三《ごさん》卿《きょう》の一橋《ひとつばし》家を相続した後に宗家を継いでいる。尾張家から将軍を出すことはなかったが、一橋家十代当主を出したり、尾張家の分家の高須《たかす》家から、会津《あいづ》藩九代藩主の松平容保《まつだいらかたもり》や桑名《くわな》藩四代藩主松平定敬《さだあき》を出すなど縁戚関係が結ばれている。

水戸家は幕府の万一に備えて定府《じょうふ》大名とされた。尾張家は尾張・美濃《みの》・信濃《しなの》など六ヵ国にわたる広域支配を有し、中山道《なかせんどう》と東海道《とうかいどう》をおさえる役割を持った。また、紀伊家は西国の外様大名に対する最前線基地としての役割を有していた。

御三家は幕府からの介入を受けながら、近世を通じて徳川一門として幕藩体制を支える重要な機能を果たした。

（小川しおり）

徳川頼宣像◆紀伊徳川家の祖。元和５年（1619）に和歌山藩主となると、和歌山城や城下町の整備や、ミカンの栽培など諸産業の奨励などの政策を展開した　和歌山県立博物館蔵

【参考文献】

笠谷和比古『近世武家社会の政治構造』（吉川弘文館、一九九三年）
小山譽城『徳川御三家付家老の研究』（清文堂出版、二〇〇六年）
林董一「「御三家」の格式とその成立」（『史学雑誌』六九巻一二号、一九六〇年）
深井雅海『江戸城御殿の構造と儀礼の研究―空間に示される権威と秩序―』（吉川弘文館、二〇二一年）
藤野保『近世国家史の研究―幕藩制と領国体制―』（吉川弘文館、二〇〇二年）
松尾美惠子・藤實久美子編『大名の江戸暮らし事典』（柊風舎、二〇二一年）
山本博文『徳川将軍と天皇』（中央公論新社、一九九九年）
劉晨「近世初期徳川政権の親族政策について―徳川「御三家」の成立をめぐって―」（『史林』一〇二巻三号、二〇一九年）

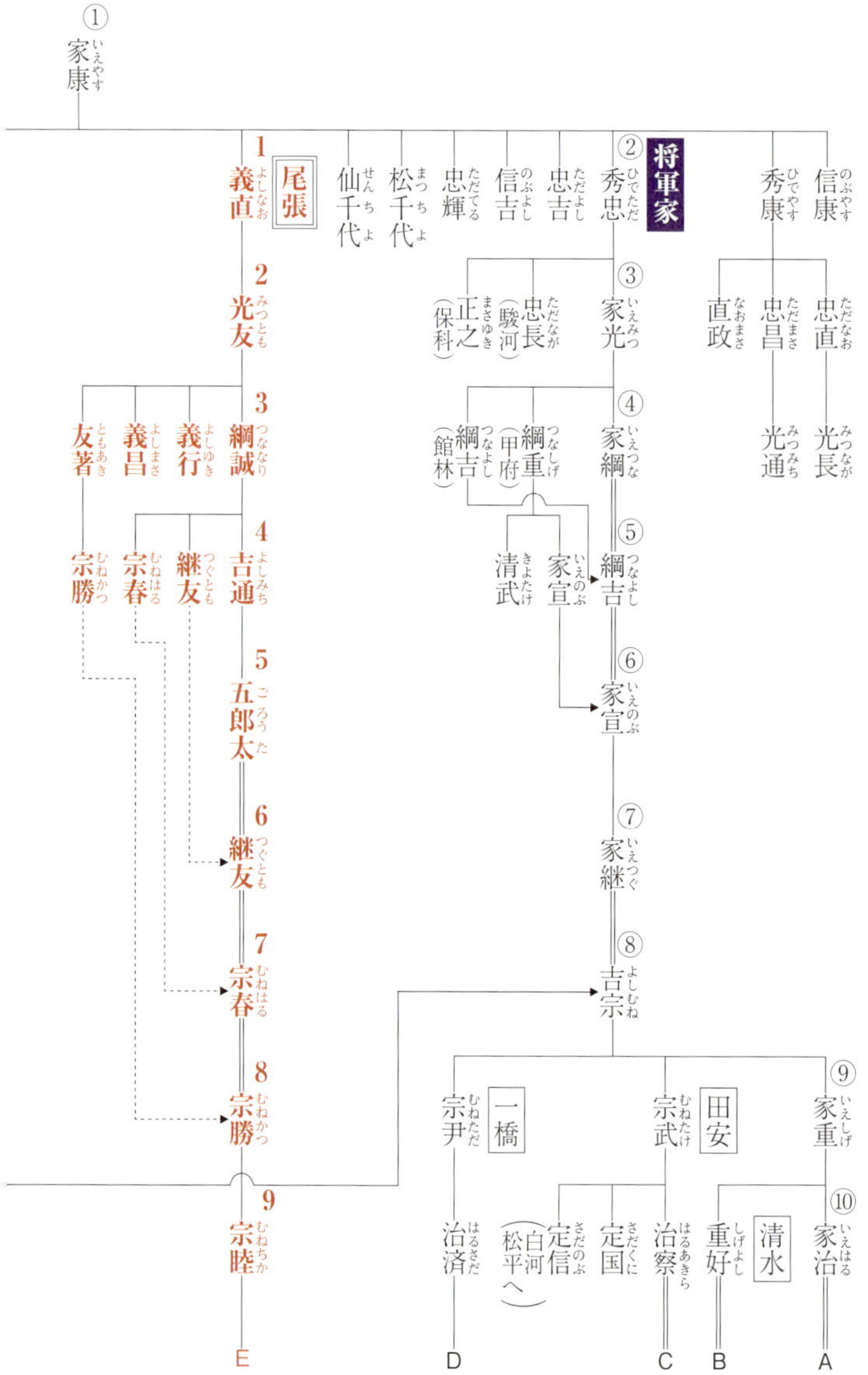
①
家康《いえやす》
将軍家
②
秀忠《ひでただ》
忠吉《ただよし》
信吉《のぶよし》
忠輝《ただてる》
松千代《まつちよ》
仙千代《せんちよ》
秀康《ひでやす》
信康《のぶやす》
③
家光《いえみつ》
忠長《ただなが》（駿河）
正之《まさゆき》（保科）
忠直《ただなお》
忠昌《ただまさ》
直政《なおまさ》
④
家綱《いえつな》
綱重《つなしげ》（甲府）
綱吉《つなよし》（館林）
光長《みつなが》
光通《みつみち》
⑤
綱吉《つなよし》
家宣《いえのぶ》
清武《きよたけ》
⑥
家宣《いえのぶ》
⑦
家継《いえつぐ》
⑧
吉宗《よしむね》
⑨
家重《いえしげ》
田安
宗武《むねたけ》
一橋
宗尹《むねただ》
⑩
家治《いえはる》
清水
重好《しげよし》
治察《はるあきら》
定国《さだくに》
定信《さだのぶ》（白河松平へ）
治済《はるさだ》
A
B
C
D
尾張
1
義直《よしなお》
2
光友《みつとも》
3
綱誠《つななり》
義行《よしゆき》
義昌《よしまさ》
友著《ともあき》
4
吉通《よしみち》
継友《つぐとも》
宗春《むねはる》
宗勝《むねかつ》
5
五郎太《ごろうた》
6
継友《つぐとも》
7
宗春《むねはる》
8
宗勝《むねかつ》
9
宗睦《むねちか》
E

徳川将軍家・御三家系図

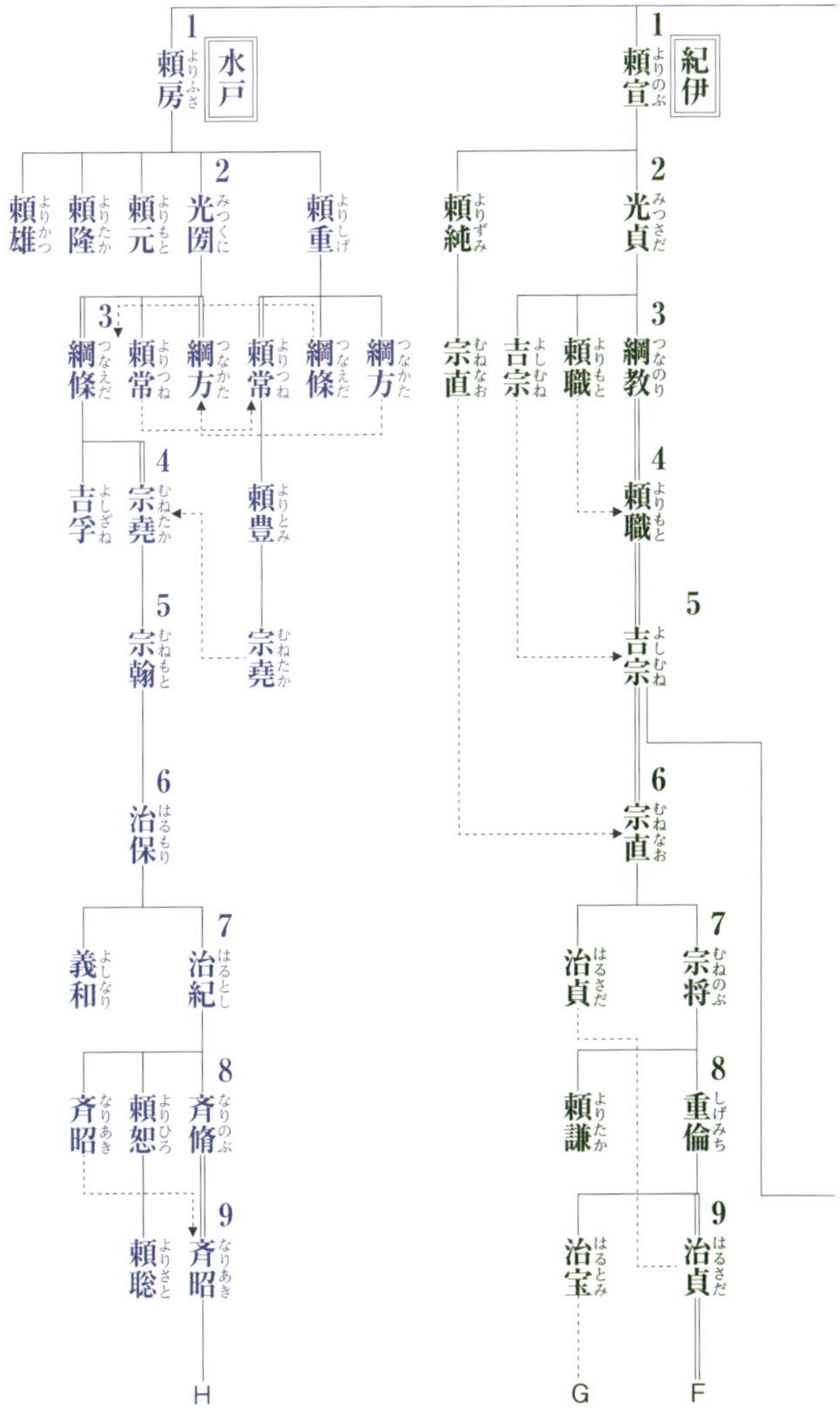
紀伊
1 頼宣《よりのぶ》
2 光貞《みつさだ》
頼純《よりずみ》
3 綱教《つなのり》
頼職《よりもと》
吉宗《よしむね》
宗直《むねなお》
4 頼職《よりもと》
5 吉宗《よしむね》
6 宗直《むねなお》
7 宗将《むねのぶ》
治貞《はるさだ》
8 重倫《しげみち》
頼謙《よりたか》
9 治貞《はるさだ》
治宝《はるとみ》
G
F
水戸
1 頼房《よりふさ》
頼重《よりしげ》
2 光圀《みつくに》
頼元《よりもと》
頼隆《よりたか》
頼雄《よりかつ》
綱方《つなかた》
綱條《つなえだ》
頼常《よりつね》
綱方《つなかた》
頼常《よりつね》
3 綱條《つなえだ》
4 宗堯《むねたか》
吉孚《よしざね》
頼豊《よりとみ》
宗堯《むねたか》
5 宗翰《むねもと》
6 治保《はるもり》
7 治紀《はるとし》
義和《よしなり》
8 斉脩《なりのぶ》
頼恕《よりひろ》
斉昭《なりあき》
9 斉昭《なりあき》
頼聡《よりさと》
H

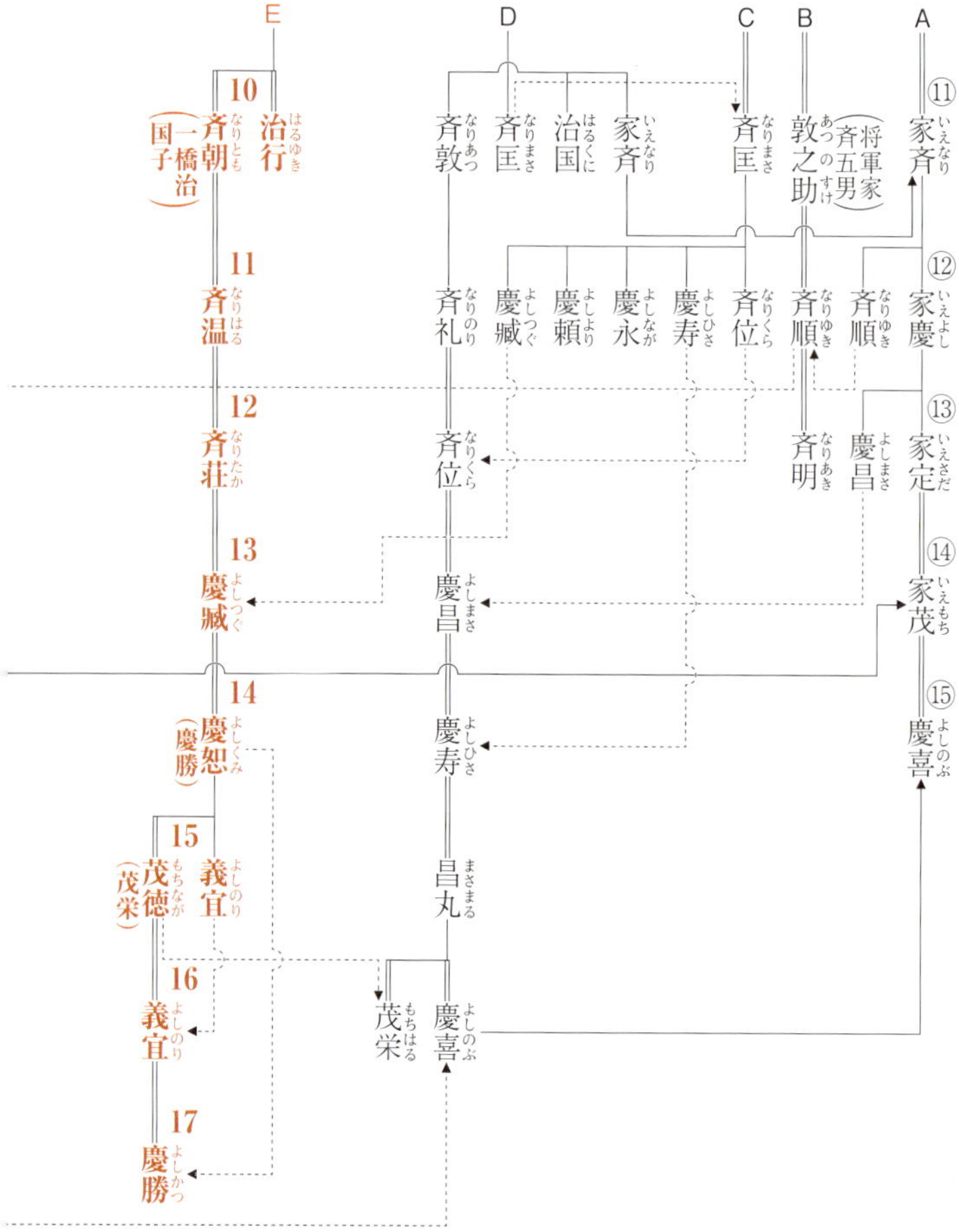
A
B
C
D
E
⑪
家斉《いえなり》
将軍家斉五男
敦之助《あつのすけ》
斉匡《なりまさ》
家斉《いえなり》
治国《はるくに》
斉匡《なりまさ》
斉敦《なりあつ》
10
治行《はるゆき》
斉朝《なりとも》
（一橋治国子）
⑫
家慶《いえよし》
斉順《なりゆき》
斉順《なりゆき》
斉位《なりくら》
慶寿《よしひさ》
慶永《よしなが》
慶頼《よしより》
慶臧《よしつぐ》
斉礼《なりのり》
11
斉温《なりはる》
⑬
家定《いえさだ》
慶昌《よしまさ》
斉明《なりあき》
斉位《なりくら》
12
斉荘《なりたか》
⑭
家茂《いえもち》
慶昌《よしまさ》
13
慶臧《よしつぐ》
⑮
慶喜《よしのぶ》
慶寿《よしひさ》
14
慶恕《よしくみ》
（慶勝）
昌丸《まさまる》
15
義宜《よしのり》
茂徳《もちなが》
（茂栄）
慶喜《よしのぶ》
茂栄《もちはる》
16
義宜《よしのり》
17
慶勝《よしかつ》

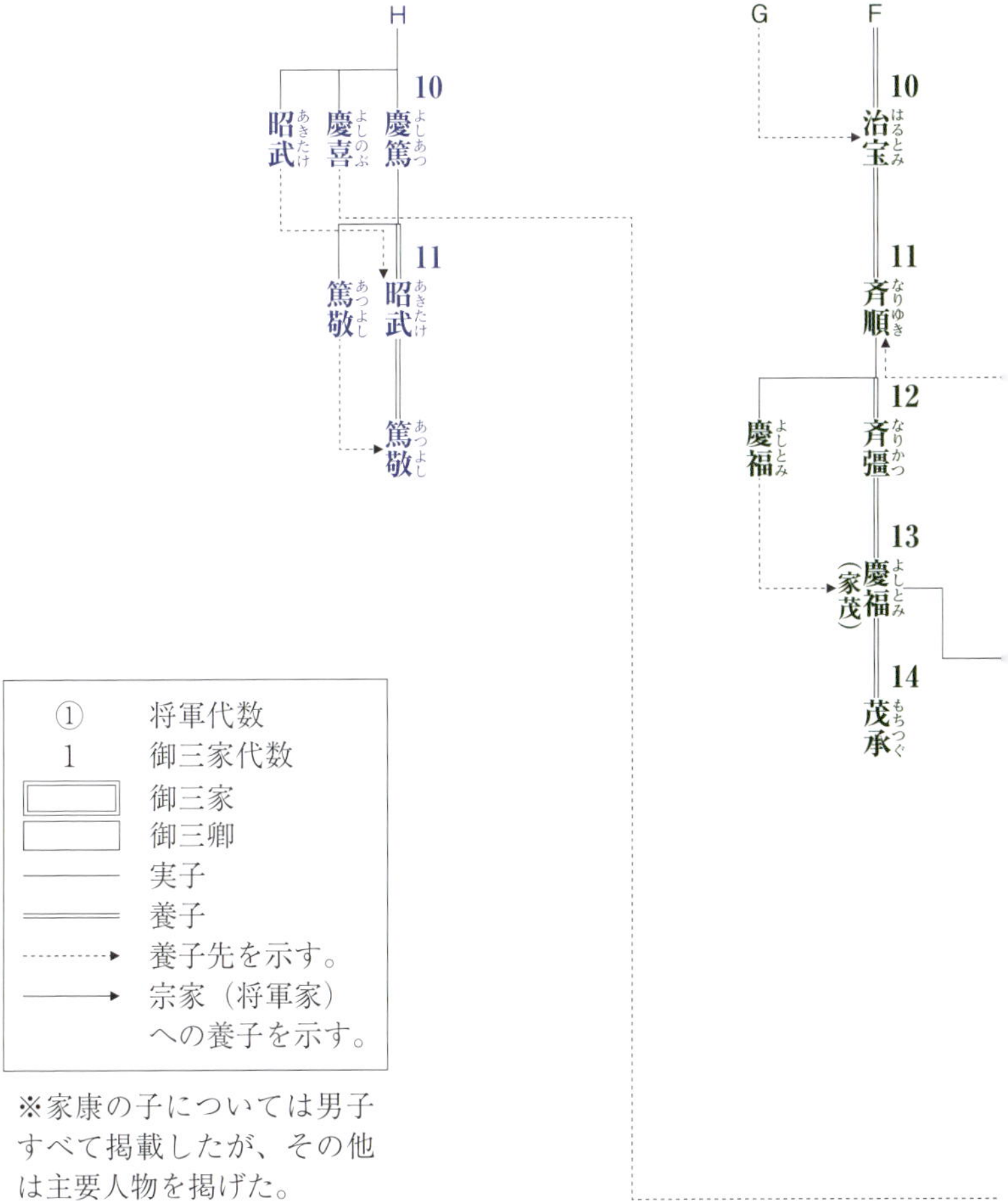

※家康の子については男子すべて掲載したが、その他は主要人物を掲げた。

（注）『徳川諸家系譜』（続群書類従完成会）、『藩史辞典』（秋田書店）、『南紀徳川史』（南紀徳川史刊行会）、『日本史総覧』（新人物往来社）により大石学が作成。

03 御三卿《ごさんきょう》——将軍を支えた「城住み」の徳川一門

御三卿《ごさんきょう》とは、江戸中期に創立された、徳川将軍《とくがわしょうぐん》家一門である田安《たやす》家・一橋《ひとつばし》家・清水《しみず》家の三つの家の総称である。まず八代将軍吉宗《よしむね》の二男宗武《むねたけ》を祖とする田安家が、続いて四男宗尹《むねただ》を祖とする一橋家が成立し、これに九代家重《いえしげ》の子である重好《しげよし》を祖とする清水家が加わり、「御三卿」と称された。

彼らは大名家に養子として送り込まれ、将軍家とのつながりを作る役割を期待されるとともに、将軍継嗣の不在時に、将軍職を継ぐこともあった。「卿」の呼称は、彼らの初叙が従三位《じゅさんみ》であり、古来より従三位以上の官位を持つ者のことを「公卿《くぎょう》」と呼ぶことからついたものとされている。また、田安・一橋・清水の呼び名は、彼らが居住した江戸城内の屋形《やかた》の場所に由来する。なお、大名として独立した徳川御三家とは異なり、あくまでも将軍家の一員という扱いであり、文書上は三卿とも徳川を名乗り、収入の賄料《まかないりょう》も、当初は幕領の年貢から現米や金で与えられた（のち、十八世紀には一家につき領知約一〇万石を与えられるようになり、畿内や関東の地が割り当てられた）。

御三卿に特有の性質のうち代表的なものとして、当主不在の状態でも家名が存続する「明屋形《あきやかた》」がある。通常、大名の当主不在は家の消滅を意味するが、御三卿に限っては収入や家臣団が幕府に回収される場合こそあったものの家名は残され、必要に応じて新しい当主が据えられたのである。御三卿と将軍家の間では養子縁組が盛んで、ときに当主や嫡子すらもその対象となった。

また、家臣団の中に幕府から出向した「付人《つけびと》」や「付切《つききり》」と呼ばれる人びとが含まれていたことも特徴である。彼らは重職に位置し各家を運営する立場にあったとされる。

御三卿のうち、田安家は寛政《かんせい》年間（一七八九〜一八〇一）の老中《ろうじゅう》松平定信《まつだいらさだのぶ》や、大政奉還後の宗家当主、徳川家達《いえさと》を出した。

一橋家は、十一代将軍家斉《いえなり》、十五代将軍慶喜《よしのぶ》を出した。家斉の父治済《はるさだ》は、家斉が将軍に就任した後も実父として大きな権力を有し、松平定信の老中登用に功があった。九代当主を務めた慶喜は、御三家の一つ、水《み》戸《と》家の徳川斉昭《なりあき》の七男として生まれ、一橋家に養子に入ると、父斉昭と幕府の間の仲介役を務めるようになり、将軍就任前から幕政に深くかかわった。

清水家は、「明屋形」の時期が長く、一時は収入や屋形を失うなど不安定な存在であった。幕末には弘化《こうか》三年（一八四六）から当主不在となるが、二一年後の慶応《けいおう》二年（一八六六）に水戸家から昭武《あきたけ》が養子に入り、六代当主となる。これは、翌年パリで開かれる万博《ばんぱく》に将軍の名代として昭武を派遣しようとした兄・慶喜の意図によるものとされる。その重責にふさわしい家格を得るため、昭武は将軍の最近親でありながら明屋形であった清水家の当主に据えられたのである。

このように、御三卿は将軍の近親という立場やその特殊で柔軟な性質から徳川将軍家を支える役割を果たした。

（行田健晃）

徳川昭武◆慶応２年（1866）に清水家を継ぐと、翌年徳川慶喜の名代としてパリ万国博覧会に派遣される。博覧会後も引き続きパリで留学生活を送るが、明治維新のため中断して帰国、最後の水戸藩主となった　『近世名士写真』其二　国立国会図書館蔵

【参考文献】

北原章男「御三卿の成立事情」（『日本歴史』一八七号、一九六三年）
竹村誠「御三卿の領地変遷」（大石学編『近世国家の権力構造』岩田書院、二〇〇三年）
辻達也「徳川御三卿の相続について」（『横浜市立大学論叢人文科学系列』三七巻二・三号、一九八六年）
辻達也「徳川御三家の生活」（『専修人文論集』五三号、一九九四年）
徳川記念財団・東京都江戸東京博物館編『企画展 徳川御三卿』（徳川記念財団、二〇一〇年）
徳川記念財団・東京都江戸東京博物館編『企画展 天下泰平―将軍と新しい文化の創造―』（徳川記念財団、二〇二〇年）

04 大奥《おおおく》——見直される「男人禁制」のイメージ

大奥《おおおく》とは、江戸城のうち将軍の妻子が住む空間のことを指す。江戸城の空間は公的空間である「表《おもて》」、将軍やその世子が居住し執務にあたる「奥《おく》（中奥《なかおく》）」、将軍とその家族の私的空間である「大奥」に分けられる。

ただし、この区分けは江戸城築城当時から明確なわけではなく、文書上に「大奥」という文言が登場し、「奥」と「大奥」が明確に分けて認識されるのは五代綱吉《つなよし》の頃であった。

空間としての奥と大奥の境は銅塀で区切られており、両所は「御鈴廊下《おすずろうか》」と呼ばれる二本の廊下によってつながれているのみであった。

大奥内部は将軍の家族が生活する御殿向《ごてんむき》、幕府に仕える奥女中《おくじょちゅう》が生活する長局向《ながつぼねむき》、事務や警護を担当する男性役人の詰所がある広敷向《ひろしきむき》の三つに区分される。将軍以外の男性が入ることができるのは広敷向までで、それより奥には原則として立ち入ることができなかった。

奥女中の職制は朝廷《ちょうてい》の女官《にょかん》や摂家《せっけ》・親王《しんのう》家の女房《にょうぼう》の職名が参考にされ、江戸中期ころまでに、最上層の「上臈御年寄《じょうろうおとしより》」から最下層の「御半下《おはした》」まで、二〇以上の職階が整備された。大奥女中の人数は将軍の家族構成や幕府の財政状況などにより大幅に増減があり一定しないが、本丸《ほんまる》の大奥に限れば、たとえば十一代家《いえ》斉《なり》から十三代家定《いえさだ》の間、将軍とその家族についていた女中は三〇〇人弱で推移している。ただし、本丸以外の女中や、上級の女中が自室で召し使っていた部屋方の数も合わせると、実際にはもっと多かった。

また、最近の研究成果により、大奥がもつ「男人禁制」に代表される従来のイメージは転換を迫られている。たとえば、儀礼や掃除、普請、非常時など必要があれば男性が複数で大奥に出入りすることが許されていた。そのほか、大奥に対して留守居年寄《るすいとしより》や老中《ろうじゅう》が有する権限の大きさについても指摘されている。

将軍家の家政と家の継承に果たした大奥の役割はつ

とに知られるが、実際はそれだけに留まらず、政治的役割を果たすこともあった。大奥は江戸城における贈答や儀式を通してその影響力を行使した。参勤交代《さんきんこうたい》などの際に諸大名が御台所《みだいどころ》や老女・表使いに白銀を贈るほか、将軍家と姻戚関係にある大名家などが江戸城大奥と結び、幕政に影響を及ぼした。この政治力を頼ろうと、大奥に賄賂を贈る大名も存在した。

さらに、大奥は旗本《はたもと》のみならず江戸城周辺の町人や百姓の家に生まれた女性の奉公先の一つであった。良縁を得るための行儀見習いの場となる一方、三〇年以上勤務した者には住居が下され、死ぬまで生活に困らない扶持が与えられた。大奥は、さまざまな身分に生まれた女性たちのライフコースの一部分であった。

（行田健晃）

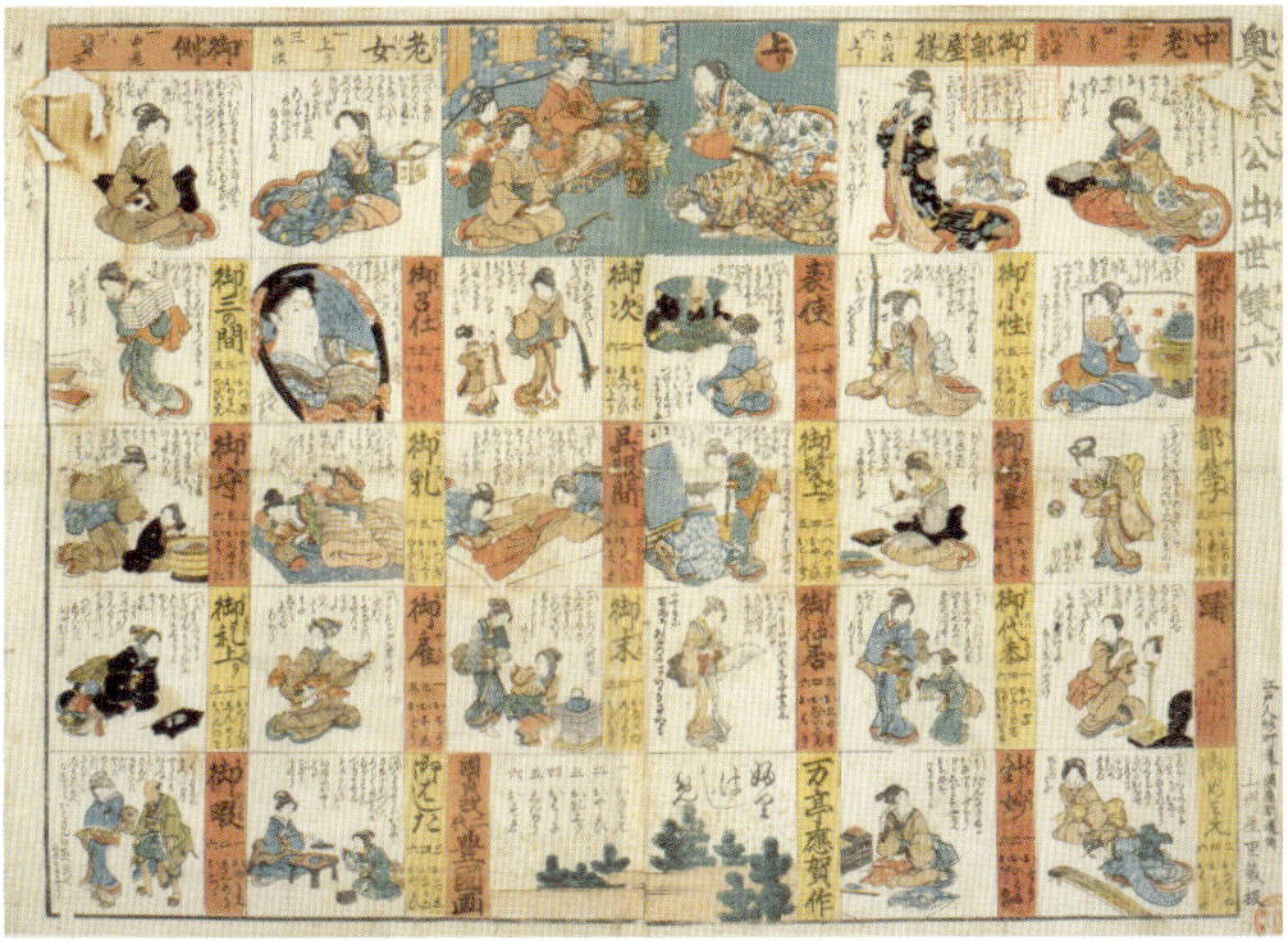

奥奉公出世双六◆奥勤めの女性の出世を題材とした双六で、各マスには「中老（中臈）」「御はした」など、さまざまな奥仕えの役職や役目が描かれている
国立国会図書館蔵

【参考文献】
大石学編『時代考証の窓から―「篤姫」とその世界―』（東京堂出版、二〇〇九年）
竹内誠・深井雅海・松尾美恵子編『徳川「大奥」事典』（東京堂出版、二〇一五年）
徳川記念財団・東京都江戸東京博物館編『企画展 幕末の江戸城大奥』（徳川記念財団、二〇一三年）
畑尚子『江戸奥女中物語』（講談社、二〇〇一年）
畑尚子『幕末の大奥―天璋院と薩摩藩―』（岩波書店、二〇〇七年）
畑尚子『徳川政権下の大奥と奥女中』（岩波書店、二〇〇九年）
深井雅海『図解・江戸城をよむ―大奥・中奥・表向―』（原書房、一九九七年）
深井雅海『江戸城―本丸御殿と幕府政治―』（中央公論新社、二〇〇八年）
福田千鶴『女と男の大奥―大奥法度を読み解く―』（歴史文化ライブラリー528）』（吉川弘文館、二〇二一年）
山本博文『大奥学事始め―女のネットワークと力―』（NHK出版、二〇〇八年）

05 大老《たいろう》——強権を発動した臨時職

　将軍を補佐する役割で、江戸幕府の職制上の最高職にあたる。非常置の役職で定員は一名。大老《たいろう》の地位は老中《ろうじゅう》の上にあり、通常時は老中が幕府の最高職であるが、大老が置かれれば大老が最高職となる。大老は月番《つきばん》・評定所《ひょうじょうしょ》出座・奉書連判《ほうしょれんばん》が免除されたが、権力から遠ざかるというわけではなく、日常の事務処理を免除し、大局的に幕政全体を把握し統轄することが求められた。おもに一二万石以上の譜代《ふだい》大名であり、官位は四位《しい》少将《しょうしょう》以上であった。

　大老職の成立にはいくつかの説がある。『柳営補任《りゅうえいぶにん》』では、三代将軍徳川家光《いえみつ》期の寛永《かんえい》十五年（一六三八）十一月七日より、土井利勝《どいとしかつ》と酒井忠勝《さかいただかつ》が任じられた時点がはじめとされている。両名は、長年の老中《ろうじゅう》から格上げされ、名誉職的に大政を担う地位となった。一方で、利勝・忠勝は就任時に少将に任じられていない（忠勝はのちに少将に昇進）という指摘から、四代徳川家綱《いえつな》の時代に就任した酒井忠清《ただきよ》を大老のはじめとし、利勝・忠勝は大老に準ずる地位であったとする見方もある。

　江戸時代を通して大老に任じられた者は、利勝・忠勝を含めると、のべ一〇名である。このうち、初期の酒井忠清や堀田正俊《ほったまさとし》、幕末の井伊直弼《いいなおすけ》らは政治の実権を握った。正俊と直弼の間に、井伊直興《なおおき》（直該《なおもり》）・井伊直幸《なおひで》・井伊直亮《なおあき》が大老に就任した。井伊家の官位は少将となる家柄であったことから、井伊家当主が幕政に関わる役職に就任する際は、老中に就任することなく大老に就任した。ただし、三人の大老就任は長年の勤労に対する名誉職的な扱いであり、実際にその権限をふるうことはなかった。なお、酒井忠清の出自である酒井雅楽頭《うたのかみ》家は、五代徳川綱吉《つなよし》から忠清の死後に越後《えちご》騒動《そうどう》の裁許の不調法を咎められ、家格を下げた。この結果、井伊家以外に当主が少将以上となる家はなくなった。

　政治の実権を握った酒井忠清は、家綱の時期に「下《げ》馬《ば》将軍《しょうぐん》」と称されるほど権勢を振るった、専制的な人物として知られる。これは、忠清に大手門《おおてもん》前の上屋敷が与えられ、下馬《げば》札《ふだ》前に屋敷があったことと、忠清の権勢が結びつけられて生み出された。その後、同屋

江戸幕府・大老一覧

大老	就任期間	将軍
土井利勝	寛永 15 年（1638）～正保元年（1644）	3 代家光
酒井忠勝	寛永 15 年（1638）～明暦 2 年（1656）	3 代家光～ 4 代家綱
酒井忠清	寛文 6 年（1666）～延宝 8 年（1680）	4 代家綱
井伊直澄	寛文 8 年（1668）～延宝 4 年（1676）	4 代家綱
堀田正俊	天和元年（1681）～貞享元年（1684）	5 代綱吉
井伊直興	元禄 10 年（1697）～元禄 13 年（1700）	〃
井伊直該	正徳元年（1711）～正徳 4 年（1714）	6 代家宣～ 7 代家継
井伊直幸	天明 4 年（1784）～天明 7 年（1787）	10 代家治～ 11 代家斉
井伊直亮	天保 6 年（1835）～天保 12 年（1841）	11 代家斉～ 12 代家慶
井伊直弼	安政 5 年（1858）～万延元年（1860）	14 代家茂
酒井忠績	慶応元年（1865）	〃

（注）井伊直興と井伊直該は同一人物

『近世桜田紀聞』に描かれた桜田門外の変◆『近世桜田紀聞』は松岡春輔が編者を務め、月岡芳年が挿絵を描いたもの。この図では、刀で斬り合う様子や戦闘で斃れた者たち、大老の井伊直弼の駕籠を水戸脱藩浪士が囲む場面などが描かれている　個人蔵

井伊直弼画像◆東京都世田谷区・豪徳寺蔵

敷は堀田正俊が大老に就任する際に与えられた。堀田正俊は「天和《てんな》の治《ち》」と呼ばれる治政を推進し、財政面で大きな成果をあげた。しかし、貞享《じょうきょう》元年（一六八四）に江戸城中で若年寄《わかどしより》・稲葉正休《いなばまさやす》に刺殺された。正休はその場で老中らに刺殺されたため、なぜ正休が正俊を刺殺したのかはわからない。私的な恨みとも、正俊の専制的な体制への不満ともいわれている。

幕末の井伊直弼は、十三代将軍徳川家定《いえさだ》の継嗣《けいし》問題と、ハリスとの日米修好通商条約調印《にちべいしゅうこうつうしょうじょうやく》の勅許を巡る問題のなかで大老に就任した。当初、一橋《ひとつばし》派の松《まつ》平慶永《だいらよしなが》（春嶽《しゅんがく》）が有力視されていたが、家定は家柄・譜代・人物としての評価を総合的に鑑み、直弼を大老に任じた。直弼は大老の権力を用いて、南紀派《なんきは》が推す紀州藩主徳川慶福《よしとみ》の継嗣を決定し、また条約の無勅許調印も断行した。幕末の時期に老中の弱体化が目立つなかで、大老の権力が潜在的に格別な力を有していたことがわかる。

しかし、これらは一橋派から批判を浴びることになった。直弼は安政《あんせい》の大獄《たいごく》で幕政を批判した人物を厳しく処罰したため、安政七年（一八六〇）三月三日に水戸脱藩浪士一七名・薩摩脱藩浪士一名の襲撃にあい暗殺された（桜田門外《さくらだもんがい》の変《へん》）。

（宗重博之）

【参考文献】

福田千鶴『酒井忠清』（吉川弘文館、二〇〇〇年）
松平太郎『江戸時代制度の研究』（新人物往来社、一九九三年）
美和信夫「江戸幕府大老就任者に関する考察」（『麗沢大学紀要』二六、一九七八年）
山本博文『お殿様たちの出世―江戸幕府老中への道―』（新潮社、二〇〇七年）

06 老中《ろうじゅう》――幕政を主導した最高職

江戸幕府の政務全体を統轄する常置の最高位の役職が老中である。起源は、三河《みかわ》時代の徳川家で「年寄《としより》」や「年寄衆」と呼ばれる役職といわれる。月番制《つきばんせい》で役《やく》料《りょう》はなく、三万石以上の譜代《ふだい》大名が任命された。江戸時代を通じてもっとも多くの老中を輩出したのは、阿部豊後守《あべぶんごのかみ》家であった。

酒井忠世画像◆土井利勝らとともに秀忠の最側近として仕え、慶長14年（1610）頃に老中に就任したとされる。秀忠の死後も幕閣に残り、政治を支えた　東京大学史料編纂所蔵模写

天正《てんしょう》十八年（一五九〇）に本多正信《ほんだまさのぶ》が、文禄《ぶんろく》二年（一五九三）に大久保忠隣《おおくぼただちか》が「老職《ろうしょく》」として徳川家康の側近となる。その後、慶長《けいちょう》十二年（一六〇七）に酒井忠世《さかいただよ》以下三名が二代将軍徳川秀忠《ひでただ》の「年寄衆」に任じられて以降、幕政全体の統括と将軍の側近職を兼ねた役職として確立していった。それ以外にも、宿《しゅく》老《ろう》・執政《しっせい》・閣老《かくろう》・加判《かはん》（の列）・奉書連判《ほうしょれんばん》（衆）などと呼ばれた。

秀忠の死後まもなく、「老中《ろうじゅう》」と称されるようになった。寛永《かんえい》十年（一六三三）の老中は土井利勝《どいとしかつ》・酒井忠世・酒井忠勝《ただかつ》・稲葉正勝《いなばまさかつ》の四人であり、以降、老中の定員は四～五名となる。また同年に「六人衆《ろくにんしゅう》」と呼ばれた松平信綱《まつだいらのぶつな》以下六人が、家光の側近に任じられ、これが若年寄《わかどしより》の起源とされる。老中の職務は寛永十二年頃に定められ、内容は禁中・公家《くげ》・門跡《もんぜき》・万石以上の諸大名のことをはじめ、奉書連判・財政・大普請《おおぶしん》・知行割《ちぎょうわり》・寺社・外交・諸国絵図《しょこくえず》などとされた。

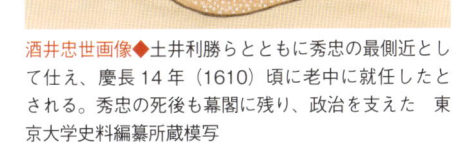

家光期の老中は、近習《きんじゅう》や小姓《こしょう》、小納戸《こなんど》など幼い頃から家光側近として仕えた者が登用された。したがって、この時期の老中は政治的能力よりも、将軍をよく知る側近が重視されたといえる。四代家綱《いえつな》の時代も同じく、家綱の側近が登用された。寛文《かんぶん》二年（一六六二）、老中は高家《こうけ》・留守居《るすい》・大番頭《おおばんがしら》・大目付《おおめつけ》・町奉行《まちぶぎょう》・旗奉行・作事《さくじ》奉行・普請奉行・勘定《かんじょう》奉行・遠国《おんごく》奉行などを支配するようになった。

五代綱吉《つなよし》期には、延宝《えんぽう》九年（一六八一）二月に土井利房《としふさ》が老中を赦され、これに代わり奏者番《そうじゃばん》兼寺社奉行の阿部正武《まさたけ》が、天和《てんな》元年（一六八一）十一月に京都《きょうと》所司代《しょしだい》の戸田忠昌《とだただまさ》が、それぞれ老中に昇進した。

これは、家光や家綱が「生まれながらの将軍」だったのに対して、綱吉はそうではなかったことが関係している。つまり、傍流であった綱吉には、幼少期から将来の腹心となるような側近はいなかったため、老中選出の際、それまでに譜代大名の中で地位を上昇させてきた者の中から任じる必要があったのである。

また、この戸田忠昌は、石高の加増が繰り返され、領地も天草《あまくさ》から常陸《ひたち》国下館《しもだて》（茨城県筑西市）へ移封、忠昌自身も寺社奉行から京都所司代へと順調に地位を上昇し、老中に就任した。結果、この忠昌の昇進コースが、老中への昇進コースのモデルとなった。これ以降、寺社奉行から大坂城代ないしは京都所司代を務めた後、老中就任に至るという昇進コースが成立する。

五代綱吉期に起きた、大老堀田正俊《ほったまさとし》が若年寄の稲葉《いなば》正休《まさやす》に刺殺される事件をきっかけに、将軍身辺警護の観点から、老中の勤務部屋が将軍の居間から離され、中の口の廊下を距てた場所に御用部屋《ごようべや》として移された。このことは、将軍と老中との間を取り結ぶ側用人や、八代将軍徳川吉宗の時期に創設された御側御用取次《おそばごようとりつぎ》が政治の実権に介在する要因ともなった。

一方で、その吉宗は譜代大名を尊重し、側近中心から老中中心の政治体制へ移行させた。享保《きょうほう》三年（一七一八）に、酒井忠音《ただね》が二九歳で奏者番兼寺社奉行に就任している。このことは将来、老中に就任することを見込んだ人事と考えられている。忠音は若狭小浜《わかさおばま》藩酒井家六代当主で、初代酒井忠勝は三代家光の時期に老中・大老を歴任した家であった。

つまり、忠音の人事は家格相応のものといえる。ただし、忠音が老中に就任するのは一〇年後の享保十三年である。これは、吉宗期の老中は、職務内容が全国化し、社会の変化に合わせて政治も相当な経験が必要となっていたことが要因とされる。

その後、宝暦《ほうれき》・天明《てんめい》期に老中として幕政を握った田《た》沼意次《ぬまおきつぐ》は、御側御用取次から側用人を経たのち、老中に就任した特異な人物である。また、松平定信《さだのぶ》による寛政《かんせい》の改革や水野忠邦《みずのただくに》による天保《てんぽう》の改革など、それぞれ老中が幕政を主導していったのである。

（宗重博之）

【参考文献】
大石学『吉宗と享保の改革』（東京堂出版、二〇〇一年）
笹間良彦『江戸幕府役職集成』（雄山閣出版、一九七〇年）
藤井譲治『江戸幕府老中制形成過程の研究』（校倉書房、一九九〇年）
藤井譲治『江戸時代の官僚制』（青木書店、一九九九年）
美和信夫『江戸幕府職制の基礎的研究』（広池学園出版部、一九九一年）
山本博文『お殿様たちの出世——江戸幕府老中への道』（新潮社、二〇〇七年）

水野忠邦肖像◆老中として天保の改革を推し進める。厳しい倹約や風俗統制などを行い幕府再建に努めたが、上知令の失敗にともない失脚した　水野家文書 F1-9　東京都立大学図書館本館蔵

板倉勝静◆文久２年（1862）、老中に就任。一度は辞職するも慶応元年（1865）に再任され、大政奉還の実現に尽力するなど幕末期の幕政の舵取りを担った　『幕末名家寫眞集』第１集　国立国会図書館蔵

07 寺社奉行《じしゃぶぎょう》──寺社の管理と宗教行事を担う

寺社奉行《じしゃぶぎょう》の起源は、慶長《けいちょう》十八年（一六一三）に板《いた》倉勝重《くらかつしげ》・以心崇伝《いしんすうでん》が寺社管理・行政を任されたこととされる。その後、寛永《かんえい》十二年（一六三五）に安藤重《あんどうしげ》長《なが》・松平勝隆《まつだいらかつたか》・堀利重《ほりとししげ》の三人が寺社奉行に任じられ、奉行職として定着した。

寺社奉行は、幕府ではとくに重要な職であり、町奉《まちぶ》行《ぎょう》・勘定奉行《かんじょうぶぎょう》とならんで「三奉行」の一つに数えられる。これら「三奉行」は、幕府の最高立法司法機関である評定所《ひょうじょうしょ》の審議に関わる。その中で寺社奉行は最上位に位置し、権限も広く、ほかの二奉行は老《ろう》中《じゅう》直属で旗本《はたもと》の役職であるのに対し、寺社奉行は将軍直属で譜代《ふだい》大名から選任された。この二点において、ほかの二奉行とは格の上でも大きな隔たりがあった。勤務形態は老中や若年寄《わかどしより》と同じく月番制《つきばんせい》で、定員はおおむね四名、五万石〜一〇万石相当の大名が寺社奉行に任命された。その多くは、奏者番《そうじゃばん》の上位者が選任された。したがって、寺社奉行に任命される者は、基本的に奏者番を兼帯することになる。退任後は、大《おお》坂城代《さかじょうだい》や京都所司代《きょうとしょしだい》などを経て、若年寄《わかどしより》や老中への昇進もあり、寺社奉行の就任は出世コースであった。

職権はおおむね二つに分けられる。一つは全国の寺社と寺社領の支配・管理である。寺社領では、人民や僧尼《そうに》、神官《しんかん》の支配のみならず、連歌師《れんがし》や楽人《がくにん》、碁《ご》・将棋所《しょうぎどころ》にまで及び、関八州《かんはっしゅう》外の私領・関八州内の寺社領人民からの訴状受理・審理をおこなった。二つは、将軍参詣《さんけい》や御成《おなり》・法事《ほうじ》・八講《はっこう》といった将軍家の宗教行事を扱うことであった。

元文《げんぶん》元年（一七三六）に寺社奉行となった大岡忠相《おおおかただすけ》は、当時は五九〇〇石の旗本であった。これは江戸時代を通じて異例であるが、さらに就任当初は奏者番も兼任していなかった。寺社奉行は奏者番の詰所《つめしょ》を借りていたため、詰所への出入りができなかった。また、寺社奉行所そのものは自らの邸宅を改築して利用されていた。『大岡越前守忠相日記』は、寺社奉行時代の公務日記として知られる。

寛政《かんせい》期に寺社奉行に就任した脇坂安董《わきさかやすただ》は、歴代寺社奉行のなかでもっとも恐れられたといわれる。当時噂の多かった僧侶の破戒《はかい》行為の厳しい取り締まりに乗り出すが、その際に大奥の女中らとの関係で問題となった日蓮宗《にちれんしゅう》延命院《えんめいいん》住職《じゅうしょく》日道《にちどう》を逮捕・死罪とした。また、大奥女中らの寺社への加持祈禱《かじきとう》や富籤《とみくじ》行為（寺社が寺社再建などの資金を集めるために実施した一種のくじ引き興業）を禁止するなど手腕を振るったが、文化《ぶんか》十年（一八一三）に自身の事情で辞任した。文政《ぶんせい》十二年（一八二九）に再び寺社奉行に任命されると、その後の活躍により、天保《てんぽう》八年（一八三八）には老中に就任した。

また、天保期に寺社奉行を務めた間部詮勝《まなべあきかつ》（一八三二～一八三七）の家臣が残した『祠曹雑識《しそうざっしき》』は、詮勝の関心が多岐に渡っているとともに、幕閣の評議内容を知る手がかりともなる。（宗重博之）

【参考文献】
大友一雄「近世中期における幕府勤役と師範―新役への知識の継承をめぐって―」（『国文学研究資料館紀要』二号、二〇〇六年）
大場裕幸「寺社奉行の職務について―『大岡越前守忠相日記』をもとにして―」（『高円史学』一八巻、二〇〇二年）
小沢文子「寺社奉行考」（児玉幸多先生古稀記念会編『幕府制度史の研究』吉川弘文館、一九八三年）
笹間良彦『江戸幕府役職集成』（雄山閣出版、一九七〇年）
高埜利彦『近世日本の国家権力と宗教』（東京大学出版会、一九八九年）

『扇音全大岡政談』に描かれた大岡忠相◆町奉行として活躍したのち寺社奉行に就任。『公事方御定書』の改定や御触書の編纂などにあたった　東京都立中央図書館蔵

08 側用人《そばようにん》――将軍側近にして相談役にもなった要職

側用人《そばようにん》は江戸幕府の将軍側近職である。職務は、将軍の命を老中《ろうじゅう》に伝え、また老中からの上申を将軍に伝達するものであり、将軍の相談役としての役割も担った。また、「中奥《なかおく》」で仕える側衆《そばしゅう》・小姓《こしょう》・小納戸《こなんど》などをまとめる責任者であった。五代綱吉《つなよし》の時代には万石未満の者が任命されることがあったが、原則は万石以上の大名が任命され、従四位下侍従《じゅしいのげじじゅう》に叙し、老中に準ずる待遇を得た。

側用人の源流については二つの説がある。

一つは、初期三代（家康・秀忠《ひでただ》・家光《いえみつ》）期の将軍の腹心「近習出頭人《きんじゅうしゅっとうにん》（将軍・大御所《おおごしょ》の側近）」である。家康の時期では大久保忠隣《おおくぼただちか》や本多正信《ほんだまさのぶ》・正純《まさずみ》父子、秀忠の時期は永井尚政《ながいなおまさ》・井上正就《いのうえまさなり》・板倉重宗《いたくらしげむね》、家光の時期は松平信綱《まつだいらのぶつな》・堀田正盛《ほったまさもり》・阿部忠秋《あべただあき》などが知られ、彼らは将軍の腹心的存在として政治中枢の構成員であった。その後、職制の整備とともに「御側衆《おそばしゅう》」が設置された。しかし、これの名称や格式、職掌などは不安定であった。もう一つは、天和《てんな》元年（一六八一）、綱吉《つなよし》が館林《たてばやし》藩主のときに家老《かろう》であった牧野成貞《まきのなりさだ》が「御側衆」（前年に「老中並」）に登用されたことを起源とする見方で、こちらが定説となっている。また、「側用人」の名称が多くの本・辞書などで用いられるが、「江戸幕府日記」をはじめ幕府の史料上では「御側御《おそばご》用人《ようにん》」と記載されている。

側用人が老中をこえる権威を持つ例もある。綱吉期には、柳沢吉保《やなぎさわよしやす》は五〇〇石余の陪臣《ばいしん》から一五万石余（実高二二万石以上）の大名となり、また領地として従来、徳川一門が治めた甲斐を与えられた。そして、元禄十四年（一七〇一）には大老と同格の扱いをされるようになった。

綱吉の死後、六代家宣《いえのぶ》・七代家継《いえつぐ》の時期は、間部詮房《まなべあきふさ》が側用人となり権勢を誇った。詮房も、元は五〇俵の陪臣だったが、家宣の甲府《こうふ》時代から寵愛され、五万石の大名にまで上りつめた。宝永六年（一七〇九）には老中と同格になり、家継の時代には老中・若年寄の任命も詮房が申し渡している。

これら五代綱吉から七代家継までの時代の政治は、老中よりも側用人を重視した「側用人政治」として理解されることが多い。それまで老中の詰所《つめしょ》は将軍居室の近くにおかれていたが、貞享《じょうきょう》元年（一六八四）、大老の堀田正俊《ほったまさとし》が若年寄の稲葉正休《いなばまさやす》に江戸城内で殺害されたことを機に、将軍の身に危険が及ぶのを恐れ、少し離れた膳立之間《ぜんだてのま》に老中の詰所が移され、そこが御用部屋と呼ばれるようになった。このため将軍と老中との間で連絡役が必要となり、その連絡役として側用人が起用されたため、将軍の信任を得るようになった。

江戸幕府・側用人一覧

側用人	就任期間	将軍
牧野成貞	延宝8年（1680）～元禄8年（1695）	5代綱吉
松平忠周	貞享2年（1685）～元禄3年（1690）	〃
喜多見重政	貞享3年（1686）～元禄2年（1689）	〃
太田資直	貞享3年（1686）	〃
宮原重清	貞享5年（1688）（元禄元年・9月改元）	〃
牧野忠貴	元禄元年（1688）	〃
南部直政	元禄元年（1688）～元禄2年（1689）	〃
柳沢吉保	元禄元年（1688）～宝永6年（1709）	〃
金森頼旹	元禄2年（1689）	〃
相馬昌胤	元禄2年（1689）～元禄3年（1690）	〃
畠山基玄	元禄2年（1689）～元禄4年（1691）	〃
酒井忠真	元禄6年（1693）	〃
松平輝貞	元禄7年（1694）～宝永6年（1709）	〃
松平信庸	元禄9年（1696）～元禄10年（1697）	〃
戸田忠時	宝永元年（1704）～宝永3年（1706）	〃
松平忠周	宝永2年（1706）～宝永6年（1709）	〃
間部詮房	宝永3年（1706）～享保元年（1716）	6代家宣 7代家継
本多忠良	宝永7年（1710）～享保元年（1716）	7代家継
石川総茂	享保10年（1725）～享保18年（1733）	8代吉宗
大岡忠光	宝暦6年（1756）～宝暦10年（1760）	9代家重
板倉勝清	宝暦10年（1760）～明和4年（1767）	10代家治
田沼意次	明和4年（1767）～（天明6年〈1786〉）	〃
水野忠友	安永6年（1776）～天明元年（1781）	〃
松平信明	天明8年（1788）	11代家斉
本多忠籌	天明8年（1788）～寛政2年（1790）	〃
戸田氏教	寛政2年（1790）	〃
水野忠成	文化9年（1812）～文化14年（1817）	〃
田沼意正	文政8年（1811）～天保5年（1834）	〃
堀親寚	天保12年（1841）～弘化2年（1845）	12代家慶
水野忠寛	安政6年（1859）～文久2年（1862）	14代家茂

幕政の中心を担う譜代《ふだい》大名は、しだいに旗本《はたもと》でありながら将軍の信任を得て幕政に関わる側用人に対して不満を持っていった。そのため、八代吉宗《よしむね》は将軍に就任してすぐに側用人を解体し、老中との連絡役として新たに旗本職として御側御用取次《おそばごようとりつぎ》を設置した。

その後、吉宗の嗣子の家重《いえしげ》に側近をつけるため、石《いし》川総茂《かわふさしげ》が家重の側用人に就任した。これ自体は政治を主導していくには至らなかったものの、その後、家重の不自由な言語を解せる大岡忠光《おおおかただみつ》が側用人となり、側用人制度が復活した。しかし忠光は、その権力を濫用することはなく、宝暦十年（一七六〇）に忠光が亡くなると、家重は将軍職を長男の家治《いえはる》に譲った。

明和《めいわ》四年（一七六七）、十代家治の時期に田沼意次《たぬまおきつぐ》が側用人となる。意次は、家重の側衆であったが、家重から家治へ将軍が代わる際に家治の側衆となり、その後、側用人となった。通常、代替わり時には側衆

柳沢吉保像◆徳川綱吉が館林藩主だった頃から仕え、長きにわたって綱吉に重用された。肖像画の前に置かれているのは『古今和歌集』で、文武両道であったことを物語るという　甲府市・一蓮寺蔵　写真提供：甲府市教育委員会

間部詮房座像◆６代将軍家宣・７代家継の側用人として活躍。新井白石とともに「正徳の治」を断行した　新潟県村上市・浄念寺蔵　写真提供：村上市教育委員会

は入れ替わったが、信任の厚かった意次は家治の側衆にも任じられた。安永元年（一七七二）には相良《さがら》藩五万七〇〇〇石の大名となり、老中《ろうじゅう》に就任した。側用人からそのまま老中に昇進した初めての事例である。以降、側用人から老中への昇進がおこなわれることとなる。

また、側用人の中でも老中と同じ扱いを受ける者は、他の老中とともに書類に連署するようになり、江戸中後期に側用人の性質が大きく変化したことがわかる。

また、田沼意次・水野忠友《みずのただとも》・水野忠成《みずのただしげ》のように、老中就任後も奥向きの御用を務めるように命じられる者もいた。そのため、「表向き」「裏」「奥向き」を覆う絶大な権力を握ることも可能となった。（宗重博之）

大岡忠光像◆9代将軍家重の側用人として活躍。言語不明瞭であった家重の言葉を唯一理解できたため、信頼があつかった
さいたま市岩槻区・龍門寺蔵

【参考文献】
小林夕里子「近世前期江戸幕府側衆の再検討―「江戸幕府日記」における就任記事の分析を中心に―」（『早稲田大学大学院教育学研究科紀要別冊』一九巻二号、二〇一二年）
小林夕里子「江戸幕府側用人形成過程の一考察」（『早稲田大学大学院教育学研究科紀要別冊』二〇巻、早稲田大学大学院教育学研究科、二〇一二年）
高久智広「出世双六にみる幕臣の出世」（『国立歴史民俗博物館研究報告』一八二集、二〇一四年）
辻善之助『田沼時代』（岩波書店、一九一五年）
深井雅海『徳川将軍政治権力の研究』（吉川弘文館、一九九一年）
福留真紀『徳川将軍側近の研究』（吉川弘文館、二〇〇六年）
福留真紀『将軍と側近―室鳩巣の手紙を読む―』（新潮社、二〇二〇年）
藤井譲治『江戸時代の官僚制』（青木書店、一九九九年）
藤田覚『田沼意次―御不審に蒙ること、身に覚えなし―』（ミネルヴァ書房、二〇〇七年）
松平太郎『江戸時代制度の研究』（武家制度研究会、一九一九年）
美和信夫『江戸幕府職制の基礎的研究』（広池学園出版部、一九九一年）
山本博文『お殿様たちの出世―江戸幕府老中への道―』（新潮社、二〇〇七年）

09 勘定奉行《かんじょうぶぎょう》——幕府財政をつかさどる重職

勘定奉行《かんじょうぶぎょう》は幕府の「三奉行《さんぶぎょう》（評定所《ひょうじょうしょ》の構成員。ほかは寺社奉行《じしゃぶぎょう》、町奉行《まちぶぎょう》）」の一つである。幕府の農財政を担う勘定所《かんじょうしょ》の長官。老中《ろうじゅう》直属で旗本《はたもと》から選任され、実質的に旗本職の最上位にあたる。勘定奉行を経て町奉行に就任した者は多いが、その逆に町奉行から勘定奉行に就任した者はおらず、格式上は町奉行が勘定奉行よりも上位であったとされる。

おもに幕府財政の運営と、その収入源である幕府領の年貢徴収や、全国の幕府領と関八州《かんはっしゅう》の民刑事の訴訟などの支配行政を担った。定員はおおむね四名。役所としての勘定所は、江戸城本丸御殿《ほんまるごてん》内の御殿勘定所と、大手門《おおてもん》横の下勘定所と二ヵ所あった。勘定奉行は、元禄《げんろく》年間（一六八八～一七〇四）までは「勘定頭《かんじょうがしら》」と呼ばれていた。

もともと幕府成立の慶長《けいちょう》八年（一六〇三）頃より、大久保長安《おおくぼながやす》が全国の金銀山の統轄や交通網の整備を含む財政全般を、伊奈忠次《いなただつぐ》が関東から東海地方にかけて民政全般を担ったことから、大久保・伊奈の両名が勘定奉行の役割を担った。その後、寛永《かんえい》年間（一六二四～一六四四）には財政と民政を一括管轄する勘定頭が確立し、万治《まんじ》・寛文《かんぶん》期（一六五八～一六七三）には〈勘定頭―勘定組頭《かんじょうくみがしら》―勘定―支配勘定《しはいかんじょう》〉という勘定所の職制が確立したとみられる。

また、正徳《しょうとく》二年（一七一二）までは佐渡《さど》奉行兼任の者がいた。元禄元年（一六八八）に就任した松平重《まつだいらしげ》良《よし》は道中《どうちゅう》奉行と兼任し、以後道中奉行は勘定奉行の兼任者と大目付《おおめつけ》の兼任者各一名となった。なお、道中奉行の下の道中方も、勘定組頭から一名が兼任し、支配勘定四名が実務にあたったことから、道中奉行も実質的には勘定奉行と勘定所が担った。したがって、勘定奉行は江戸幕府の全国陸上交通の維持・管理も担っていたのである。

その後、勘定所は享保《きょうほう》六年（一七二一）に勝手方《かってがた》（財政）と公事方《くじかた》（訴訟）とに職務を分け、それに応じ

勘定所組織図（天保年間）

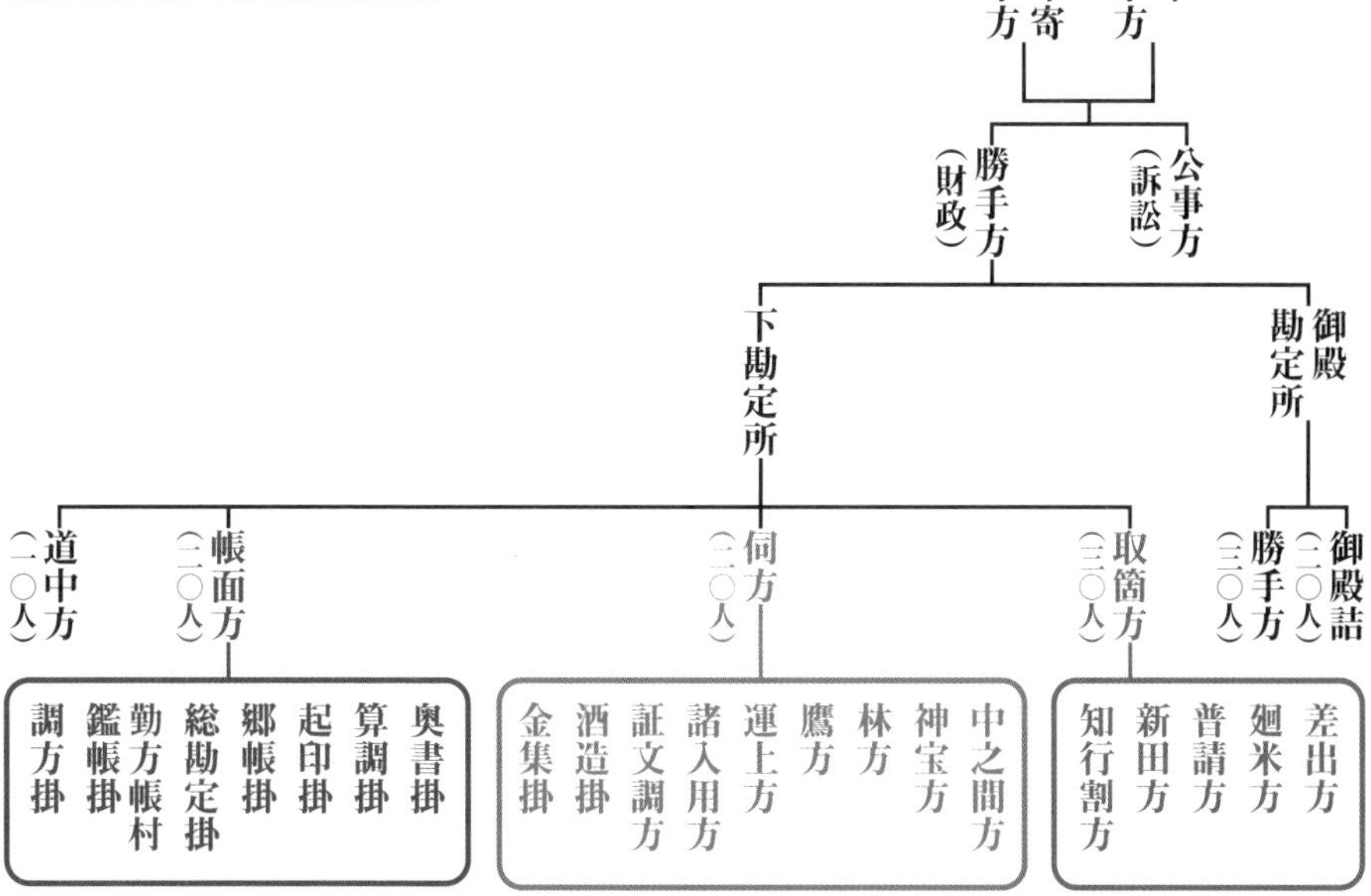

て勘定奉行も勝手方担当二名と公事方担当二名に分けた。また、翌年には勘定奉行の直接の上司にあたる勝《かっ》手掛老中《てがかりろうじゅう》がおかれ、老中のなかでも重職として位置づけられた。また、司法の場面でも、評定所には勘定方などが実務の担当として出向した。こうした享保の改革時における職務再建と職権の拡大により、勘定所全体の人数も増員された。

（宗重博之）

【参考文献】
大蔵省『日本財政経済史料（四）』（財政経済学会、一九二四年）
笠谷和比古「習俗の法制化」（『岩波講座日本通史 第十三巻 近世三』岩波書店、一九九四年）
馬場憲一「勘定奉行・勘定吟味役の昇進過程に関する一考察」（『法政史学』二七号、法政大学史学会、一九七五年）
藤田覚『勘定奉行の江戸時代』（筑摩書房、二〇一八年）
松平太郎『江戸時代制度の研究』（武家制度研究会、一九一九年）
村井淳志『勘定奉行荻原重秀の生涯―新井白石が嫉妬した天才経済官僚―』（集英社、二〇〇七年）

10 目付《めつけ》・大目付《おおめつけ》——政務一般の監察役

戦国《せんごく》・安土桃山《あづちももやま》時代、敵情偵察や戦功の査察、武将の施政監察などにあたった者を目付《めつけ》と称した。江戸幕府の目付はこうした流れをくんだ役職として元和《げんな》二年（一六一六）、同三年頃に設置された。目付は旗本《はたもと》・御家人《ごけにん》の監察、諸役人の勤方の査検など政務一般の監察をおもな職務としており、勝手掛《かってがかり》・日記掛《にっきがかり》・町方《まちかた》掛《がかり》をはじめとするさまざまな掛を加役《かやく》として兼任した。加えて直轄地大坂《おおさか》・駿府《すんぷ》・長崎《ながさき》に定期的に派遣され、大名領へも臨時的に国目付《くにめつけ》が派遣された。

目付の定員は一定していなかったが、享保《きょうほう》十七年（一七三二）に一〇名と定められた。幕末期に至ると外国掛《がいこくがかり》・海防掛《かいぼうがかり》・大船製造掛《おおぶねせいぞうがかり》・開港掛《かいこうがかり》など外交に関わる職掌が拡大し、その重要性の増大にともなって安政《あんせい》年間（一八五五〜一八六〇）以降増員され、慶《けい》応《おう》年間（一八六五〜一八六八）には三〇名にも及んだ。若年寄《わかどしより》支配で江戸城中之間《なかのま》に詰め、目付部屋・目付方御用所《ごようしょ》と称される執務室が与えられ、配下に多くの役職が付属した。寛文《かんぶん》五年（一六六五）より天和《てんな》二年（一六八二）までは役料五〇〇俵が支給され、享保七年には役高を一〇〇〇石と定められた。目付就任者の平均年齢は四〇代前半で、両番《りょうばん》（書院番《しょいんばん》・小姓《こしょう》番）組頭《くみがしら》、大番組頭《おおばんくみがしら》などから起用され、遠国奉行《おんごくぶぎょう》や小普請奉行《ぶしんぶぎょう》、作事奉行《さくじぶぎょう》への昇進ルートが一般的であった。その後さらに昇進するものも多く、目付は旗本が

井上政重像◆徳川秀忠・家光に仕え、秋山正重・水野守信・柳生宗矩とともに初代大目付に任じられた。その後、宗門改役を兼ねキリシタンの取締りに尽力した　大分県国東市　写真提供：国東市観光・地域産業創造課

要職に就くための登竜門のひとつであった。

一方、大目付《おおめつけ》は江戸初期には大名の監察、中期には法令の伝達や駈込訴《かけこみそ》の処理などをおもにおこなった役職である。寛永《かんえい》九年（一六三二）に「惣御目付《そうおめつけ》」として成立し、定員は一定していなかったが、おもに四～五名の体制で職務を遂行した。江戸城芙蓉間《ふようのま》に詰め、老中支配であった。役高は享保八年に三〇〇〇石と定められるが、同年施行の足高制《たしだかせい》にともない、傾向として一〇〇〇石未満の旗本の就任が顕著になった。大目付就任者の年齢は六〇代前半がもっとも多く、勘定《かんじょう》奉行《ぶぎょう》や町奉行《まちぶぎょう》や遠国奉行などから起用され、留守居《るすい》に転任する例が多かった。大目付は評定所《ひょうじょうしょ》の構成員でもあり、目安箱《めやすばこ》に投書された箱訴状《はこそじょう》の審査や駈込訴の処理という形で訴訟問題にも関与した。しかし、三奉行などとは異なり、職務記録を保存・管理するための役所、付属する与力《よりき》・同心《どうしん》などを持たなかった。そのため自己あるいは同役間での協議で処理する能力が求められた。

また、「江戸幕府日記《えどばくふにっき》」の作成にあたる日記掛やキリシタン統制に関わる宗門改役《しゅうもんあらためやく》、謝恩使《しゃおんし》の応接掛《おうせつがかり》などを加役《かやく》として兼任し、作事奉行や目付と連携して業務にあたった。兼任する掛は次第に増加、寛政《かんせい》年間（一七八九～一八〇一）以降は特定の大目付が掛の職務を専管する体制になった。幕末に至ると三奉行や目付などとともに幕府の海防政策・経済政策なども協議した。

このように、目付と大目付は、大名や旗本などの監察だけにとどまらず幅広く職務を兼ねていた。そして、目付は、若年寄と若年寄支配の幕府役人（旗本）との間、大目付は老中と大名や老中支配の幕府役人との間に立ち、さまざまなやりとりを仲介することで、幕藩体制や幕府機構を機能させる働きを担った。（林　晃之介）

【参考文献】
荒木裕行「江戸幕府目付の職掌について」（藤田覚編『近世法の再検討―歴史学と法史学の対話―』山川出版社、二〇〇五年）
小倉宗「幕府機構論」（上野大輔ほか編『日本近世史入門』勉誠社、二〇二四年）
近松鴻二「目付の基礎的研究」（児玉幸多先生古稀記念会編『幕府制度史の研究』吉川弘文館、一九八三年）
松平太郎『江戸時代制度の研究』（柏書房、一九六四年）
山本英貴「天明・寛政期における江戸幕府大目付職務の一考察」（『法制史研究』五六号、二〇〇六年）
山本英貴「目付」「大目付」（大石学編『江戸幕府大事典』吉川弘文館、二〇〇九年）
山本英貴『江戸幕府大目付の研究』（吉川弘文館、二〇一一年）

11 関東取締出役《かんとうとりしまりしゅつやく》——治安維持を図る八州廻り

寛政《かんせい》年間（一七八九〜一八〇一）前後、関東農村では無宿《むしゅく》や悪党者《あくとうもの》が渡り歩くようになり、秩序の乱れが顕在化してくる。幕領・旗本《はたもと》領・大名領・寺社領がなどが複雑に入り交じった関東において、無宿や悪党者が追跡を逃れるために支配違いの領域へ逃げ込むことで、幕府や藩の役人は召捕りもままならない状態であった。幕領代官所《だいかんしょ》の支配体制が限界に達し、幕府は在方の取締りに新たな方策を模索する必要に迫られた。

こうした背景のもと、文化《ぶんか》二年（一八〇五）、関東の治安維持強化や風俗統制のため、幕府は関東取締《かんとうとりしまり》出役《しゅつやく》を設置した。その人員は代官の下僚で、在方取《ざいかたとり》締《しまり》として廻村に当たった手付《てつけ》・手代《てだい》から登用された。勘定奉行《かんじょうぶぎょう》支配であり、定員は当初八名であったが、時期により変動した。

関東取締出役は、八州廻《はっしゅうまわ》りとも呼ばれ、水戸《みと》藩領などを除いて、領主の違いを越えて関東八州のほぼ全域を廻村した。当初は入用負担を厭う村方の協力を得られなかったが、文政《ぶんせい》十年（一八二七）に水戸・川《かわ》越《ごえ》・小田原《おだわら》藩領を除く関東全域に改革組合村《かいかくくみあいむら》を設置し、活動に協力する体制を構築していく。容疑者の探索・捕縛、内偵などのため、宿場や村方から道案内を雇用するなどし、改革組合村の体制は天保《てんぽう》年間（一八三〇〜一八四四）ごろより安定するようになる。

職務は、時代とともに多様化した。天保年間には農政に深く関わり、農間余業《のうかんよぎょう》調査や鉄砲改《てっぽうあらため》、酒造《しゅぞう》改《あらため》などを実施した。天保十年（一八三九）四月には、関東取締出役一〇名ほか計一八名が、贈収賄などをめぐって処罰される「合戦場宿一件《かっせんばしゅくいっけん》」と呼ばれる事件が起こる。これにより、関東取締出役のほとんどが処罰されてしまったため、新規に七名の関東取締出役が任じられている。

横浜《よこはま》開港後の万延《まんえん》元年（一八六〇）には、横浜警備のために道案内とともに保土ケ谷《ほどがや》（横浜市保土ケ谷区）にも常駐することになった。以後、外国人遊歩地域においては関東取締出役と神奈川奉行《かながわぶぎょう》が連携をとり、攘夷《じょうい》派浪士の取締りをおこなった。文久《ぶんきゅう》三年（一八六三）の将軍上洛時には、将軍留守中の関東の取締り強化の中心的役割を果たした。慶応《けいおう》四年（一八六八）三月前後に活動を停止したようである。なお、その下部組織の改革組合村は維新後もしばらく存続し、新政権に活用されることとなった。（小嶋 圭）

【参考文献】
落合延孝『八州廻りと博徒（日本史リブレット49）』（山川出版社、二〇〇二年）
関東取締出役研究会編『関東取締出役—シンポジウムの記録—』（岩田書院、二〇〇五年）
坂本達彦「幕末期における関東取締出役・惣代層の動向—地域社会の変容と中間層—」（『日本歴史』六七五号、二〇〇四年）
高橋実『幕末維新期の政治社会構造』（岩田書院、一九九五年）
森安彦『幕藩制国家の基礎構造—村落構造の展開と農民闘争—』（吉川弘文館、一九八一年）

関東取締出役の組織図

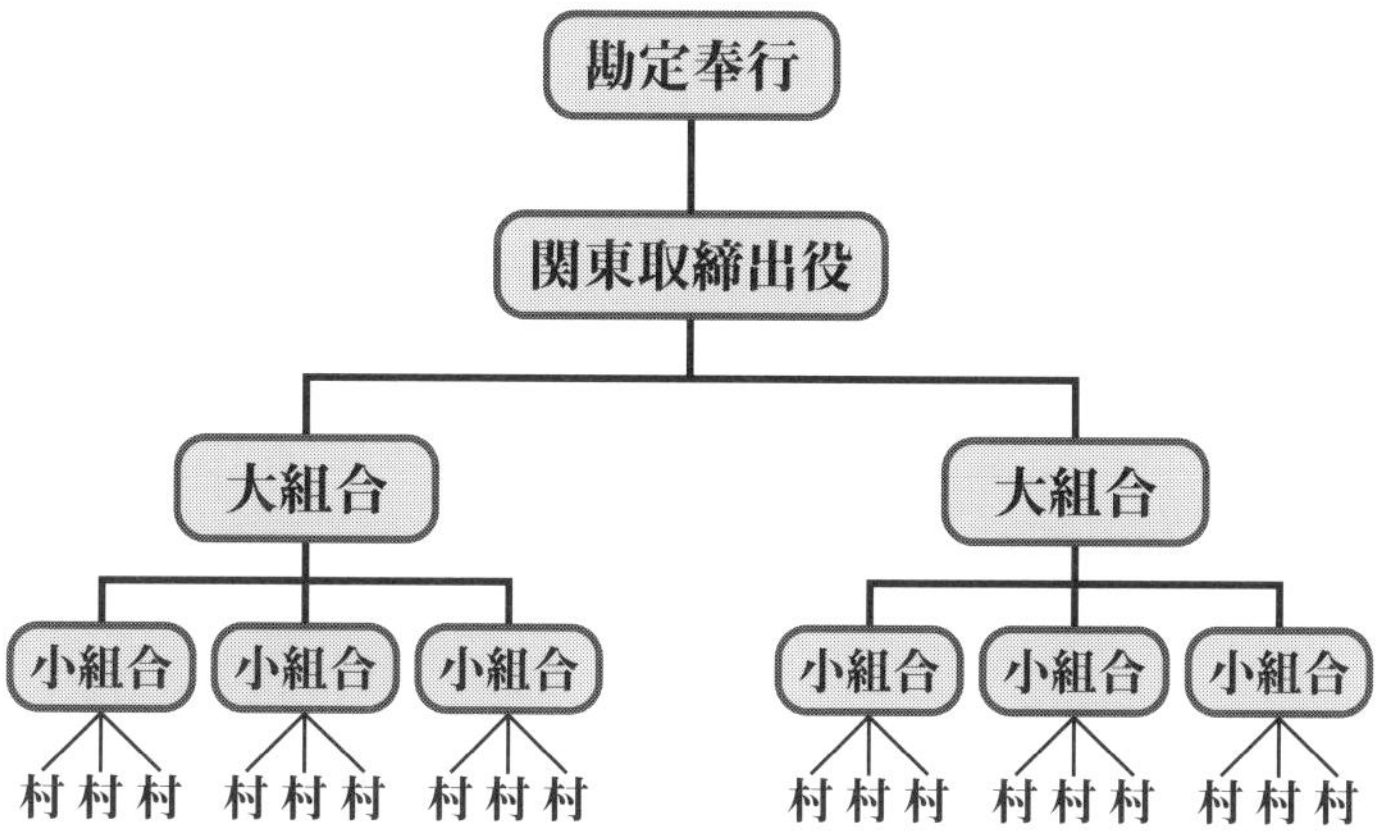

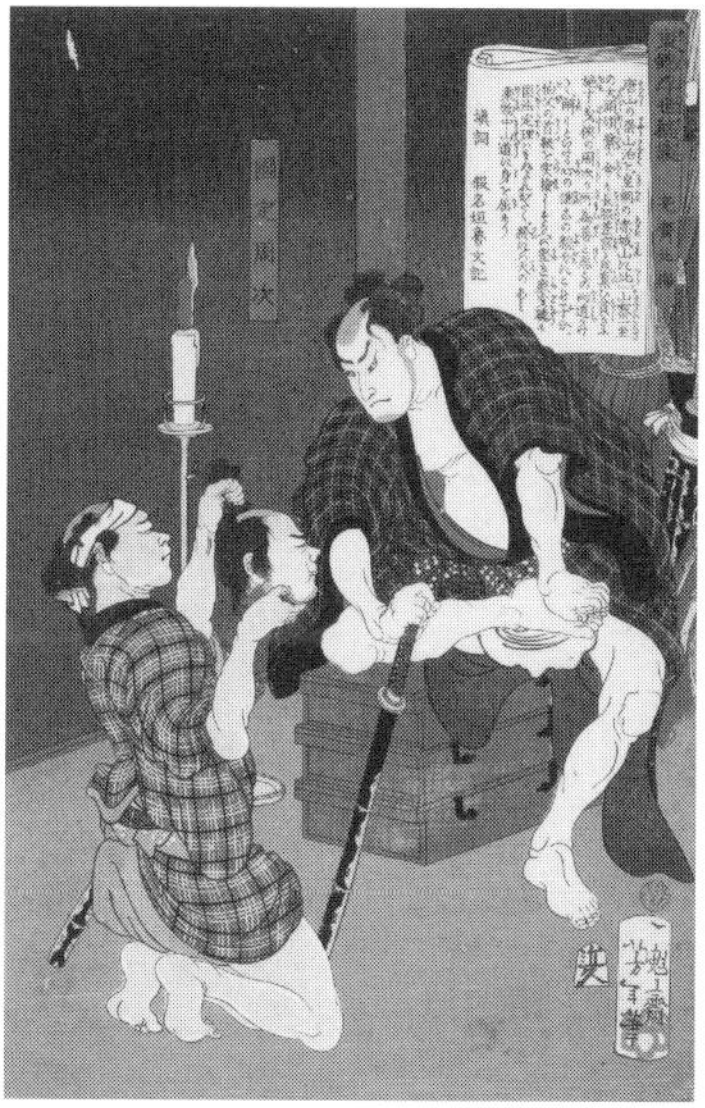

『東錦浮世稿談』に描かれた国定忠治◆江戸時代後期に博徒として活動した国定忠治が、甥浅次郎に殺害させた勘助の首をあらためている様子を描いている　国文学研究資料館所蔵　出典：国書データベース https://doi.org/10.20730/200015172

12 町《まち》奉《ぶ》行《ぎょう》――町方の行政・立法・司法・警察・消防を担う

町奉行《まちぶぎょう》のはじまりについては諸説がある。天正《てんしょう》十八年（一五九〇）徳川家康の関東入国のおり、板倉《いたくら》勝重《かつしげ》と彦坂元正《ひこさかもとまさ》が江戸の市政を担当したが、同時に地《じ》方《かた》・寺社方《じしゃがた》の支配も兼ねていた。その後、慶長《けいちょう》六年（一六〇一）には江戸を含めたより広汎な権限を持つ関東総奉行《かんとうそうぶぎょう》が創設されたが、同十一年にその職が解体されるとその権限は江戸町奉行《えどまちぶぎょう》・勘定方《かんじょうがた》・関東郡《かんとうぐん》代《だい》へと分割された。

町奉行の支配領域が町方に限定され、奉行役宅が私宅から分離したことなどから寛永《かんえい》八年（一六三一）の加々爪忠澄《かがづめただすみ》・堀直之《ほりなおゆき》の就任をもって町方専任の行政官僚としての職制が明確になった。つづく酒井忠知《さかいただとも》・神《かん》尾元勝《おもとかつ》以降、一〇〇〇～三〇〇〇石の旗本《はたもと》が補任され、町奉行を出世の終着点とする昇進ルートが確立された。その後、老中《ろうじゅう》政治の確立過程で、寛文《かんぶん》二年（一六六二）以後、老中支配に属し、芙蓉間《ふようのま》に列した。役料は寛文六年に一〇〇〇俵であったが、享保《きょうほう》八年（一七二三）の足高《たしだか》の制《せい》施行以後は役高三〇〇〇石、慶《けい》応《おう》三年（一八六七）に役金二万五〇〇〇両と改められた。「町奉行《まちぶぎょう》並《ならびに》与力同心前録《よりきどうしんぜんろく》」によると享保以降、町奉行に就いた者のうち、家禄三〇〇〇石以下の者の割合は七一・六パーセントにのぼった。下情《かじょう》（民衆の実情）に通じた名奉行と名高い遠山景元《とおやまかげもと》や『耳嚢《みみぶくろ》』を著した根岸鎮衛《ねぎしやすもり》は五〇〇石であったにもかかわらず登用されたように、俊秀でないと務まらないため、家禄よりも能力が重要視された。

町奉行の職務は、町方における行政・立法・司法・警察・消防など広域に及び、また幕府評定所《ひょうじょうしょ》の一員として裁判や幕府諸政策の立案・審議にあたった。定員は二名で南北町奉行所に詰め、月番《つきばん》交替で訴訟を受け付け、執務をおこなった。また、元禄《げんろく》十五年（一七〇二）から享保四年（一七一九）までの一六年間、鍛冶橋《かじばし》内に中町奉行が置かれた。非番の日は新規訴訟を受け付けず、以前に受けていた訴訟や請願の調査や

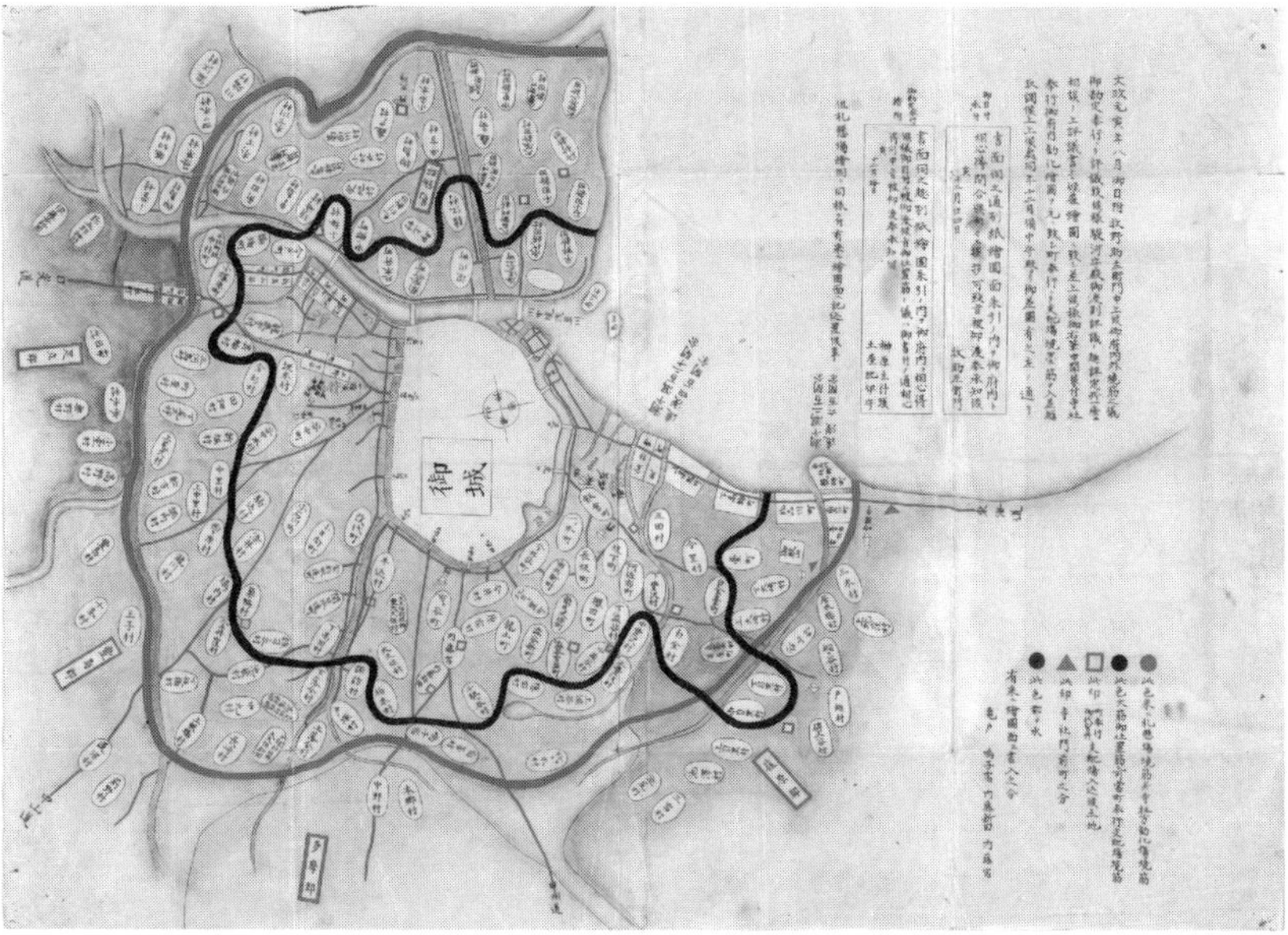

旧江戸朱引絵図◆黒い線で囲まれた内側の地域が、町奉行の支配下とされる　東京都公文書館蔵

処理を継続しておこなった。町奉行時代の大岡忠相《おおおかただすけ》が与力《よりき》に命じて編纂させた「享保撰要類集《きょうほうせんようるいしゅう》」によると、享保三年に南北町奉行所で扱った公事《くじ》訴訟数は訴訟が四万七七三一件、公事《くじ》が三万五七九〇件にのぼった。こうした膨大な訴訟の雑務などは配下の与力《よりき》が取り扱った。世襲職であった与力・同心《どうしん》が町奉行の仕事を支えた。

明治《めいじ》元年（一八六八）四月、江戸城は開城されたが市中の治安に不安があったため、総督府《そうとくふ》は旧町奉行と与力を「市中取締《しちゅうとりしまり》」に任じたが、やがて官軍の警備に代わり、旧町奉行所の市中巡邏《じゅんら》も停止された。同年五月十五日上野戦争で彰義隊《しょうぎたい》が壊滅すると、新政府は江戸に鎮台を設置し、旧幕府の三奉行を廃止し、町奉行所は市政裁判所に引き継がれた。（林 晃之介）

【参考文献】
大石学『大岡忠相』（吉川弘文館、二〇〇六年）
所理喜夫「町奉行—正徳以前を中心として—」（西山松之助編『江戸町人の研究（四）』吉川弘文館、一九七五年）
松平太郎『江戸時代制度の研究』（柏書房、一九六四年）
南和男「町奉行—享保以降を中心として—」（西山松之助編『江戸町人の研究（四）』吉川弘文館、一九七五年）
南和男『江戸の町奉行（歴史文化ライブラリー１９３）』（吉川弘文館、二〇〇五年）

13 京都所司代《きょうとしょしだい》――京都の治安維持に努める

八世紀末に律令国家《りつりょうこっか》の首都平安京《へいあんきょう》として建設されて以来、京都《きょうと》は現代にいたるまで一二〇〇年以上の歴史を有する都市である。江戸時代における京都や大《おお》坂《さか》を中心とする上方《かみがた》は、江戸を中心とする関東と並んで、政治・経済・文化・軍事上の幕府の基盤をなす地域であった。

この上方の地域では、京都所司代《しょしだい》を長官とする組織が設置され、大きく分けて三つの役割を果たした。①京都やその周辺村落の地域支配、②天皇（禁裏《きんり》）や上皇《じょうこう》・法皇《ほうおう》（仙洞《せんとう》）御所《ごしょ》、宮《みや》・門跡《もんぜき》や堂上《とうしょう》など朝廷・公家の統制、③将軍の直轄城である二条《にじょう》城（京都市中京区）の守衛、である。これら三つの任務にあたる役人が京都に居住・勤務していた。

慶長《けいちょう》五年（一六〇〇）九月、関ヶ原《せきがはら》合戦に勝利した徳川家康が京都に所司代を置き、その中心となったのは板倉勝重《いたくらかつしげ》であった。慶長八年から勝重による京都支配が始まったが、浪人取締りや防火など軍事的・治安的性格が強く、また連帯責任制度など住民の自治活動にも着手していた。

こうした政策は二代目板倉重宗《しげむね》、三代目牧野親成《まきのちかしげ》によって継承され、とくに板倉重宗によって発布された二一ヵ条に及ぶ市中法度《しちゅうはっと》は、京都における自由営業の保障、証文にもとづく商取引の推進、浪人者の排除などをうたい、江戸幕府による対京都政策の基本法典として、幕末まで至るまでもっとも重視された。また、三代目牧野時代は、町内年寄役《ちょうないとしよりやく》・五人組《ごにんぐみ》役設置の義務化など、町自治を行政の基盤におく政策を推進した。

寛文《かんぶん》八年（一六六八）に牧野が所司代を辞任すると、老中《ろうじゅう》の板倉重矩《しげのり》が所司代の仮役《かやく》となり、十二月、京都の支配が所司代から上方郡代《かみがたぐんだい》の雨宮正種《あまみやまさたね》・宮崎重成《みやざきしげなり》へ移され、京都町奉行《まちぶぎょう》が実質的に成立した。この行政改革は、京都の都市的な発展の結果、増大する訴訟や、さまざまな都市問題に対処するために断行されたものであった。京都所司代が三代にわたり担った京都支配は、以後、神泉苑《しんせんえん》（京都市中京区）西隣と千本通《せんぼんどおり》西口におかれた東西町奉行所を窓口に進められることになった。各奉行所には、与力二〇騎・同心五〇人が配備され、業務も訴訟の取次や市中警備、宗門改め、公事方《くじかた》（朝廷・武家関係、町人取締り）など分掌化された。

幕末に新たに設置されたのが京都守護職《きょうとしゅごしょく》である。文久《ぶんきゅう》二年（一八六二）閏八月に会津《あいづ》藩主松平容保《かたもり》が任命され、元治《げんじ》元年（一八六四）二月〜四月に前越前《えちぜん》藩主松平慶永《よしなが》（春嶽《しゅんがく》）が就任した以外は容保が務めた。

京都守護職は老中の支配下に置かれず将軍に直属しており、その点で京都所司代とは異なる。この頃、京都には尊王攘夷《そんのうじょうい》派の人びとが集まり、治安の悪化が問題視された。そのため、京都守護職は新選組《しんせんぐみ》を配下に加え、京都の治安維持を行い、また朝廷・幕府間の政治的折衝も担当した。

平常時は京都所司代・京都町奉行をはじめとする地役人の選挙・賞罰・人事権限を担い、非常時は京都近国大名・大坂城代・奈良《なら》奉行・伏見《ふしみ》奉行らへの指揮権を持った。文久三年八月十八日の政変、元治元年六月の池田屋《いけだや》事件、同年七月の禁門《きんもん》の変では京都守護職の任を十分に果たし、孝明《こうめい》天皇の信頼を強めていった。容保は公武合体《こうぶがったい》を推進したが、薩摩《さつま》藩と長州《ちょうしゅう》藩が密

京都所司代組織図

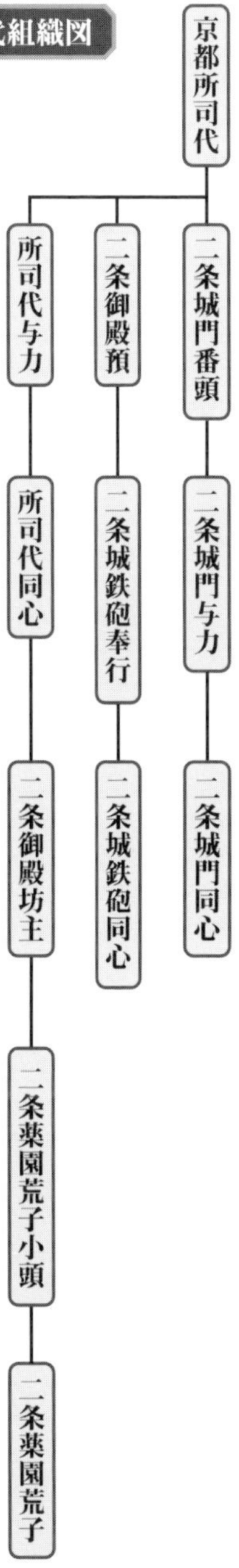

かに同盟を組み、慶応《けいおう》二年（一八六六）に十四代家茂《いえもち》が死去、翌慶応三年一月には孝明天皇が崩御したため、世の中の討幕の動きが強まった。

その後、徳川慶喜《よしのぶ》によって慶応三年に大政奉還《たいせいほうかん》が行われ、同年十二月の王政復古《おうせいふっこ》の大号令《だいごうれい》で京都守護職・京都所司代・京都町奉行などが廃止となり、京都は新しい時代とともに新たな行政を整えていった。

（太田未紗）

松平容保◆京都守護職として公武合体に尽力し、禁門の変では長州藩兵を撃退した。会津戦争では旧幕府軍の中心として戦うも敗れ、謹慎に処された　『幕末明治文化変遷史』より転載　国立国会図書館蔵

【参考文献】

朝尾直弘・吉川真司・石川登志雄・水元邦彦・飯塚一幸『京都府の歴史』（山川出版社、二〇一〇年）
井上勲編『開国と幕末の動乱（日本の時代史20）』吉川弘文館、二〇〇四年）
小倉宗「幕府役人と享保期の改革」（杉森哲太編『シリーズ三都　京都巻』東京大学出版会、二〇一九年）
京都市『維新の激動（京都の歴史7）』（學藝書林、一九七四年）

14 大坂《おおさか》の役職《やくしょく》――幕領支配と大坂城の防衛

大坂《おおさか》は元和《げんな》五年（一六一九）に大坂城代《おおさかじょうだい》として摂《せっ》津《つ》高槻《たかつき》藩主内藤信正《ないとうのぶまさ》が任命されて以降、一貫して江戸幕府の直轄都市であった。

大坂を含む、幕府にとって上方《かみがた》地域は、山城《やましろ》・大和《やまと》・近江《おうみ》・丹波《たんば》の東部四ヵ国と摂津・河内《かわち》・和泉《いずみ》・播磨《はりま》の西部四ヵ国との八ヵ国をおおよその範囲とした。そのうち、摂津・河内・和泉・播磨の四ヵ国の管轄は、寛文《かんぶん》八年（一六六八）に京都《きょうと》郡代《ぐんだい》から独立するかたちで設置された京都町奉行《まちぶぎょう》が担ったが、享保《きょうほう》七年（一七二二）のいわゆる「享保の国分《くにわ》け」の後は、大坂町奉行の管轄とされた。

大名領・旗本領・寺社領などが錯綜するこの地域では、住民は所領を越えて活動しており、個別領主の所領支配だけでは解決できない問題も多かった。そのため、国を単位として、所領の区別を超えた広域支配を展開したのである。京都町奉行が東部四ヵ国、大坂町奉行が西部四ヵ国を担当するとともに、そのうち大和国では奈良奉行《ならぶぎょう》、和泉国では堺《さかい》奉行が実務を担った。裁判などにおいて町奉行単独では判断を下せない場合には、京都町奉行や伏見《ふしみ》・奈良奉行は京都所司代に、大坂町奉行や堺奉行は大坂城代に伺いを立てた。所司代と城代は自ら判断しがたい場合、さらに老中《ろうじゅう》へ伺った。

西部四ヵ国について、研究史上では、大坂町奉行と個別領主という二元的な支配が展開された「非領国」の考え方や、大坂町奉行をさらに大坂城代が指揮し大坂城を中心に江戸幕府秩序が形成されたとする「幕府領国論」、大坂町奉行によって支配されたとみる「支配国論」などが展開されている。

前述のとおり、大坂町奉行は、大坂市中の民政一般のほか、管轄する四ヵ国に対し、治安・警察、裁判、消防などの役割を果たした。また、実質的に大坂町奉行の指揮のもと、摂津・河内・和泉・播磨に散在する幕府領の村を支配したのが大坂代官《だいかん》である。代官の一

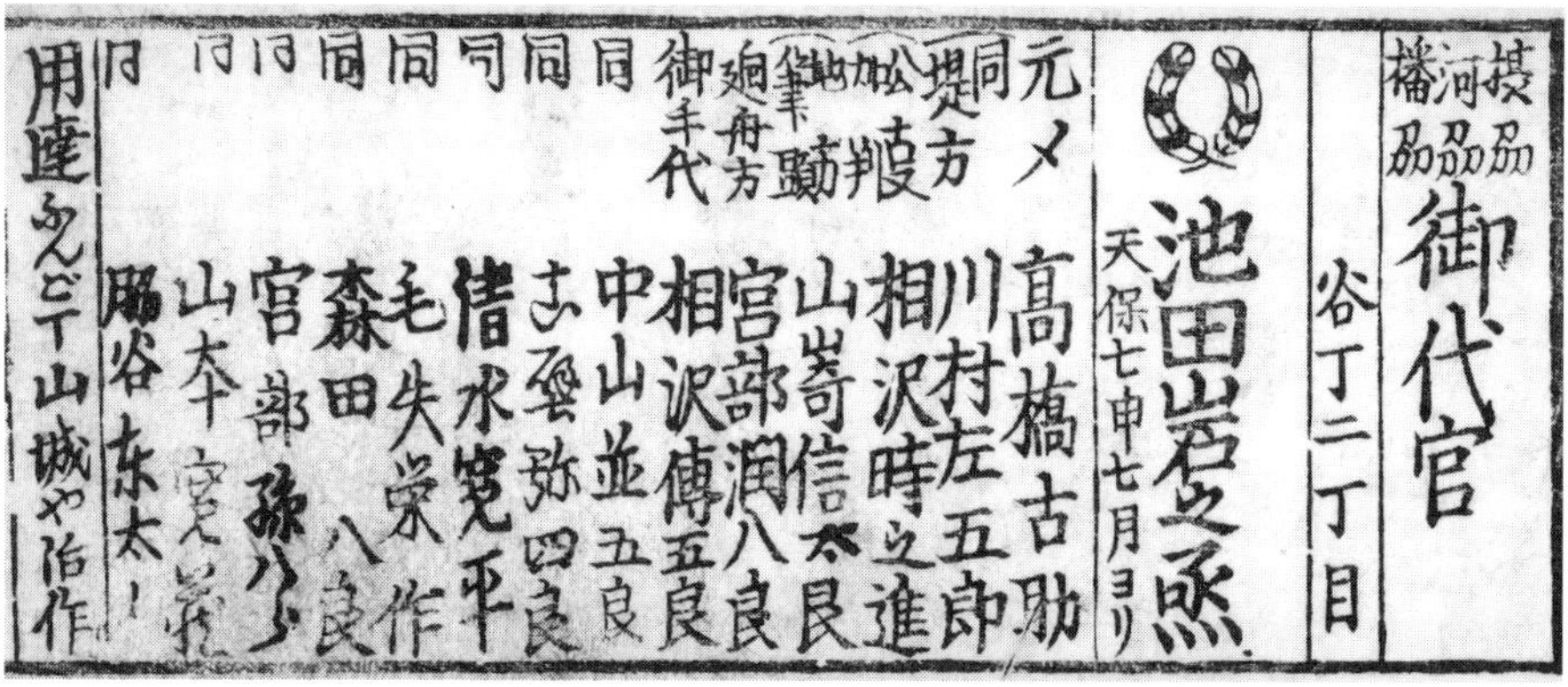
摂州　河州　播州
御代官
谷町二丁目
池田岩之丞
天保七申七月ヨリ
高橋古助
川村左五郎
相沢時之進
山崎信太郎
宮部潤八郎
相沢傳五郎
中山並五郎
清水寛平
毛利栄作
森田八郎

大坂便用録◆天保 10 年（1839）に作成されたもので、当時の大坂代官の名前などが記されている　大阪市立図書館蔵

般的職務は、年貢徴収や民政を中心とする地方《じかた》と、治安・訴訟を中心とする公事方《くじかた》が主となるが、大坂代官の場合、摂津・河内の諸河川の堤や樋の普請・保全を務める堤方や、各地の幕府領から江戸や大坂に年貢米を回漕する城米船を手配する廻船方の職務も担った。

幕府直轄の大坂城の管理には、城代・定番《じょうばん》・大《おお》番《ばん》・加番《かばん》が置かれた。城代は、老中《ろうじゅう》や京都所司代《きょうとしょしだい》に次ぐ幕府の重職で、大坂城の防衛、西国諸大名の監視をおもな職務とする。三〜一〇万石ほどの譜代《ふだい》大名から選任される。大坂定番は、京橋口《きょうばしぐち》定番と玉造口《たまつくりぐち》定番のそれぞれ一名が定員。一〜二万石の大名が就き、月番制で担った。いずれも任期は決められていない。大御番衆《おおごばんしゅう》は幕府大番組十二組のうち二組が一年交代で務めた。加番は大御番衆を補強する軍事力で、山《やま》里《ざと》・中小小屋《ちゅうしょうごや》・青屋口《あおやぐち》・雁木坂《がんぎざか》の四加番からなる。守衛役であるため、年齢・健康状態、加番経験の有無や頻度なども考慮された。

嘉永《かえい》七年（一八五四）九月、ロシアのプチャーチン率いる軍艦ディアナ号が天保山《てんぽうざん》沖に進入した際には、城代を務めていた常陸《ひたち》土浦《つちうら》藩主の土屋寅直《つちやともなお》が京橋口定番・玉造口定番・大坂町奉行・船奉行《ふなぶぎょう》などに対応を

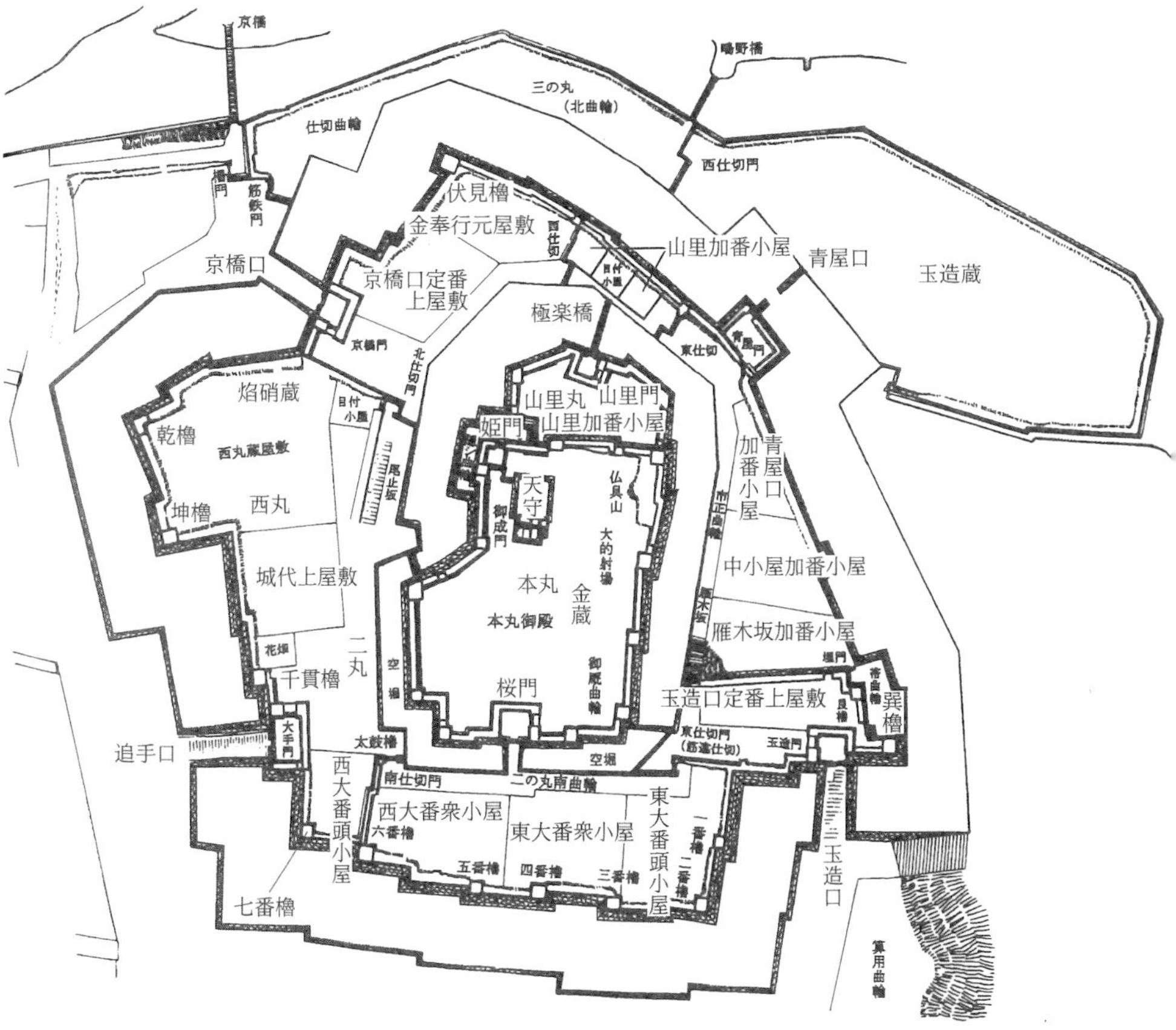

大坂城施設図◆大石学編『江戸幕府大事典』（吉川弘文館、2009 年）より転載　原図作成：竹村誠

命じ、安治川《あじがわ》を封鎖。畿内近辺の大名や蔵屋敷詰《くらやしきづめ》の諸藩家中にも出兵を要請し、天保山《てんぽうざん》周辺を中心に、大坂湾沿岸の警備を固めた。また、老中阿部正弘《あべまさひろ》に伺い書をたてながら下田《しもだ》へ行くよう諭すべきという方針を固めて対処した。

（小川しおり）

【参考文献】
岩城卓二『近世畿内・近国支配の構造』（柏書房、二〇〇六年）
岩城卓二「幕末期における大坂・大坂城の軍事的役割と畿内・近国藩」（京都大学人文科学研究所、二〇一九年）
小倉宗『江戸幕府上方支配機構の研究』（塙書房、二〇一一年）
菅良樹『近世京都・大坂の幕府支配機構―所司代 城代 定番 町奉行―』（清文堂出版、二〇一四年）
藤本仁文『将軍権力と近世国家』（塙書房、二〇一八年）
藪田貫『武士の町 大坂―「天下の台所」の侍たち―』（講談社、二〇二〇年）

15 長崎奉行《ながさきぶぎょう》――外国船に対する防衛の要

長崎奉行《ながさきぶぎょう》は、遠国奉行《おんごく》の一つである。秀吉《ひでよし》は九州平定後、貿易による利益独占のため長崎を没収し、朱《しゅ》印船貿易《いんせんぼうえき》をおこなうとともに、長崎代官《だいかん》を置いて直轄領として支配をおこなった。家康も、長崎の貿易管理を重視し、慶長《けいちょう》八年（一六〇三）に長崎奉行を設置し、明治新政府が成立するまで継続されることになった。

初期の長崎奉行は、幕府が必要とする輸入品の確保やキリシタンの取締り、九州諸大名の監視を担ったが、長崎に常駐することはなく、外国船の入港時に長崎へ赴いた。外国船が長崎に着くと、積荷の陸揚げの許可、主要輸入品の生糸《きいと》の値段の決定に干渉し、京《きょう》都《と》・堺《さかい》・長崎・江戸・大坂《おおさか》の五ヵ所の糸割符仲間《いとわっぷなかま》に一括して買い取らせる糸割符法の保護育成監督にあたった。初期の長崎奉行はこれら特権商人と密接に関係し、利益の大きい長崎貿易を監視する立場にあったため、賄賂による不正行為もおこなわれた。

寛永《かんえい》十四年（一六三七）におきた島原《しまばら》・天草一揆《あまくさいっき》（島原の乱）では、当時、江戸にいた二人の長崎奉行は急きょ長崎に向かい、原《はら》城総攻撃の各藩の監督をおこなった。その際、長崎奉行榊原飛驒守《さかきばらひだのかみ》が原城総攻撃の抜けがけを行い、処分されている。鎖国《さこく》後は、九州全体のキリシタンの探索と取締りが重要な職務となった。

十七世紀後半は、糸割符制度の破たんとともに、唐《とう》人貿易《じんぼうえき》による銀の大量流出が大きな問題となる一方、幕府は、貿易による利益銀を幕府財政に組み込もうとする。元禄《げんろく》十二年（一六九九）には、長崎に対して運《うん》上金《じょうきん》が課された。同年、京都町奉行《まちぶぎょう》よりも上席となり、遠国奉行の首座となるなど、幕政における長崎の重要度が高まった。

新井白石《あらいはくせき》は、長崎奉行を中心に作成させた草案をもとに、海舶互市新例《かいはくごししんれい》を発布。長崎には、現地出身の町人身分の地下人《じげにん》（地役人）が享保《きょうほう》九年（一七二四）時点で一八〇一人いたが、地下人の監視や奉行の補佐として長崎目付《めつけ》制度が創設された。享保期の長崎奉行は、長崎目付出身者が多数を占める。

寛政《かんせい》の改革《かいかく》以降、長崎奉行の第一の役割は、異国船来航という有事の際に周辺諸大名とともに防衛にあたることであった。さらに、長崎貿易が円滑に行えるように抜荷《ぬけに》の監視が強められ、探索を担う地下人を長崎奉行の直支配とするなど、幕府が「警察」機能を主導するようになった。

長崎風景眼鏡絵　立山御役所之図◆長崎奉行の役所の立山役所とその周辺を描いた作品。絵図の左側の建物が立山役所　長崎歴史文化博物館蔵

長崎奉行に任命される者は、二〇〇〇～三〇〇〇石前後の旗本《はたもと》がほとんどであった。しかしながら、十九世紀以降、対外交渉の唯一の窓口である長崎を統治する長崎奉行には、外国船に対する防衛の要として、あるいは、外交官としての役割が求められるようになる。

異国船来航時の九州諸大名の指揮監督、外国船との交渉、日本に流れ着いた外国人の送還業務、貿易の監督など長崎特有の職務を担うことになった。

（太田未紗）

【参考文献】
木村直樹『長崎奉行の歴史―苦悩する官僚エリート―』（KADOKAWA、二〇一六年）
鈴木康子『長崎奉行の研究』（思文閣出版、二〇〇七年）
鈴木康子『長崎奉行―等身大の官僚群像―』（筑摩書房、二〇一二年）
鈴木康子『転換期の長崎と寛政改革』（ミネルヴァ書房、二〇二三年）
瀬野精一郎ほか『長崎県の歴史（県史42）』（山川出版社、二〇一二年）
添田仁「近世港市長崎の運営と抜荷」（『日本史研究』五四八号、二〇〇八年）
戸森麻衣子『江戸幕府の御家人』（東京堂出版、二〇二一年）
外山幹夫『長崎奉行 江戸幕府の耳と目』（中央公論社、一九八八年）

16 遠国奉行《おんごくぶぎょう》——江戸から離れた幕領支配を担う

遠国奉行《おんごくぶぎょう》は、京都《きょうと》・大坂《おおさか》・伏見《ふしみ》・駿府《すんぷ》の各町奉《まちぶ》行《ぎょう》、長崎《ながさき》・浦賀《うらが》・神奈川《かながわ》・箱館《はこだて》（松前《まつまえ》）・奈良《なら》・堺《さかい》・山田《やまだ》（三重県伊勢市）・佐渡《さど》・日光《にっこう》・下田《しもだ》・兵庫《ひょうご》・新《にい》潟《がた》・羽田《はねだ》（東京都大田区）など江戸から離れた地域に置かれた奉行の総称である。遠国奉行という個別の役職はないが、これらの奉行全体を指す呼称として「遠国奉行」「遠国御役人」「遠国役々」の語が史料上で確認される。

慶長《けいちょう》五年（一六〇〇）から同六年にかけて、伏見・長崎・京都町奉行・山田・堺・佐渡奉行が設置され、幕政初期の遠国支配の素地が固められた。

伏見奉行は、地方《じかた》支配を担うだけでなく京都御所《ごしょ》の警備、西国大名の往来の監視、丹波《たんば》・近江《おうみ》への法令伝達と訴訟受理、伏見・宇治《うじ》・木津川《きづがわ》などの川舟の監視などにあたった。長崎貿易を管轄した長崎奉行、伊勢《いせ》神宮《じんぐう》を監督した山田奉行、佐渡金山を支配し、金山経営を中心に佐渡の地方支配をおこなった佐渡奉行など、江戸前中期の遠国奉行は、主要都市における町政を根幹としつつ、宗教権力の統制、周辺諸藩の監督などを任務の中心とした。

江戸中後期には、ロシアの南下動向と関連して置かれた箱館（松前）奉行や新潟奉行のように、外国に対する警戒が遠国奉行の任務の重要な位置を占めるようになる。長崎奉行は、貿易から対外関係へと、任務の重点が移行している。元治《げんじ》元年（一八六四）、開港場に兵庫奉行が設置されたのが、最後に新設された遠国奉行であった。

江戸城内における遠国奉行の詰間《つめのま》は、享保《きょうほう》年間（一七一六〜一七三六）に芙蓉間《ふようのま》にまとめられている。座順は、天明《てんめい》七年（一七八七）の「当時殿中席書《とうじでんちゅうせきがき》」（『御触書天明集成』）によれば、伏見・長崎・京都町奉行・大坂町奉行・山田・日光・奈良・堺・駿府町奉行・佐渡・浦賀奉行である。役高は、一〇〇〇〜二〇〇〇石であることが多く、一般的に旗本《はたもと》が就任する。遠国奉

箱館奉行所古写真◆幕末の慶応４年（明治元年〈1868〉）頃の撮影。当時の建物を伝える貴重な写真である
函館市中央図書館蔵

行は、芙蓉間に詰番《つめばん》を置いており、毎日交代で在府の奉行が一人ずつ詰めた。遠国奉行の定員は一〜三名ほどであり、任地に在勤する場合と、在府・在勤の交代制がとられる場合があった。在府の奉行がある場合は、奉行の江戸屋敷が現地奉行所との連絡のための江戸役所として機能した。

畿内《きない》・近国において、大坂町奉行所・堺奉行所・京都町奉行所がその権限を行使できる地域が「支配国」と呼ばれていたが、遠国奉行は奉行所周辺諸国で発生した事件の裁判を扱う権限を有しており、権限の大小はあれども遠国奉行の一つの特徴であった。代官支配《だいかんしはい》所《しょ》、大名預所《だいみょうあずかりしょ》に並び、遠国奉行は幕領支配の重要な位置を占めたのである。

（小嶋　圭）

【参考文献】
和泉清司『幕府の地域支配と代官』（同成社、二〇〇一年）
戸森麻衣子「遠国奉行」（大石学編『江戸幕府大事典』吉川弘文館、二〇〇九年）
戸森麻衣子『江戸幕府の御家人』（東京堂出版、二〇二一年）

17 道中奉行――道と宿場を管轄したインフラ担当

慶長《けいちょう》六年（一六〇一）以降、幕府は日本橋《にほんばし》（東京都中央区）を起点として五街道《ごかいどう》（東海道《とうかいどう》・中山道《なかせんどう》・日光道中《にっこうどうちゅう》・奥州道中《おうしゅうどうちゅう》・甲州道中《こうしゅうどうちゅう》）を整備し、各宿場《しゅくば》に人馬を常備して伝馬《てんま》・宿駅《しゅくえき》制度を整えた。一里（約四キロメートル）ごとに一里塚《いちりづか》を築き、街道沿いには植樹を命じた。道中奉行《どうちゅうぶぎょう》は、当初より幕府直轄だった街道の普請《ふしん》や宿駅、橋梁などの維持・管理に関する業務全般を担当した。名前の似ている道奉行《みちぶぎょう》は、江戸市中の道や水道を担当した別の役職である。

道中奉行の初出は、江戸幕府の職制を記録した『吏《り》徴《ちょう》』別録（『続々群書類従』第七）の寛永《かんえい》九年（一六三二）に見られる。ここでは、大目付《おおめつけ》四人に「道中の奉行も兼帯させた」旨が記載されている。一般的には、万治《まんじ》二年（一六五九）に、大目付の高木守久《たかぎもりひさ》が「初めて兼任」（『日本財政経済史料』第四巻上）したことが役職としての始まりとされ、以降常置された。

元禄《げんろく》十一年（一六九八）、勘定奉行《かんじょうぶぎょう》の松平重良《まつだいらしげよし》が加役《かやく》として道中奉行兼任を命じられると（「道中秘書」『古事類苑』官位部三）、その後は大目付兼帯《けんたい》と、勘定奉行加役の二名が道中奉行として定着した。勘定奉行と兼ねる場合、公事方からの任命が多かったが、文化《ぶんか》四年（一八〇七）の柳生久通《やぎゅうひさみち》のように勝手方《かってがた》から人員を割くこともあった。道中奉行の役料は、享保《きょうほう》八年（一七二三）以降は年間三〇〇〇石、文化《ぶんか》二年（一八〇五）以降は年間金一五〇両だった。

道中奉行が管掌したのは五街道とその脇往還《わきおうかん》だが、元来勘定奉行との兼帯で、道中奉行の支配域と勘定奉行の支配域には曖昧な部分もあった。天保《てんぽう》七年（一八三六）、幕府内から道中奉行に、管轄範囲について伺いがあり、これによれば「五街道とそれに付属する諸道は道中奉行、そのほかの脇往還はすべて勘定奉行の支配」と回答している（『日本財政経済史料』第九巻、四四八頁）。

五街道や脇往還などの普請や並木の維持は、沿道を

箱根関所◆東海道における重要な関所で、元和5年（1619）頃の設置とされる。小田原藩の管理下に置かれ、おもに江戸から出ていく女性（出女）を取り締まった　神奈川県箱根町

支配する個別領主（大名・旗本《はたもと》など）の管理下で、周辺村々の負担に依る部分が多かった。宿場《しゅくば》の常備人馬だけでは足りない場合、近隣の村々には人馬を補う助郷《すけごう》が命じられた。しかし、助郷は村々を疲弊させる原因にもなり、宿場との間では度々紛争が起きた。江戸時代における街道や宿駅は、領主の支配を受けながら、道中奉行（あるいは勘定奉行）の指示も仰ぐという二重構造を持っていたのである。（篠原杏奈）

【参考文献】
児玉幸多編『日本交通史』（吉川弘文館、二〇一九年、新装版）
細井計「近世の陸上交通に関する一考察」（岩手大学人文社会科学部『歴史と文化』一九八一年）
丸山雍成『近世宿駅の基礎的研究（一）』（吉川弘文館、一九七一年）

18 代官《だいかん》・代官頭《だいかんがしら》――幕領を支配した地方官

家康《いえやす》が関東へ入国した天正《てんしょう》十八年（一五九〇）直後、幕領支配は大久保長安《おおくぼながやす》・伊奈忠次《いなただつぐ》・彦坂元正《ひこさかもとまさ》・長谷川長綱《はせがわながつな》ら代官頭《だいかんがしら》が中心となった。代官頭《だいかんがしら》は他の代官を統括しつつ、関東領国や初期幕領の支配に当たるなど、幕政初期の幕領支配において中心的な役割を果たした。このほか、初期代官には、上方《かみがた》の豪商《ごうしょう》のうちから有力な者が登用されている。

その後、幕府は数次にわたって幕領改革や代官の粛清を実施して代官の官僚化を推し進めた。寛永《かんえい》年間（一六二四～一六四四）以降、代官頭や豪商代官が消滅し、初期代官は元禄《げんろく》期ごろまでに大幅に減少した。

五代将軍綱吉《つなよし》の時期には、世襲代官が排除され、大名預所《だいみょうあずかりしょ》を廃して代官所へ編入した。

八代吉宗《よしむね》の頃には、幕府財政の再建の下で代官所経費の支給方法の改正などにより、一層代官の官僚化が進められた。享保《きょうほう》改革では農政の転換がみられ、地方巧者《じかたこうしゃ》である川崎定孝《かわさきさだたか》や田中丘隅《たなかきゅうぐ》ら農民出身の代官が登用されている。

寛政《かんせい》の改革では手付《てつけ》制度《せいど》の創設、関東代官伊奈氏の解体などがおこなわれ、天保《てんぽう》年間（一六三一～一六四五）にも代官の統制がおこなわれた。代官の官僚化が進むなかで名代官と呼ばれる優れた代官が輩出され、幕領の民衆は石碑や祠を建立してその治世の記憶を残した。

代官の領域支配は、任地の代官所と呼ばれる陣屋《じんや》でおこなわれる。代官所では、年貢《ねんぐ》や人別改《にんべつあらため》（戸口調査・統制）・普請《ふしん》・救恤《きゅうじゅつ》（民衆の扶助・救済）などを扱う地方《じかた》と、警察・裁判を扱う公事方《くじかた》などといった業務がおこなわれた。手付・手代《てだい》という代官の属僚のほか、一部の代官所には地役人がおり、治水や山林に関する特定業務に従事した。代官の江戸屋敷は、江戸役所に充てられて幕府勘定所《かんじょうしょ》との連絡機能を果たした。

代官には、職を世襲して定着した代官がいる一方、数年おきに各地を転任する者もあった。基本的に勘《かん》

農村支配組織図

勘定奉行
｜
郡代・代官
｜
村役人（名主・組頭・百姓代）
｜
本百姓
｜
水呑百姓

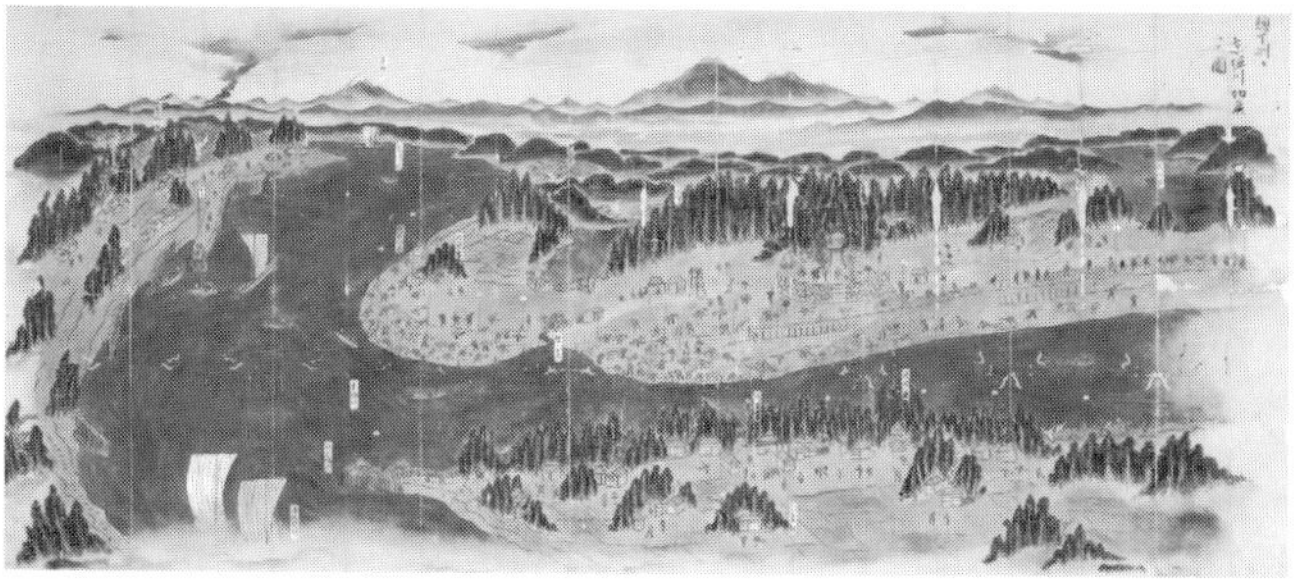
下総国赤堀川切広之図◆伊奈忠次は赤堀川を開鑿し、利根川の東遷事業をおこなった　田口（栄）家文書　埼玉県立文書館蔵

定奉行《じょうぶぎょう》支配であるが、長崎《ながさき》奉行支配の長崎代官のように、同地の遠国《おんごく》奉行による身分支配を受けるものもいた。大坂《おおさか》代官の堤奉行のように代官の多くが兼帯《けんたい》役を持っており、管轄地に鉱山を有する場合はそれも管轄している。奉行を兼任した代官は、町周辺に設定されていた幕領の支配とともにそれぞれの町の行政を担当した。

身分や格式は低いものの、代官は、おおむね一万石から一〇万石未満と、大名領に匹敵するような広い領地を少人数で治め、直接幕領の民政や農政にあたっていたのである。

（小嶋 圭）

【参考文献】
和泉清司『幕府の地域支配と代官』（同成社、二〇〇一年）
和泉清司「幕領・代官史研究の現状と課題」（関東近世史研究会編『関東近世史研究論集三 幕政・藩政』岩田書院、二〇一二年）
大石学「享保幕政改革と幕領支配」（『歴史学研究』一九八一年大会別冊、一九八一年）
北島正元『江戸幕府の権力構造』（岩波書店、一九六四年）
戸森麻衣子「代官」（大石学編『江戸幕府大事典』吉川弘文館、二〇〇九年）
戸森麻衣子『江戸幕府の御家人』（東京堂出版、二〇二一年）
西沢淳男『幕領陣屋と代官支配』（岩田書院、一九九八年）
西沢淳男『代官の日常生活―江戸の中間管理職―』（講談社、二〇〇四年）
村上直『江戸幕府の代官』（国書刊行会、一九八三年、改訂版）
村上直『江戸幕府の代官群像』（同成社、一九九七年）

19 海防掛《かいぼうがかり》——幕末外交を担った中枢

海防掛《かいぼうがかり》とは、十八世紀末以降の外圧に対応するため、幕府内におかれた役職である。当初は老中《ろうじゅう》が任じられる臨時的な役職で、大名から海防に関する調査報告書を受け取った。寛政《かんせい》四年（一七九二）に老中松《まつ》平定信《だいらさだのぶ》が、ついで天保《てんぽう》十三年（一八四二）には老中土井利位《どいとしつら》・真田幸貫《さなだゆきつら》が任じられたが、いずれもロシア船の来航やアヘン戦争の勃発という対外問題への処置であった。

海防掛が常設となったのは、弘化《こうか》二年（一八四五）七月に老中阿部正弘《あべまさひろ》・牧野忠雅《まきのただまさ》が任じられてからである。その背景には、幕府内の対外的な危機感の高まりがあった。前年には、フランス船が通商を求めて琉球に来航し、さらに開国を勧告するオランダ国王の国書が幕府へもたらされた。弘化二年三月には、日本人漂流民を乗せたアメリカ船マンハッタン号が浦賀《うらが》（神奈川県横須賀市）に来航した。

そうした中、幕府は老中阿部・牧野、ついで若年寄《わかどしより》本多忠徳《ほんだただのり》・大岡忠固《おおおかただかた》を海防掛に任じ、大名や旗本《はたもと》から異国船や海防に関する情報を集約しようとした。さらに八月以降、大目付《おおめつけ》一名、目付《めつけ》二名、勘定奉行《かんじょうぶぎょう》二名、勘定吟味役《ぎんみやく》二名を海防掛に任じ、老中からの諮問を受けて評議・上申することになった。これを機に、海防掛は目付方（大目付・目付）と勘定方（勘定奉行・勘定吟味役）から構成される諮問・評議機関として、幕府の対外政策における中心的役割を果たしていった。

旧幕臣の福地源一郎《ふくちげんいちろう》は、明治《めいじ》期に当時を振り返る中で、「外交の大事」や「天下の大事」は海防掛の評議によって決定されたと述べている（『幕末政治家』）。実際、弘化・嘉永《かえい》期に阿部は異国船打払令《いこくせんうちはらいれい》の復活について諮問したが、海防掛が欧米諸国に戦争の口実を与えかねないことや、欧米諸国との軍事力の差が大きいことを理由に反対し、結果的に打払令は復活しなかった。

嘉永六年（一八五三）のペリー来日以降、海防掛の影響力はさらに拡大した。個別の外交問題を担当する掛（台場《だいば》普請《ふしん》掛《がかり》やロシア応接掛《おうせつがかり》、大船製造掛《おおぶねせいぞうがかり》、アメリカ応接掛、下田《しもだ》取締掛《とりしまりがかり》、松前《まつまえ》・蝦夷地《えぞち》取扱掛《とりあつかいがかり》、異国船応接掛、軍制改正掛《ぐんせいかいせいがかり》、イギリス応接掛、貿易取調掛《ぼうえきとりしらべがかり》など）が相ついで新設され、そのほとんどを海防掛が兼任した。海防掛は諮問を受けるだけではなく、外交実務にも関わるようになった。

安政《あんせい》五年（一八五八）、海防掛は外国奉行《がいこくぶぎょう》の設置にともなって廃止された。しかし、最初に外国奉行に任じられた五名（水野忠徳《みずのただのり》・永井尚志《ながいなおゆき》・岩瀬忠震《いわせただなり》・堀利《ほりとし》熙《ひろ》・井上清直《いのうえきよなお》）のうち、井上以外は海防掛経験者であった。福地は海防掛について、「威権」や「才識」のある幕臣が採用された海防掛が「人材の淵叢《えんそう》」として認められ、「幕府の脳髄《のうずい》」と呼ぶべき組織であったと振り返っているが（『幕末政治家』）、けっして過大な評価ではないといえる。

（山田篤史）

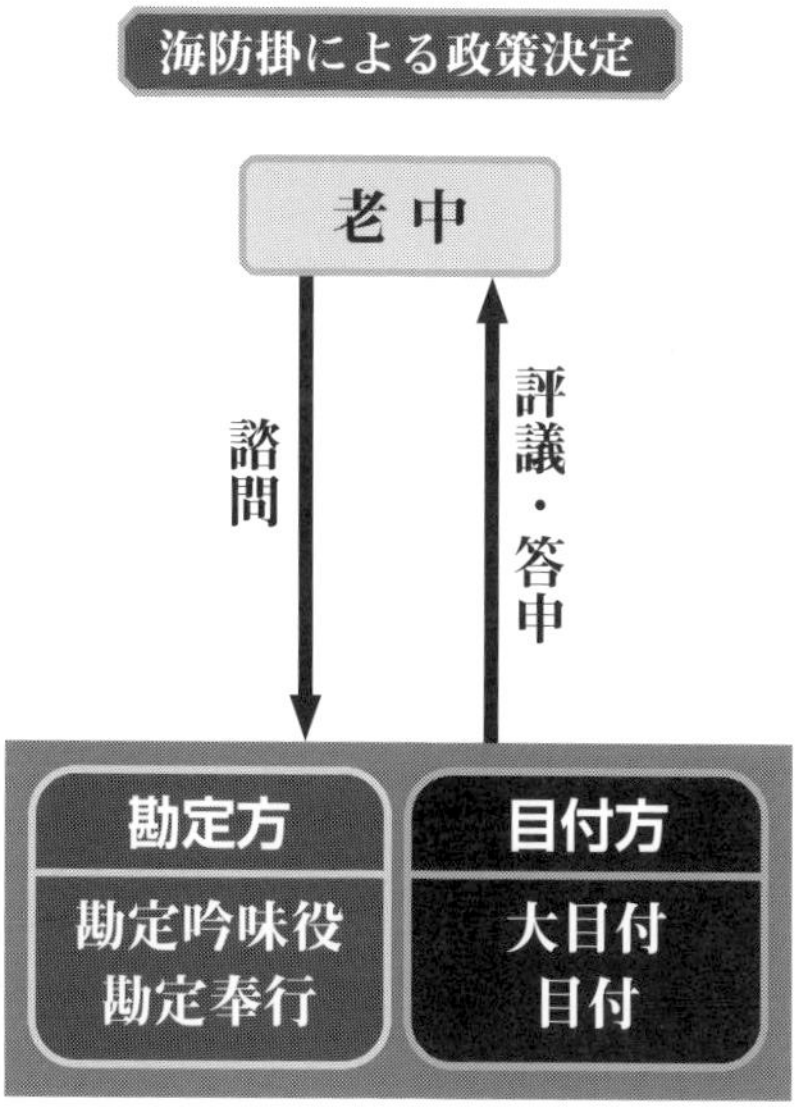

【参考文献】
井上勲「開国と幕末の動乱」（井上勲編『開国と幕末の動乱（日本の時代史20）』（吉川弘文館、二〇〇四年）
上白石実『幕末の海防戦略―異国船と隔離せよ―（歴史文化ライブラリー312）』（吉川弘文館、二〇一一年）
後藤敦史『開国期徳川幕府の政治と外交』（有志社、二〇一四年）
藤田覚『幕末から維新へ（シリーズ日本近世史5）』（岩波書店、二〇一五年）
宮地正人『幕末維新変革史（上）』（岩波書店、二〇一二年）

20 郡代《ぐんだい》——広域支配を担った有力代官

駿府《すんぷ》の大御所《おおごしょ》家康と江戸の将軍秀忠《ひでただ》による二元政治下において、大久保長安《おおくぼながやす》と伊奈忠次《いなただつぐ》は代官頭《だいかんがしら》の地位を脱却して深く幕政に関与するようになる。慶長《けいちょう》十五年（一六一〇）に伊奈忠次が死去すると、大久保ひとりに幕領支配が集中、強大な権限を掌握した。ただし、慶長十八年に大久保が死去したことを契機に、代官頭のような権力の集中する役職は廃止された。

そのなかで、伊奈忠治《ただはる》（忠次の次男）は、忠次の政治的機能を継承するとともに忠次配下の代官や下代《げだい》たちを引き継ぎ、関東から東海道筋の一部を管轄して「関東郡代《かんとうぐんだい》」と称するようになる。ただし、これは伊奈氏の自称の側面が強く、職名はあくまで代官であった。代官頭が廃止されたのち、関東代官伊奈氏の世襲体制がとられる一方、有力代官が新たに「郡代」として幕府職制に位置づけられた。郡代と代官の職務は共通するが、郡代はおおむね一〇万石以上の広い地域を支配し、格式なども代官より高い。

幕府の職制に最初に位置づけられたのは美濃郡代《みのぐんだい》である。元禄《げんろく》十二年（一六九九）に辻守参《つじもりみつ》が美濃笠松代官《かさまつだいかん》から美濃郡代に昇格すると、美濃幕領を中心に三河《みかわ》・越前《えちぜん》・信濃《しなの》などの幕領を広域的に支配した。西国郡代《さいごくぐんだい》は、豊後《ぶんご》を中心に豊前《ぶぜん》・肥後《ひご》・肥前《ひぜん》・日向《ひゅうが》・筑前《ちくぜん》などの西国筋（九州）六ヵ国を支配するようになった。幕末には九州直轄領の八二パーセントにあたる一六万四〇〇〇石を支配し、近隣の諸大名との折衝にあたった。飛騨郡代《ひだぐんだい》は、飛騨国大野《おおの》郡高山《たかやま》（岐阜県高山市）に設置された陣屋《じんや》を拠点に、飛騨を中心に美濃・信濃・越前など東海筋と北国筋の一部を支配した。安永《あんえい》六年（一七七七）に飛騨代官の大原紹正《おおはらつぐまさ》が郡代に昇格して以降、高山陣屋に赴任する者が飛騨郡代に就任した。

関東では、寛政《かんせい》四年（一七九二）に関東代官《かんとうだいかん》伊奈忠尊《ただたか》が改易《かいえき》されると、関東郡代の職が設けられ勘定奉行《かんじょうぶぎょう》の久世広民《くぜひろたみ》がこれを兼帯《けんたい》、伊奈氏の広大な支配地域と業務を引き継いだ。伊奈氏の馬喰町屋敷《ばくろちょうやしき》（東京都中央区）は郡代屋敷と改称され、広民に付属した大貫光豊《おおぬきみつとよ》ら五人の郡代付代官が地方支配を担当した。

その後、関東郡代は文化《ぶんか》三年（一八〇六）に廃止されたが、天狗党《てんぐとう》の乱《らん》などの影響から元治《げんじ》元年（一八六四）に再び設置される。関東の統一的・直接的な支配の実現が目されたが、慶応《けいおう》三年（一八六七）二月に廃止され、「関東在方掛《ざいかたがかり》」が設置された。下総《しもうさ》国相馬《そうま》郡の布佐《ふさ》陣屋（千葉県我孫子市）、上野《こうずけ》国群馬《ぐんま》郡の岩鼻《いわはな》陣屋（群馬県高崎市）を拠点に、万石以下の知行所まで幕領なみの支配をおこなう体制へと変化していった。（小嶋　圭）

高山陣屋外観◆飛騨郡代の役所として機能し、江戸幕府が飛騨国を直轄領とした元禄5年（1692）から慶応4年（1868）までの176年間、代官・郡代が幕府による飛騨支配のための執務をおこなった　岐阜県高山市　写真提供：高山陣屋管理事務所

【参考文献】
飯島千秋「幕末期幕府の関東支配」（津田秀夫編『近世国家と明治維新』三省堂、一九八九年）
和泉清司『幕府の地域支配と代官』（同成社、二〇〇一年）
太田尚宏「「関東郡代」の呼称と職制」（『徳川林政史研究所研究紀要』三四号、二〇〇〇年）
高橋実「「新規関東郡代」制の成立と展開」（同『幕末維新期の政治社会構造』岩田書院、一九九五年）
西沢淳男『幕領陣屋と代官支配』（岩田書院、一九九八年）
藤野保編『九州と天領』（国書刊行会、一九八四年）
村上直『天領』（人物往来社、一九六五年）
村上直『江戸幕府の代官群像』（同成社、一九九七年）

21 政事総裁職《せいじそうさいしょく》・将軍後見職《しょうぐんこうけんしょく》——改革への期待と挫折

文久《ぶんきゅう》二年（一八六二）、幕府は勅命に従って徳川慶《とくがわよし》喜《のぶ》を将軍後見職《しょうぐんこうけんしょく》に、松平慶永《まつだいらよしなが》（春嶽《しゅんがく》）を政事総裁《せいじそうさい》職《しょく》に任命した。朝廷は幕府に対し、公武合体《こうぶがったい》を推進して攘夷《じょうい》を実行するよう求め、慶喜と慶永に朝幕間の周旋を期待した。朝廷は慶喜が十四代将軍家茂《いえもち》を後見し、慶永が大老《たいろう》職として幕政を補佐すれば、外圧に屈しない強い国家を建設できると考えていた。

慶喜は天保《てんぽう》八年（一八三七）、水戸《みと》藩主徳川斉昭《なりあき》の七男として生まれ、弘化《こうか》四年（一八四七）に一橋《ひとつばし》徳川家を相続した。嘉永《かえい》六年（一八五三）にペリーが来航して外圧が本格化するなか、十三代将軍家定《いえさだ》は病弱で嗣子がおらず、慶喜は老中《ろうじゅう》阿部正弘《あべまさひろ》をはじめ慶永・島津斉彬《しまづなりあきら》ら一橋派によって家定継嗣として擁立された。慶永の補佐役であった橋本左内《はしもとさない》は、日本の対外的独立を維持するために年長賢明の慶喜が家定を補佐するかまたは将軍職を継承し、大名の合議によって国是を決定するよう進言した。慶喜は公武合体・挙国一致を実現するための盟主として期待されていたが、安政《あんせい》五年（一八五八）に大老井伊直弼《いいなおすけ》ら南紀《なんき》派が擁立する徳川慶福《よしとみ》（家茂）が十四代将軍に就任すると、一橋派は処分され、慶喜も隠居謹慎を命じられた（安政の大《たい》獄《ごく》）。

一方、慶永は文政《ぶんせい》十一年（一八二八）に徳川斉匡《なりまさ》（田安《たやす》）の八男として生まれ、天保《てんぽう》九年（一八三八）に松平斉善《まつだいらなりさわ》の養子に入って十六代福井《ふくい》藩主となった。外圧に対し、慶永も当初は一方的な攘夷を主張したが、安政二年からは一橋派の「相談柱」として慶喜の擁立に尽力した（中根雪江『昨夢紀事』）。しかし同志であった正弘と斉彬が相ついで死去し、安政の大獄では慶永も隠居謹慎を命じられた。

万延《まんえん》元年（一八六〇）、謹慎を解かれた旧一橋派は政治活動を再開し、文久《ぶんきゅう》二年（一八六二）には慶喜と慶永がそれぞれ将軍後見職と政事総裁職として国政に参加したが、両者の主張は対立することが多かった。

慶永はそれまでの幕政を私政であると批判し、条約をいったん破棄したうえで、大名合議によって改めて開国の国是を定めるよう主張したが、慶喜は老中と共に慶永の意見を時論に迎合しようとするものであると批判し、大名の合議による国是決定にも反対した。

慶永は文久三年三月に辞職を願い出て、許可が得られないまま福井に帰国した。辞意の理由について、慶永は「因循《いんじゅん》」な幕府と、急進的な攘夷を唱える「諸藩之激論家」によって動かされる朝廷を前に、職務を果たすことができないと述べた（中根雪江『奉答紀事』）。慶永の後任には川越《かわごえ》藩主松平直克《なおかつ》が選ばれた。

松平慶永◆政事総裁職への就任後、将軍後見職に就任した徳川慶喜とともに文久の改革を進めた。『近世名士写真』其二　国立国会図書館蔵

一方、慶喜も禁裏《きんり》御守衛総督《ごしゅえいそうとく》・摂海防禦指揮《せっかいぼうぎょしき》に任命されたことにともない、将軍後見職を免じられた。しかし、文久三年の八月十八日の政変によって朝廷から「諸藩之激論家」が退けられると、慶喜と慶永は朝議《ちょうぎ》参与《さんよ》に任命され、再び共に国政に関わることになった。

（山田篤史）

【参考文献】

井上勲「開国と幕末の動乱」（井上勲編『開国と幕末の動乱（日本の時代史20）』吉川弘文館、二〇〇四年）
井上勝生『幕末・維新（シリーズ日本近現代史1）』（岩波書店、二〇〇六年）
藤田覚『幕末から維新へ（シリーズ日本近世史5）』（岩波書店、二〇一五年）
三上一夫・舟澤茂樹『松平春嶽のすべて』（新人物往来社、一九九九年）
宮地正人『幕末維新変革史（上）』（岩波書店、二〇一二年）

22 千人頭《せんにんがしら》・八王子千人同心《はちおうじせんにんどうしん》——幕府直轄の郷士軍団

天正《てんしょう》十年（一五八二）に甲斐《かい》の武田《たけだ》氏が滅び、さらに本能寺《ほんのうじ》の変《へん》で信長が死亡すると、甲斐国は徳川家康が支配することになった。家康は、武田旧家臣をできるだけ登用し、みずからの家臣団に編入していった。この際、武田家臣団の小人頭《こびとがしら》（中間頭《ちゅうげんがしら》・筋奉行《すじぶぎょう》・長柄頭《ながえがしら》などの別称がある）は、徳川家の家臣団として再編成され、甲斐国境の警備を命じられた。

天正十八年八月に家康は、秀吉の指示により関東に入ると、九人の小人頭に対して八王子《はちおうじ》城下（東京都八王子市）への移住を命じた。翌十九年には一名増員となり、一〇名となった。小人頭の配下には組頭《くみがしら》と平《ひら》同心《どうしん》が属したが、天正十九年には五〇〇人となり、さらに慶長《けいちょう》五年（一六〇〇）に一〇〇〇人となったため、小人頭は八王子千人頭《せんにんがしら》、その配下は八王子千人同心《せんにんどうしん》と称されるようになる。千人同心が八王子に置かれた理由は諸説あるが、近世初期に代官頭《だいかんがしら》大久保長安《おおくぼながやす》が小門《おかど》（八王子市小門町）に陣屋を構えていたことから、その配下の代官たちによる広域幕領支配の拠点であった八王子を警衛するため、という説が有力視されている。

千人頭は、旗本《はたもと》身分で知行所《ちぎょうしょ》をもっていたが、明《めい》暦《れき》三年（一六五七）以降は旗本《はたもと》としての格式を与えられていない。当初は老中《ろうじゅう》支配であったが、享保《きょうほう》二十年（一七三五）に鑓奉行《やりぶぎょう》支配となる。

八王子千人同心は、八王子とその周辺村落に居住して、平時は農耕に従事しながら軍事訓練をおこなった。すべてが世襲ではなく、身分は株として売買されることもあった。当初は将軍家直轄軍として関ヶ原合戦や大坂の陣などの戦に参加していたが、四代将軍家綱《いえつな》以降は軍事行動による遠征はなくなった。その後は将軍家の日光社参《にっこうしゃさん》に供奉《ぐぶ》し、慶安《けいあん》五年（一六五二）には日《にっ》光火《こうひ》の番《ばん》（日光勤番）が命じられ、宝永《ほうえい》二年（一七〇五）には日二月から同五年三月までは江戸の火消役《ひけしやく》も勤めている。また、寛政《かんせい》年間（一七八九～一八〇一）には蝦夷《えぞ》地《ち》の警備にあたり、安政《あんせい》五年（一八五八）には箱館《はこだて》郊外の開拓もおこなった。幕末には軍制改革により、銃隊に再編され、講武所《こうぶしょ》奉行、次に陸軍《りくぐん》奉行の支配に属した。文久《ぶんきゅう》三年（一八六三）以降は将軍上洛の供奉、長州《ちょうしゅう》戦争《せんそう》の出兵、小仏《こぼとけ》関所《せきしょ》（八王子市）や横浜《よこはま》警備などにあたった。慶応《けいおう》二年（一八六六）十月に千人頭は千人隊《せんにんたい》之頭《のかしら》という名称に改称され、同四年三月、戊辰戦争《ぼしんせんそう》のなかで板垣退助《いたがきたいすけ》率いる新政府軍に恭順し、同六月に解散となった。（小嶋　圭）

「長槍水打」『桑都日記稿本』◆東京都八王子市・極楽寺蔵　部分拡大　写真提供：八王子市郷土資料館

千人頭の具足◆八王子市郷土資料館蔵

【参考文献】
『八王子千人同心史』（八王子市教育委員会、一九九〇～一九九二年）
神立孝一「八王子千人同心」（久留島浩編『支配をささえる人々（シリーズ近世の身分的周縁5）』吉川弘文館、二〇〇〇年）
吉岡孝『八王子千人同心』（同成社、二〇〇二年）

執筆者一覧

大石 学（別掲）

太田未紗
現在、山形市立第二中学校教諭。
〔主な業績〕大石学監修『現代語 抄訳で楽しむ 東海道中膝栗毛と続膝栗毛』（ＫＡＤＯＫＡＷＡ、二〇一六年、共著）

小川しおり
一九九三年生まれ。現在、東京学芸大学大学院連合学校教育学研究科所属。

桐生海正
一九九〇年生まれ。現在、神奈川県立足柄高等学校教諭。
〔主な業績〕「小田原藩領における在村炭仲買の流通ネットワーク―江戸炭薪問屋とのつながりを中心に―」（小田原近世史研究会編『近世地域史研究の模索』岩田書院、二〇二二年）、歴史学会編『「歴史総合」世界と日本 激変する地球人類の未来を読み解く』（戎光祥出版、二〇二二年、共著）、「近世山間村落の景観と生業―宝永噴火からの復興過程を中心に―」（『史苑』八四巻二号、二〇二四年）

行田健晃
一九九三年生まれ。現在、成蹊中学・高等学校専任教諭、西東京市文化財保護審議会委員。
〔主な業績〕「御門訴事件と下田半兵衛」（『多摩地域史研究会会報』一五八号、二〇二四年）、「「江戸町続」地域の形成過程と江戸・東京―『江戸周辺の社会史』をきっかけとして」（大石学・落合功編『江戸東京移行期論』戎光祥出版、二〇二四年、共著）、「中学校の先生と子どもたち、展示づくりに挑戦！―博学連携における教員の役割―」（『日本史攷究』四八号、二〇二四年）。

小嶋 圭
一九九〇年生まれ。現在、群馬県地域創生部文化財保護課主任。
〔主な業績〕「藩領民の江戸流入と藩邸―加賀藩政後期における走百姓の問題から―」（大石学編『首都江戸と加賀藩―江戸から地域へ・地域から江戸へ―』名著出版、二〇一五年）、「小栗上野介処刑事件の歴史的位置づけ―「藩」の変容過程を視点に―」（『群馬歴史民俗』四一号、二〇二〇年）、「近世治水政策の地域的対応と地域意識―館林領普請組合の成立伝承を視点に―」（地方史研究協議会編『〝川合〟と「里沼」― 利根川・渡良瀬川合流域の歴史像 ―』雄山閣出版二〇二四年）

篠原杏奈
一九九四年生まれ。現在、千代田区立日比谷図書文化館文化財事務室学芸員。
〔主な業績〕「江戸・江戸周辺の伝馬と助郷」（大石学監修、東京学芸大学近世史研究会編『江戸周辺の社会史―「江戸町続」論のこころみ―』名著出版、二〇一八年）、「史跡常盤橋門跡の歴史的変遷―江戸城の見附門から都心の市民公園へ―」（『千代田区文化財研究紀要』一一号、二〇二三年）、「近世後期における所替と藩領支配の立て直し―土岐氏の沼田藩入部後の展開を事例に―」（『群馬歴史民俗』四五号、二〇二四年）

林 晃之介
一九九二年生まれ。現在、逗子開成中学校・高等学校教諭。
〔主な業績〕大石学監修『現代語 抄訳で楽しむ 東海道中膝栗毛と続膝栗毛』（ＫＡＤＯＫＡＷＡ、二〇一六年、共著）、『企画展 徳川将軍家へようこそ』（公益財団法人徳川記念財団・東京都江戸東京博物館編、公益財団法人徳川記念財団、二〇一七年、分担執筆）、「絵地図から近世の世界観を探る」（『学校と歴博をつなぐ』令和三・四年度博学連携研究員会議実践報告書、国立歴史民俗博物館、二〇二三年）

宗重博之
一九九四年生まれ。現在、東洋英和女学院中学部・高等部社会科教諭。

山田篤史
一九九四年生まれ。現在、埼玉県立与野高等学校教諭。
〔主な業績〕「変死人一件からみる「江戸町続」の地域社会」（大石学監修、東京学芸大学近世史研究会編『江戸周辺の社会史―「江戸町続」論のこころみ―』名著出版、二〇一八年）、「身近な地域史を活用した「歴史総合」の授業―埼玉県東部地域の鉄道事業を題材に―」（『地方史研究』四二八号、二〇二四年）、「大名転封と新領支配―松平下総守家の忍藩入封を事例に―」（『埼玉地方史』八九号、二〇二四年）

【編著者略歴】

大石 学（おおいし・まなぶ）

1963年生まれ。

筑波大学大学院博士課程単位取得満期退学。

現在、東京学芸大学名誉教授・静岡市歴史博物館館長。

主要著書に、『享保改革の地域政策』（吉川弘文館、1996年）、『江戸の教育力　近代日本の知的基盤』（東京学芸大学出版会、2007年）、『徳川吉宗』（山川出版社、2012年）、『近世日本の統治と改革』（吉川弘文館、2013年）、『今に息づく江戸時代　首都・官僚・教育』（吉川弘文館、2021年）など、主要編著に、『近世藩制・藩校大事典』（吉川弘文館、2006年）、『江戸幕府大事典』（吉川弘文館、2009年）、『俠の歴史　日本編下』（清水書院、2020年）、『戦国時代劇メディアの見方・つくり方　戦国イメージと時代考証』（勉誠社、2021年）、『徳川斉昭と水戸弘道館　水戸藩が威信をかけて創設した文武の〝総合大学〟』（戎光祥出版、2022年）、『江戸東京移行期論　東都から帝都へ』（戎光祥出版、2024年、落合功と共編）など多数。

図説《ずせつ》 江戸幕府《えどばくふ》

2025年1月10日　初版初刷発行

編著者　大石 学
発行者　伊藤光祥
発行所　戎光祥出版株式会社
〒102-0083 東京都千代田区麹町1－7 相互半蔵門ビル8F
TEL：03-5275-3361（代表）　FAX：03-5275-3365
https://www.ebisukosyo.co.jp
制作協力　株式会社イズシエ・コーポレーション
印刷・製本　株式会社シナノパブリッシングプレス
装　　丁　山添創平

ISBN：978-4-86403-562-0